100 LUGARES PARA CONHECER DEPOIS DE MORRER

KEN JENNINGS

100 LUGARES PARA CONHECER DEPOIS DE MORRER

Um Guia de Viagem para a Vida Após a Morte

MITOLOGIA, RELIGIÕES, LIVROS, FILMES, SÉRIES, CULTURA POP E MUITO MAIS

Tradução
Denise de Carvalho Rocha

Editora Cultrix
SÃO PAULO

Título do original: *100 Places to See After You Die.*

1ª edição 2024.

Editor: Adilson Silva Ramachandra
Gerente editorial: Roseli de S. Ferraz
Preparação de originais: Danilo Di Giorgi
Gerente de produção editorial: Indiara Faria Kayo
Projeto gráfico e diagramação: Marcos Fontes / Indie 6 – Produção Editorial
Revisão: Vivian Miwa Matsushita

Dados Internacionais de Catalogação na Publicação (CIP)
(Câmara Brasileira do Livro, SP, Brasil)

Jennings, Ken
100 lugares para conhecer depois de morrer : um guia de viagem para a vida após a morte / Ken Jennings ; tradução Denise de Carvalho Rocha. -- 1. ed. -- São Paulo : Editora Cultrix, 2024.

Título original : 100 places to see after you die
ISBN 978-65-5736-343-0

1. Cultura popular 2. Vida futura I. Título.

24-218318 CDD-202.3

Índices para catálogo sistemático:

1. Vida futura : Cultura popular : Religião 202.3
Cibele Maria Dias - Bibliotecária - CRB-8/9427

Direitos de tradução para o Brasil adquiridos com exclusividade pela
EDITORA PENSAMENTO-CULTRIX LTDA., que se reserva a
propriedade literária desta tradução
Rua Dr. Mário Vicente, 368 – 04270-000 – São Paulo – SP – Fone: (11) 2066-9000
http://www.editorapensamento.com.br
E-mail: atendimento@editorapensamento.com.br
Foi feito o depósito legal.

SUMÁRIO

INTRODUÇÃO

Quando Shakespeare chamou a vida após a morte de "o país não descoberto de cujos confins jamais voltou nenhum viajante", ele estava reafirmando uma tradição tão antiga quanto a história humana registrada. Como nossas histórias sempre mostraram, a morte não é uma condição. É um lugar, uma jornada.

Para os antigos, era um tipo de viagem muito literal. Povos da Pérsia, da Irlanda e da Polinésia se perguntavam quais cavernas ou ilhas específicas das suas paisagens poderiam ter passagens para o mundo subterrâneo. Os egípcios e os astecas morriam tendo em mente itinerários, mapas e guias para ajudá-los a fazer a viagem confusa e de alto risco pelo mundo que os aguardava. Na Idade Média, visionários e poetas produziam elaborados diários de viagem com descrições de céus, infernos e purgatórios. Dante foi o campeão da sua época na "construção de mundos", o equivalente medieval de George Lucas ou George R. R. Martin, e leitores debruçaram-se por séculos sobre suas minuciosas geografias, assim como o público moderno pode percorrer lugares imaginários como Hogwarts, da saga Harry Potter, ou Hyrule, da série de videogames *The Legend of Zelda*.

Claro que é preciso um certo tipo de fundamentalismo para ler as notas de viagem detalhadas de Dante sobre um poço de nove níveis e esperar passar, literalmente, a eternidade ali. Vivemos numa época de ceticismo religioso sem precedentes, mas a vida após a morte é um tema mais popular do que nunca, agora com novas opções que Dante jamais imaginou, graças à descoberta relativamente recente, no Ocidente, da reencarnação, dos planos astrais e dos *reality shows* de caçadores de fantasmas. Um estudo de 2016 sobre participação e crença religiosas revelou que, embora o número de norte-americanos que acreditam em Deus, rezam ou frequentam cerimônias religiosas tenha diminuído acentuadamente desde a década de 1970, o número de pessoas que acreditam na vida após a morte *aumentou* ligeiramente no mesmo período. Ao que parece, até mesmo alguns racionalistas obstinados resistem à ideia de que a morte seja um fim definitivo. Enfrentar todo o tempo, a complexidade e as experiências da vida a troco de nada? Isso seria um grande um desperdício cósmico.

Quando analisamos as jornadas pós-morte relatadas ao longo dos milênios, desde a antiga Suméria até a série *The Good Place*, notamos que as mesmas rotas e temas estão sempre se repetindo. Os fantasmas estão há pelo menos cinco séculos vagando pelas suas antigas casas, movendo objetos ao se concentrarem *intensamente* neles, e nem sempre sabendo que estão mortos. "Psicopompos", guias imortais, ainda aparecem após a morte para conduzir a alma ao final da sua vida na matéria. Paraísos, sejam eles miltonianos, hindus ou de acordo com Frank Capra, ainda têm música, nuvens e asas em profusão. O Inferno não mudou muito no período entre a antiga China ou a Mesoamérica até a série de animação *South Park*: ainda são as mesmas punições "irônicas" do tipo "olho por olho", as mesmas sessões de tortura inacreditavelmente longas e chocantes, os mesmos fluidos corporais nojentos. Os sombrios mundos subterrâneos ainda se encontram na outra margem de rios. (Esse estereótipo provavelmente surgiu da simples geologia. Os primeiros seres humanos sabiam que os poços eram mais profundos do que as sepulturas, por isso as almas enterradas teriam que atravessar uma camada de água na sua descida.)

Porém, os destinos pós-morte têm mudado ao longo do tempo de maneiras sutis, revelando as preocupações dos vivos. Nas primeiras civilizações, a vida era tão difícil que o Paraíso era geralmente apenas um lugar de *ausências*: sem doenças, sem inverno, sem colheitas ruins. Mais tarde, à medida que pudemos imaginar uma vida mais luxuosa, novos tipos de abundância surgiram, como banquetes, haréns e pedras preciosas. O século XX viu um aumento nos paraísos benignos, mas burocráticos, que refletiam nossa nova era eficiente: muitas salas de espera estéreis, muitos anjos meticulosos com pranchetas. Mais recentemente, rebaixamos o Céu ainda mais para encaixá-lo em nossas novas economias de trabalhos temporários (como nas séries *Dead Like Me: A Morte lhe Cai Bem* e *Miracle Workers*) ou preocupações com a tecnologia (como em *Black Mirror* e *Upload*).

Neste livro, você encontrará informações privilegiadas de viagem sobre 100 destinos pós-morte, organizados em sete categorias principais – um capítulo para cada tipo de vida após a morte: mitológico, bíblico, cinematográfico e assim por diante. Existem até possibilidades de vida após a morte extraídas de obras de arte, videogames, tirinhas de jornais dominicais, universos de super-heróis e atrações de parques temáticos. Elas vão desde as famosas até as mais infames, das bem conhecidas até as menos exploradas. Leia este livro na ordem em que preferir, fazendo pausas nos destinos conhecidos sobre os quais você gostaria de saber mais, ou acrescentando novos e fascinantes locais à sua lista de desejos pós-morte.

Como Hamlet bem disse, ninguém nunca voltou de nenhum desses lugares, mas mesmo assim fiz o máximo para descrever os destaques regionais e as atrações mais notáveis de cada um. E, como qualquer bom escritor de guias de viagem, procurei oferecer algo mais intangível também: a impressão geral de um lugar, a atmosfera. Um número mais reduzido de pós-mortes notáveis recebe descrições mais longas, com informações mais detalhadas sobre refeições, acomodações e passeios de um dia.

Não há como saber com certeza para onde vamos quando morremos... e é possível, é claro, não irmos para lugar nenhum. Mas este livro não é apenas para aventureiros de sofá. Por que não começar agora a fazer o seu próprio *checklist* de viagem pós-morte? Se a sombria Hel dos *vikings* atrair o seu gótico interior, você precisa começar a oferecer sacrifícios aos antigos deuses nórdicos e evitar (a todo custo!) uma morte heroica em batalha. Se a bem-aventurada Terra Pura do Budismo Mahayana for mais a sua praia, comece a entoar baixinho o nome do Buda Amitaba todos os dias, porque você nunca entenderá o dharma sem ele.

Nunca é cedo demais para considerar suas opções e começar a fazer seus planos de viagem. Afinal, a eternidade é um período longo demais para correr o risco de acabar no lugar errado... e você nunca sabe para quando está marcada a sua data de embarque. Então vire a página e comece a descobrir, por conta própria, a "terra desconhecida". Estas são jornadas que deixam bilhões de pessoas *mortas* de curiosidade!

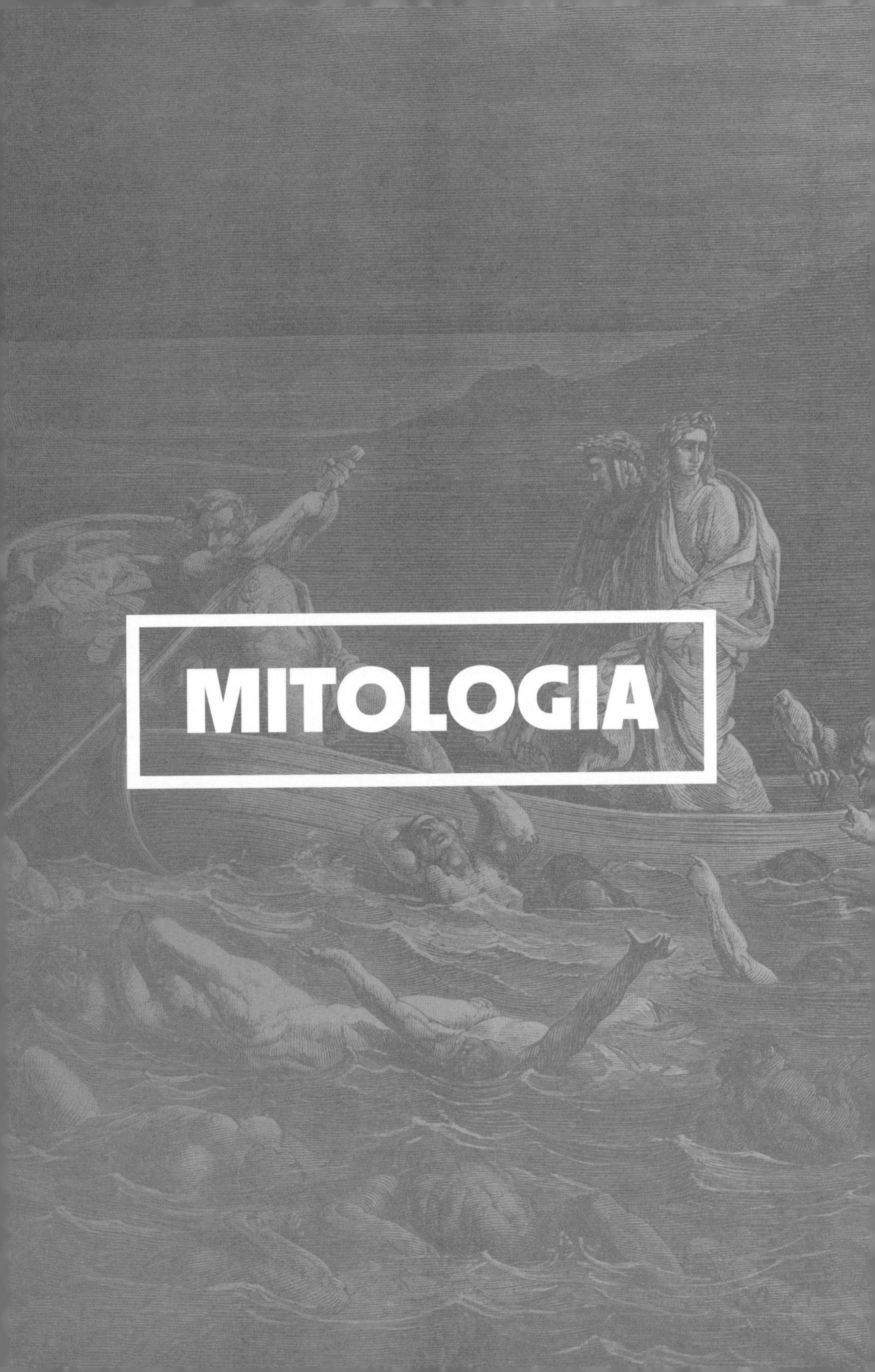

MITOLOGIA

Com Neve Até o Pescoço

ADLIVUN E QUDLIVUN

OS INUÍTES

Mesmo para os padrões gelados do Ártico, os povos inuítes do Alasca, do Canadá e da Groenlândia criaram uma imagem surpreendentemente assustadora do mundo subterrâneo. Seu destino mais provável nesse itinerário é uma casa perturbadora, saída diretamente de um filme de terror moderno de baixíssimo orçamento... Mas pelo menos você só vai ter que passar um ano ali.

De acordo com os inuítes, todas as criaturas vivas têm uma alma chamada *tarniq*. A sua *tarniq* é uma versão minúscula de você mesmo, que vive numa bolha de ar na sua virilha e sai flutuando livremente por aí no momento da sua morte. Você praticou algum delito ou violência ao longo da vida? Se a resposta é sim, as notícias não são boas. Ao morrer, você vai para Adlivun, uma terra que fica sob o mar.

Adlivun é um mundo subterrâneo sombrio e horrível, varrido por tempestades sem fim. Quando você chegar lá, siga a trilha de roupas que verá no gelo, que foram descartadas pelas vítimas de afogamento. Isso o levará à porta da Mulher do Mar. Ela tem muitos nomes (Takannaaluk, Nerrivik, Idliragijenget), mas a maioria a conhece como Sedna.

CONHEÇA OS HABITANTES DA REGIÃO

No mito da criação dos inuítes, Sedna era uma gigante que nunca parava de dar preocupação ao pai. Ela se recusava a se casar e fugiu com um caçador, que acabou revelando ser uma criatura marinha disfarçada. O pai de Sedna posteriormente perfurou um dos olhos da filha, jogou-a no mar durante uma tempestade e cortou seus dedos quando ela tentou se agarrar à lateral do caiaque dele. Os ossos dos dedos dela afundaram no oceano, onde se tornaram as primeiras focas, morsas e baleias. Sedna logo a seguiu até as profundezas, tornando-se uma deusa do mar e de todas as suas criaturas.

A morada de Sedna, a Casa do Vento, pode parecer aos seus olhos um simples iglu ou uma grande mansão de pedra e costelas de baleia. Tome cuidado ao entrar, porque o cachorro de Sedna estará deitado na soleira mais ao sul, roendo alguns ossos de aparência suspeita.

Depois que estiver dentro da casa escura, você ouvirá os terríveis suspiros e gemidos dos mortos, abafados como se estivessem embaixo d'água, assim como os sopros e borrifos de criaturas marinhas. Do outro lado do cômodo, Sedna estará sentada numa cama, de costas para uma lamparina de pedra. Ela mantém a alma das criaturas marinhas no gotejador da lamparina, dando-lhes nova vida num novo corpo (as exceções são os tubarões, que ela guarda em seu penico. Caso você já tenha se perguntado a respeito do gosto de amônia semelhante a urina da carne de tubarão, saiba que é por essa razão).

O rosto de Sedna, com seu olho claro que lhe resta, está coberto por fios de cabelo imundos e emaranhados. Ela está quase sufocando na fumaça fétida que espirala da lamparina, nuvens de pecados produzidas pela agonia dos mortos. Assim que se deparar com essa cena horrível, você sentirá algo em seu tornozelo, frio e rachado como um chifre de rena. A mão fria da morte sai de baixo de uma pele de urso e segura você com suas garras. Esse é o pai de Sedna, que ela trouxe para Adlivun com ela. Ele também tem um olho só e alguns dedos a menos, resultado da antiga vingança de Sedna. Ele está deitado do outro lado do cômodo, congelado e quase imóvel sob peles velhas e sujas, e não vê a hora de puxar você para debaixo dos cobertores e atormentá-lo durante um ano inteiro, enquanto você fica deitado ao lado dele, sofrendo por causa de todos os seus pecados.

Depois que terminar seu tempo com o apavorante papai em pele de urso, você pode reencarnar como uma das criaturas marinhas de Sedna, mas a maioria dos mortos é libertada para encontrar os *qimiujarmiut*, o "povo da terra estreita", em meio a um mar subterrâneo. Ali você poderá viver e caçar animais abundantes na Terra dos Mortos para sempre.

Um pequeno grupo de pessoas não corre o risco de conhecer os terrores de Adlivun. Se você viveu uma vida virtuosa ou morreu por causas violentas (inclusive por suas próprias mãos, o que poderia explicar por que o suicídio não era historicamente incomum em algumas culturas inuítes), você pode seguir o arco-íris e subir em direção ao amanhecer, até Qudlivun, a terra do espírito da Lua.

O espírito da Lua já foi um dia Igaluk, um menino cego que recebeu o poder sobrenatural da "segunda visão" de um mergulhão que o atraiu para o mar num caiaque. Depois de Igaluk e a irmã dele, Malina, ascenderem ao céu, eles passaram a perseguir um ao outro pelo espaço, nas figuras do Sol e da Lua. A Lua à noite é Igaluk cruzando os céus em seu trenó puxado por cães, sobre o gelo do céu e os montes de neve das nuvens. Ele é um poderoso caçador e bondoso protetor do seu reino celestial, nas cercanias das montanhas do norte.

Qudlivun é um paraíso ao ar livre incomparável. Ali o "povo do dia" vive numa terra onde nunca há gelo ou neve, e pode caçar todos os cervos que quiser. Você vai rir no calor sem fim, participando de brincadeiras em que uma cabeça de morsa é usada como bola. Seu talento como atleta será apreciado aqui na terra também, porque imortais chutando a cabeça de uma morsa no céu é, na verdade, o que produz a aurora boreal. Quem iria imaginar?

Burocracia nas Profundezas

DIYU

CHINA

Para os chineses, vivemos atualmente no "mundo yang", mas isso é só uma parte da história. Nossos ancestrais já fizeram sua passagem para o "mundo yin", um reino espiritual onde os espíritos passam os dias assim como nós, vivendo todos os prazeres diários, mas também todas as dores de cabeça (até mesmo as intermináveis camadas de burocracia e papelada sem fim).

No caldeirão de Confucionismo, Taoismo e Budismo que deu origem à religião chinesa, o Céu é Tian, o poder supremo que mantém o Cosmos em movimento. Como destino de vida após a morte, ele fica além das enevoadas montanhas Kunlun, no extremo oeste. Você precisa escalar a Montanha do Vento Frio, que confere imortalidade, e depois escalar outro pico com o dobro da altura dessa primeira elevação: a Montanha do Jardim Suspenso. Esse feito lhe dará o poder de controlar o clima. Depois, você pode enfrentar outra montanha que, *novamente*, é duas vezes mais alta do que a anterior e que o levará ao Céu.

Os nove portões do Céu são um espetáculo imperdível. Cada um consiste num conjunto de dois grandes pilares com uma fênix pousada em cada um deles, às vezes flanqueada por animais auspiciosos como dragões e tigres. A música de repicar de sinos toca incessantemente e os deuses habitam esse lugar, assim como o Sol e a Lua. (Procure por uma enorme amoreira. É onde nove dos dez orbes solares descansam, enquanto o que está em seu turno cruza o céu.) Um Mestre das Nuvens vai guiá-lo através dos Muros Brilhantes até o Palácio do Mistério, onde reina o Monarca das Alturas, assim como o imperador rege o mundo terrestre, abaixo.

Porém, a maioria das almas não está pronta para Tian, considerando o ponto em que se encontram atualmente na roda da reencarnação. É muito mais provável que você vá para o mundo subterrâneo de Diyu: a Cidade Negra, as Fontes Amarelas. Trata-se de um mundo purgatorial de dez tribunais, cada um sob a jurisdição de um rei-juiz lendário. Você vai ver que cada nível desse inferno é mais parecido com uma repartição pública municipal ou um departamento estadual de trânsito do que com um inferno dantesco: os senhores não governam sentados em tronos, mas diante de mesas com pergaminhos e papéis espalhados e cercados por um complexo aparato de escriturários e burocratas com títulos como "ministro dos túmulos" ou "diretor dos portões" ou "juiz assistente do mundo subterrâneo". Observe que esses mitos da vida após a morte se desenvolveram durante a Dinastia Qin, ao mesmo tempo que a China estava expandindo o seu massivo serviço público. Naquela época, os mortos eram com frequência enterrados com documentos endereçados aos escrivães da vida após a morte, certificando seus bens, status legal, isenções de impostos e assim por diante. Certifique-se de que sua documentação esteja em dia antes da sua data de embarque!

Os dez tribunais de Diyu formam um grande anel na face inferior do mundo. À medida que você avançar no sentido anti-horário, começando pelo sul e passando por todos os procedimentos desses tribunais, cada honrado rei e seus cortesãos examinarão meticulosamente os registros da sua vida, anotando todos os seus delitos e até pensamentos equivocados. No primeiro tribunal, contemple o Espelho do Karma para ter uma visão completa de suas virtudes confucionistas, ou da falta delas. Então, nos tribunais seguintes, burocratas macabros como Cara de Cavalo e Cabeça de Boi administrarão punições para que você expie todos os seus pecados, um por vez. Cada tribunal é dividido em dezesseis alas, e cada ala inclui punições para oito diferentes pecados. Muitas das ofensas abordadas aqui são encantadoramente específicas: pessoas que reclamaram do tempo, pessoas que jogaram cacos de cerâmica por cima da cerca (porcalhões da dinastia Han!), pessoas que pediram livros emprestados e não devolveram.

A contabilidade pode ser minuciosa, mas as penalidades são brutais. Você pode ser serrado ao meio, afogado numa piscina de sangue, transformado em gelatina de carne num pilão gigante, fervido em óleo quente. Os luxuriosos são colocados ao lado de uma coluna de latão superaquecida, que eles abraçarão repetidamente, por confundi-la com a pessoa amada. Incendiários são alimentados através de uma máquina de descascar arroz e os praticantes de infanticídio terão de suportar serpentes de ferro deslizando para dentro e para fora dos seus olhos, ouvidos e boca.

Mas o tormento mais diabólico de todos é uma torre simples chamada Terraço para Observar sua Própria Aldeia. Suba e dê uma olhada em sua cidade natal terrena.

Surpresa! Você foi completamente esquecido! Ninguém está rezando por você, seus últimos desejos foram ignorados, seu parceiro se casou novamente e seus herdeiros estão desperdiçando os bens que você conquistou com o suor do seu rosto.

Depois de alguns anos de purgatório, a Roda do Destino do décimo tribunal o levará à reencarnação num dos seis reinos. Mas, se você quiser passar algumas décadas relaxando ali no mundo yin primeiro, tudo bem. Agora você é um dos venerados ancestrais, livre para se regalar com as orações e oferendas dos vivos. Se eles queimarem alguns pequenos círculos de papelão amarelo, por exemplo, você receberá um número correspondente de moedas de ouro na vida após a morte. Se eles queimarem bonecas de papel em sua homenagem, você ganha servos. O mesmo vale para recortes de revistas com imagens de uma casa chique ou de uma TV de tela plana.

QUANDO IR

Na Lua cheia do sétimo mês de cada ano, acontece o Festival dos Fantasmas, quando os portões de Diyu se abrem e você pode vagar pelo mundo dos vivos sem ser visto. Os vivos vão acender incenso e oferecer frutas frescas para você e ninguém se sentará na primeira fila em apresentações públicas, deixando os assentos vagos para o caso de você querer assistir a uma ópera chinesa ou um espetáculo burlesco. Duas semanas depois, procure por uma trilha de lanternas em forma de lótus e siga-as para voltar ao mundo subterrâneo.

Quando estiver cansado da vida de fantasma e pronto para reencarnar, dirija-se à ponte da Vovó Meng e peça à anciã para lhe servir uma xícara do seu famoso chá do esquecimento. Em seguida, atravesse Wangchuan, o rio do esquecimento, enquanto as lembranças da sua vida passada se dissipam. A única maneira de preservar na memória algum fragmento do seu eu antigo é gravar uma mensagem para si mesmo na Pedra das Três Vidas, que fica no meio do rio. Essa pedra pode conter informações sobre sua vida atual, sua vida passada e sua vida futura. Se você não escrever nada ali, terá que recomeçar do zero na sua próxima passagem pelo mundo yang.

"Que me seja preparado um assento
no barco do Sol no dia em que o deus navega."
– *O Livro dos Mortos*

DUAT

ANTIGO EGITO

Graças aos artefatos usados em seus elaborados rituais, temos mais informações sobre a forma como os antigos egípcios morriam do que sobre como viviam. Há cinco mil anos, os embalsamadores passavam *meses* preparando cada um dos corpos para sua jornada para o Outro Mundo. Suas preparações variavam do brutal (como enfiar um gancho de metal nas narinas do falecido a fim de transformar seu cérebro em purê e depois drená-lo) ao sublime (manicures póstumas e rinoplastias). Todos os órgãos do corpo, exceto o coração, eram removidos e colocados em jarros cerimoniais.

A mumificação era um grande evento no Egito porque acreditava-se que a morte dividia a alma em cinco componentes, como na série Voltron, o Defensor Lendário. Havia o *ka* (força vital), o *ba* (personalidade), o *ib* (coração), o *ren* (nome) e o *sheut* (sombra). O túmulo representava um ponto de ligação entre este mundo e o outro, e o *ka* e o *ba* ficariam sem lar se não houvesse um corpo para retornar. Apenas uma pessoa boa e decente poderia passar no teste final do coração e ter seu *ka* e seu *ba* reunidos como um espírito imortal chamado *akh.*

Duat, o mundo subterrâneo, era cheio de obstáculos, que só podiam ser superados com os feitiços protetores encontrados no famoso *Livro dos Mortos* dos egípcios. Esses obstáculos compreendem um verdadeiro templo da perdição à *la* Indiana Jones: há um lago de fogo, crocodilos, insetos, desintegração, câmaras de tortura e até mesmo armadilhas como lâminas de decapitação e uma rede gigante estendida entre o céu e a terra. Os feitiços são como os códigos de trapaça dos videogames, que instruem os mortos sobre o que fazer quando confrontados com os perigos de Duat.

Para o viajante aventureiro, as paredes de ferro e as árvores turquesa de Duat proporcionam uma vida após a morte como nenhuma outra. Apenas não se esqueça de estudar o seu pergaminho de feitiços mágicos.

CURIOSIDADES SOBRE A VIAGEM

O último dos 189 feitiços do *Livro dos Mortos* protege os viajantes de um infortúnio aparentemente improvável no além: ter que ingerir as próprias fezes e urina.

ATRAÇÕES PRINCIPAIS

OS PORTAIS MISTERIOSOS DA CASA DE OSÍRIS – Um anel de 21 portões cerca Osíris, o deus do mundo subterrâneo, juntamente com uma série de colinas e cavernas. Cada portal, colina ou caverna é guardado por um deus com cabeça de animal, agachado diante de você e segurando facas enormes. Você só será autorizado a passar se souber dizer o nome do deus e do seu portão. Tente não se preocupar com o fato de a maioria dos guardiões ter nomes sombrios como Aquele que Vive de Cobras, Aquele que Dança no Sangue e Aquele que Mutila os Mortos.

A SALA DAS DUAS VERDADES – Uma visita imperdível. Comece cedo, pois você vai querer chegar de banho tomado, ungido de mirra e vestindo roupas limpas e sandálias brancas. O julgamento final em Duat acontece nesta longa câmara com colunas, onde Osíris e outros deuses egípcios estão sentados sob um dossel. Certifique-se de estudar as respostas enigmáticas para as perguntas deles. Por exemplo, se eles perguntarem "Por onde você passou?", não estão apenas puxando papo. Você precisa ter uma resposta muito específica na ponta da língua: "Passei pelo lugar ao norte do bosque". A figura de cabeça de íbis que você verá é Thoth, o deus da ciência e da magia. Ele observará atentamente Anúbis, o juiz dos mortos com cabeça de chacal, pesando o seu coração contra uma pena de avestruz, símbolo de ordem e moralidade. (Os egípcios acreditavam que o coração era a sede da consciência e da memória, enquanto o cérebro só servia para secretar muco.) Se os pratos da balança ficarem perfeitamente equilibrados, você passará pelo portão ladeado por duas estátuas gigantes de Ma'at, a deusa do equilíbrio, e Osíris o receberá na vida após a morte.

CONHEÇA OS HABITANTES DA REGIÃO

Os 42 juízes que o avaliam na Sala das Duas Verdades representam os 42 *nomos*, ou territórios, do antigo Egito. Portanto, não importa de que parte do Egito você venha, sempre verá um rosto amigável da sua cidade natal!

A BARCA SOLAR DE RÁ – Todos os dias, o deus Rá viaja pelo céu em sua cintilante barca solar. Mas à noite, quando o sol desaparece no horizonte, ele entra no mundo subterrâneo e passa a noite numa batalha interminável com a serpente Apep. Como habitante de Duat, você terá a oportunidade de entrar na barca e ajudar Rá durante uma de suas batalhas noturnas!

PASSEIOS DE UM DIA

APARIÇÃO DE UM DIA – Mesmo após a morte, o seu *ba*, ou personalidade, tem permissão para deixar o resto da alma e voltar a vagar pela Terra. Diferentes feitiços permitirão que ele assuma diferentes formas: um falcão, uma cobra, uma flor de lótus, ou até mesmo um deus. Invista num sarcófago em forma de casa ou palácio, para que o seu *ba* tenha um lugar para se hospedar. Uma "porta falsa" cerimonial no seu caixão permitirá que o seu *ba* saia e estique as pernas. (A menos que você tenha assumido a forma de uma cobra na ocasião.)

ONDE FICAR

AARU, O CAMPO DOS JUNCOS – Se o seu coração receber a aprovação de Anúbis, você seguirá para Aaru, localizado ao leste, onde o sol nasce. Aaru é um delta parecido com o Nilo, um rio de vias navegáveis, que passa por plantações abundantes. Os campos de cevada ultrapassam os dois metros de altura e a caça e a pesca são abundantes. O Campo dos Juncos tem todos os confortos de um bom lar: boa comida, boas colheitas, bom sexo. Viva aqui com os deuses em felicidade e paz.

O DEVORADOR DO OESTE – Se, por outro lado, você for julgado indigno de Aaru, sua alma será entregue a Ammit, a Devoradora, uma criatura temível com cabeça de crocodilo, corpo e garras de leão e traseiro de hipopótamo. Ammit se alimenta de almas, e aqueles por ela devorados morrem uma segunda vez (desta vez para sempre). Não recomendado.

COMO SE LOCOMOVER

Aqueles que navegam por Duat precisam conhecer o nome dos quatro lemes do céu: há o Bom Poder, no céu do norte, o Errante, no oeste, o Resplandecente, no leste, e o Preeminente, no sul. E pegar uma balsa aqui não é tão simples quanto comprar uma passagem. Você terá que conhecer o nome dos remos ("os dedos de Hórus"), da viga do casco ("aquela que preside sobre jardins"), do vento, da margem do rio e assim por diante. Dessa forma, eles saberão que você é um poderoso mago e o levarão para onde você quiser ir.

ONDE COMER E BEBER

O REBANHO CELESTIAL – Se você conhecer o nome das sete vacas do touro celestial, elas lhe fornecerão porções diárias de pão e cerveja.

A FIGUEIRA-SÍCAMO – A deusa do céu Nut reside numa figueira-sícamo, representada com frequência em túmulos egípcios como uma fonte de alimento e bebida para o espírito errante.

A GARÇA DA ABUNDÂNCIA – Do alto de sua pirâmide, este deus guarda montes de grãos que alimentam os espíritos de Aaru.

REFEIÇÕES NO QUARTO – Você pode querer fazer como os faraós e providenciar para ser enterrado com uma reserva de comida mumificada para a vida após a morte. O Rei Tut, por exemplo, levou consigo quarenta caixas de carne seca, que, segundo os arqueólogos, ainda parecem comestíveis até hoje.

O QUE LEVAR

Boas notícias: você *pode* levar coisas com você. Os VIPs egípcios eram enterrados com todo tipo de coisas malucas, desde carruagens até vasos sanitários e animais de estimação mumificados. Pequenas figurinhas chamadas *ushabti* podem servir como seus servos em Aaru, se você quiser relaxar. Na verdade, os egípcios mais preguiçosos até levaram consigo 365 delas, para que não precisassem trabalhar nem um único dia do ano. Alguns reis nem perdiam tempo com *ushabti*; eles simplesmente mandavam matar seus criados domésticos e enterrá-los junto consigo! Afinal, é tão difícil encontrar bons funcionários hoje em dia...

A ESTRADA-FANTASMA

NATIVOS NORTE-AMERICANOS

Como ocorre com muitas lendas supostamente "indígenas", a visão amplamente aceita de que os nativos americanos acreditavam na existência de um "campo de caça feliz" na vida após a morte é, em grande parte, mera invenção dos colonizadores europeus. Até onde sabemos, nenhum indígena jamais usou a expressão "campo de caça feliz" antes do personagem moicano Chingachgook, do romance de 1823 *Os Pioneiros*, de James Fenimore Cooper. Logo essa expressão se popularizou entre outros cronistas brancos da fronteira, desde Washington Irving até Mark Twain.

Existem centenas de diferentes povos nativos, com centenas de tradições diversas sobre a vida após a morte, e muitos contam histórias a respeito de um lugar de descanso, paz e abundância. No entanto, das florestas do nordeste às Grandes Planícies e o deserto do sudoeste, o elemento mais comum na crença dos nativos norte-americanos sobre o Além é o caminho que se segue para chegar lá: o maior objeto visto nos céus, a Via Láctea.

Hoje em dia, a faixa difusa no plano da nossa galáxia espiral pode não ser tão visível à noite, mas numa época de vida ao ar livre, navegação pelos astros e céus mais escuros, a Via Láctea era algo para se contemplar. Numa noite sem lua, longe do brilho das cidades, a Via Láctea é um rio fosforescente de tirar o fôlego, brilhante a ponto de lançar sombras tênues. Seja chamada de "Estrada Suspensa", "Trilha do Lobo" ou "Ponte das Almas", dezenas de culturas nativas concordavam que esse era o caminho para o mundo espiritual.

A morte é um caminho de mão única, por isso os cheyennes, entre outras tribos, aconselham que o recém-falecido primeiro examine o solo aos seus pés. Que procure um caminho onde todas as pegadas estejam na mesma direção. Ele o guiará até a Grande Trilha dos Mortos no céu. Os shoshones tinham um atalho: eles simplesmente subiam pelo ar e pousavam na estrada celestial.

Há muitas tradições diferentes para explicar por que esse "caminho fantasmagórico de guerreiros falecidos" brilha com tanta intensidade. Os pawnees chamavam essa luz de "poeira de búfalo", produzida por uma corrida antiga disputada entre um búfalo e um cavalo-fantasma, ao passo que os shoshones viam nela a neve sacudida pelo grande urso-pardo que foi o primeiro a marcar esse caminho para a Terra das Almas. Os senecas acreditavam que os inúmeros pontos de luz eram as pegadas dos mortos; os siouxs os descreviam como fogueiras ao longo da estrada. Para os cherokees, eram grãos de farinha de milho espalhados na fuga de um larápio espírito canino.

Talvez você descubra a verdade quando atravessar o céu, numa trajetória ascendente em direção ao sul, a partir do horizonte nordeste. A tradição apache descrevia esse percurso como uma marcha de quatro dias. Você poderá ver a verdadeira natureza das estrelas à medida que passa: Cygnus é uma grande águia ou abutre; Canopus é o deus dos tornados, cujo vento o impulsiona ao longo da trilha; Orion é uma grande mão decepada com um olho no centro da palma, através do qual a estrada passará como um túnel. Não se preocupe se o seu fiel cão de caça não estiver com você nesse caminho. Os Huron diziam que havia uma rota canina separada pelos céus, o Caminho dos Cães.

CUIDADO, VIAJANTE!

Há uma mancha escura na Via Láctea que os astrônomos chamam de a "Grande Fenda", uma espessa nuvem de poeira estelar. De perto, você verá que se trata de um rio profundo e cheio de corredeiras. O povo ojibway o alerta para ter cuidado com o grande toco de árvore que atravessa a fenda: na verdade, trata-se de uma serpente! Salte sobre a cabeça dela e continue em frente, porque a outra trilha logo se desfaz, condenando você à reencarnação ou ao esquecimento.

Muitas culturas indígenas não têm a tradição de um julgamento na vida após a morte. É razoável supor que os espíritos não recompensam ou punem todos de maneira perfeita nesta vida, então por que começariam a fazer isso nesse momento? Os lakotas, no entanto, alertam que você terá que enfrentar uma anciã chamada

Hihankara, a Criadora de Corujas, para alcançar sua recompensa. Ela examinará seu pulso, testa e queixo em busca das tatuagens corretas, e o empurrará para fora do caminho se você estiver sem elas. Apenas os viajantes com as marcações corretas chegarão ao seu destino final.

E qual é esse destino? Os shoshones imaginavam que a Via Láctea terminava num lago com uma rocha cônica no meio, e uma passagem localizada nessa ilha levava a um mundo belo de relva e flores. Trata-se de um acampamento não muito diferente dos que se encontram no mundo dos vivos, mas lá todos os seus ancestrais o aguardam. Não há doença ou morte na Terra das Muitas Cabanas, há uma profusão de jogos, e os celeiros estão cheios de milho, feijão e abóbora. Mas, ainda assim, isso não significa que seja o "campo de caça feliz"!

"Encoste sua embarcação na agitada costa do Oceano
e siga por conta própria em direção à deteriorada Casa da Morte."
– *Homero*

HADES

ANTIGA GRÉCIA

O deus grego da morte era chamado Hades, que significa "o invisível". É verdade que a morte nos pega de surpresa, e os gregos atribuíram esse fato a um adereço mágico. Diziam que Hades possuía um capacete que o tornava invisível, envolvendo-o na "terrível escuridão da noite". É apropriado que o nome Hades tenha sido posteriormente atribuído a todo o seu reino subterrâneo, que é, em grande parte, um lugar terrível e sombrio.

Virgílio descreveu o Hades como um reino imaterial, com moradias vazias, todas escuras e sem cor, assim como uma floresta pode parecer numa noite fracamente iluminada pela lua. Os habitantes são sombras insubstanciais, em sua maioria um grupo infeliz que ainda carrega as marcas da própria morte. Três grandes reis terrestres (Minos, seu irmão Radamanto e o justo Éaco) estabelecem as leis aqui, convocando júris por sorteio e julgando cada sombra silenciosa por vez, enviando-as ou para o castigo no Tártaro ou para uma relativa facilidade no Elísio.

Você se aproximará do Hades através das planícies sombrias do Érebo, onde estão os bosques de álamos e salgueiros de Perséfone. Ela é a rainha dos mortos, a deusa da fertilidade de braços brancos, sequestrada por Hades quando seu carro dourado emergiu de uma fenda no chão enquanto ela colhia flores de açafrão e jacinto. Agora, ela passa quatro meses a cada ano no Hades enquanto as colheitas murcham e morrem acima, tudo porque ela comeu algumas sementes de romã subterrâneas.

Siga o rugido do escuro rio Cócito até onde ele deságua no lamacento Aqueronte. Aqui você encontrará os portões do Inferno cercados por terríveis criaturas, personificações do pesar, da tristeza, da doença, da velhice, do medo, da fome, da necessidade, da morte, do sofrimento e do sono. A Guerra Violenta também está lá, assim como a louca Discórdia, com fitas ensanguentadas prendendo seu cabelo de serpente. Passeie até os estábulos próximos para visitar as sombras de bestas abatidas: centauros, górgonas, harpias e até criaturas famosas como a Quimera, que cospe fogo, e o gigante de três corpos, Gerião. Uma antiga e escura árvore de ulmeiro perto do portão guarda sonhos vazios sob cada folha, para enfatizar a desolação do seu futuro assim que entrar lá.

ATRAÇÕES PRINCIPAIS

CÉRBERO – A icônica mascote do mundo subterrâneo grego é um feroz cão de três cabeças, cada uma delas adornada com serpentes. A mitologia está repleta de histórias de Cérbero sendo derrotado: embalado para dormir por Orfeu, distraído por Psiquê, lutando contra Hércules, drogado por Eneias. Mas lembre-se: todas essas eram almas vivas se aventurando no Hades. Para você, um morto, ele será como um dócil filhotinho quando você *entrar* no Inferno, mas o perseguirá implacavelmente e não hesitará em devorá-lo se você tentar sair de lá. Aproveite para afagar Cérbero na primeira vez que passar por ele, porque esperamos que você nunca volte a encontrá-lo.

TÁRTARO – Quando os deuses gregos assumiram o poder, Zeus lançou seus predecessores, os Titãs, no abismo mais profundo da Terra, cercado pela cerca de bronze de Poseidon e uma barreira tripla de noite sombria. Hoje esse abismo, cuja profundidade é duas vezes maior do que a altura do Monte Olimpo, é para onde vão as almas maldosas após a morte. A entrada para o Tártaro é uma fortaleza de penhascos com pilares adamantinos cercados pelo Flegetonte, um rio furioso de fogo e pedras. Tisífone e as outras Fúrias vigiam de uma torre de ferro, vestindo mantos encharcados de sangue. Permaneça na margem do rio, pois talvez você tenha sorte e os portões se abram. Então você ouvirá gemidos, chicotadas e correntes batendo, e talvez até vislumbre uma Hidra de cinco cabeças, as Fúrias golpeando os condenados com serpentes, ou Radamanto extraindo confissões. Isso é o mais próximo do Tártaro que você vai querer chegar.

TÍCIO – O circuito turístico pelo Tártaro gira em torno de figuras icônicas como Sísifo, sempre empurrando sua pedra quase até o topo de uma colina, e Íxion, preso à sua famosa roda ardente. Mas a verdadeira atração aqui, que cativa o olhar, é Tício, um gigante que foi lançado ao abismo por tentar violentar a mãe de Apolo e Ártemis. Sua sombra no mundo subterrâneo tem o mesmo tamanho que seu corpo terreno, cobrindo *nove acres* de terra. Acorrentado à rocha, ele tenta em vão afastar os abutres que bicam seu fígado.

OUTRAS ATRAÇÕES IMPERDÍVEIS

A BUNDA DE TESEU – Os heróis Teseu e Pirítoo uma vez tiveram a ideia maluca de se infiltrar no Hades e sequestrar (novamente!) a pobre Perséfone. Presume-se que eles estivessem embriagados. Mas, quando pararam para descansar num banco de pedra, no mundo subterrâneo, a pedra fundiu-se à pele deles, prendendo-os ali. Anos depois, quando Héracles estava no Hades para roubar Cérbero, se deparou com a dupla e conseguiu puxar Teseu para cima. No entanto, deixou parte de suas nádegas para trás no assento, onde você ainda pode vê-las até hoje, grudadas ao lado da sombra de Pirítoo. Pelo resto da vida, o herói ficou conhecido como Teseu Hipolispo, o que significa "Teseu da Bunda Lisa".

CAMPOS DAS LÁGRIMAS – O local mais romântico do Hades, lar das almas de todos aqueles que morreram por amor. Essas almas melancólicas vagam, lamentam e se escondem em arbustos de murta, assim como provavelmente faziam em suas vidas cheias de sentimento.

CAMPOS DE ASFÓDELOS – Apesar dos asfódelos (flores que os gregos associavam à morte porque cresciam em túmulos), o Campo de Asfóledos é, como a maior parte do Hades, um domínio frio e desolador. Mas vale a pena parar para ver as celebridades presentes no local. Ulisses viu seus colegas da Guerra de Troia, Aquiles e Ajax, nesses campos, e o lendário Órion também é conhecido por passear por aqui, caçando bestas-fantasmas com sua poderosa clava de bronze.

ONDE FICAR

OS CAMPOS ELÍSEOS –Tente reservar um lugar para ficar aqui nos Abençoados Bosques do Éliseo, no fim do mundo. É para onde vão as almas virtuosas para viver as benesses da "não vida": Nunca chove ou neva nesses prados ondulantes, e um revigorante vento oeste sopra suavemente do mar. Grandes guerreiros tiram suas armaduras, deixam seus cavalos pastarem e, exceto por um torneio ou luta esporádica nos campos verdejantes, apenas relaxam. Poetas e sacerdotes cantam nos perfumados bosques de loureiros junto ao rio Eridano. Assim como o Tártaro purifica as máculas da vida das almas más, os bons são purificados aqui. Mas depois de mil anos, você pode sentir saudade do Céu. (O Éliseo tem seu próprio sol e estrelas, mas não é a mesma coisa.) Desça pelo vale até as margens do rio Lete, e deixe suas águas lavarem sua memória para que você possa retornar e ter uma vida nova no mundo acima.

ILHAS DOS ABENÇOADOS – Se você retornar ao mundo subterrâneo três vezes com uma alma pura, será julgado digno de acomodações ainda mais luxuosas: as Ilhas Fortunadas no oeste, um paraíso perfeito sob a torre de Cronos. Flores de ouro brilham ali, tanto nas ondas quanto nos galhos das árvores da costa. Você pode passar seus dias tecendo-as em grinaldas e guirlandas, se é disso que você gosta.

COMO SE LOCOMOVER

O rio Estige, tão sagrado para os gregos que os próprios deuses juravam em seu nome, serpenteia pelo reino de Hades, dando nove voltas ao seu redor. A única maneira de atravessá-lo é pegando a embarcação remendada de Caronte, o barqueiro dos mortos. Caronte é um velho rabugento com uma barba branca e espetada, olhos flamejantes e roupas sujas. Milhares de passageiros em potencial circulam por séculos na margem do rio, mas apenas aqueles que receberam um enterro digno são elegíveis para embarcar. Se uma moeda foi colocada dentro da sua boca após a morte, faça Caronte tirá-la da sua boca pessoalmente.

CUIDADO, VIAJANTE!

Quando estiver no barco, você pode ficar tentado a ajudar os cadáveres em decomposição que, dos pântanos, estendem o braço na sua direção, ou as anciãs, do outro lado, que afirmam precisar de ajuda com o tear. Resista à tentação. São armadilhas!

ONDE COMER E BEBER

O LAGO DE TÂNTALO – A refeição mais famosa no Hades é uma que nunca acontece. Tântalo serviu a carne do seu próprio filho Pélope aos deuses num banquete e, como punição, ele está para sempre dentro de um lago no Tártaro com a água até o queixo. Ele está sedento, mas, quando se inclina para beber, a água recua para longe dele. Os galhos acima dele estão cheios de frutas, como peras, romãs, maçãs, figos e azeitonas suculentas, mas o vento as empurra para fora de seu alcance quando ele tenta pegá-las.

CURIOSIDADES SOBRE A VIAGEM

É do suplício mitológico de Tântalo que vem a palavra "tantalizar" (submeter a um suplício).

O BANQUETE DAS FÚRIAS – Neste banquete real no Tártaro, prepara-se uma refeição elaborada numa enorme mesa e os convivas se reclinam em divãs com pernas douradas. Infelizmente, sim, isso também é uma farsa. Se você ousar estender a mão para pegar um garfo de salada, a líder das Fúrias se levantará do seu assento, agitando uma tocha e gritando com você.

HEL

OS NÓRDICOS

Graças aos filmes da Marvel, ao History Channel e a alguns dos tipos mais estranhos de *heavy metal*, a mitologia nórdica vive no seu momento mais popular em quase mil anos. E os guerreiros *vikings* sempre tiveram uma vida após a morte bastante convidativa, como você mesmo verá quando visitarmos Valhalla, na página 47.

No entanto, a grande maioria dos mortais não sofre uma morte heroica. Numericamente, suas chances de conseguir entrar num lugar cheio de classe como Valhalla ou Folkvangr são bem pequenas. Grande parte dos mortos nórdicos acaba debaixo da terra em Hel, sob as raízes de Yggdrasil, a árvore do mundo. Odin doou essa parte de Niflheim, um reino gelado de nevoeiros, à filha de Loki, Hela. É para onde vão os que não foram justos, e os verdadeiramente perversos terão *outra* morte lá, o que os levará ainda mais fundo, para um inferno ainda mais sombrio mais abaixo.

Existem muitos caminhos que levam ao domínio de Hela. Um deles é uma jornada de nove dias por vales tão profundos que você estará em escuridão total. Você pode ter que enfrentar as presas de Garm, o cão uivante infernal, acorrentado na entrada da caverna Gnipa, ou pode atravessar campos ensolarados onde crescem cicutas. (É verão em Hel enquanto é inverno na superfície, e vice-versa.) O rio subterrâneo Gjoll tem armas girando nos redemoinhos e corredeiras de suas águas azul-escuras, e dois exércitos lutam nas proximidades, num combate eterno. Cruze a reluzente ponte de ouro e depois siga para o norte em direção às imensas portas de Hel, guardada entre muros altos.

Hela é a senhora sombria e cruel do salão de Eljudnir (que significa "úmida de granizo", uma coisa estranha para se gabar). Ela monta um cavalo pálido de três pernas e a aparência dela é metade preta, metade branca (mas, se você se olhar no espelho, verá que também não tem uma aparência corada e saudável aqui embaixo). O prato dela é Hungr ("fome"), sua faca é Sultr ("inanição"), sua cama é chamada Kor ("leito de doente") e suas cortinas são Blikjandabol ("desastre reluzente"). Em resumo, ela comanda a pior loja de decoração do mundo.

Pise com cuidado ao entrar em Eljudnir; o limiar é uma armadilha chamada Fallandaforad, e os servos preguiçosos de Hela, Ganglot e Ganglati, não serão de nenhuma ajuda. Isso não é Valhalla, então não espere nenhum festim ruidoso aqui. O único grande nome na área VIP será Balder, condenado ao mundo subterrâneo séculos atrás pela astúcia de Loki. Balder já foi um orgulhoso deus da luz e da pureza, mas neste ponto, afundado em seu assento de honra, provavelmente parecerá, bem, como se tivesse passado por Hel.

MELHOR EVITAR

A pior parte deste mundo subterrâneo é Nastrond, a praia dos cadáveres. Este sombrio salão submerso é construído com os esqueletos de grandes serpentes, e o veneno delas ainda pinga sobre os assassinos, adúlteros e pessoas que quebraram juramentos e que estão ali dentro. A boa notícia é que provavelmente você não vai nem perceber o veneno. A má notícia é que isso se deve ao fato de o dragão alado Nidhogg estar roendo seu corpo pela eternidade.

KUR

ANTIGA MESOPOTÂMIA

No poema "A Epopeia de Gilgamesh", datado da Idade do Bronze, o fiel amigo de Gilgamesh, Enkidu, tem uma visão aterrorizante da vida após a morte, no sombrio reino subterrâneo da rainha das trevas. Ao longo dos dois mil anos seguintes, o povo da Mesopotâmia atribuiu vários nomes a essa "morada do pó". Mas seja qual for o nome que lhe davam (Kur, Arali, Kukku, Irkalla ou Ersetu), os sumérios, acádios e babilônios terminavam seus dias nessa "casa da qual ninguém que entre jamais retorna, pela estrada da qual não há volta". Essa era uma coisa que a civilização mais antiga do mundo havia descoberto sobre a morte: que ela era extremamente permanente.

O além-túmulo mesopotâmico está apenas ao alcance dos viajantes que foram sepultados com todos os ritos corretos, por isso o primeiro passo é garantir que você não seja arrastado para o deserto por cães selvagens ou algo assim. Seu espírito (*gidim* para os sumérios, *etemmu* para os acádios) deixará este receptáculo de argila tão logo o seu sangue parar de fluir e sua respiração cessar. Em seguida, há uma longa jornada à sua frente através de planícies infestadas de demônios até o rio Hubur. Você reconhecerá o barqueiro local porque ele tem cabeça de pássaro, quatro mãos e quatro pés. Felizmente, o nome dele, Khumut-Tabal, significa "Leve-me até lá, bem rápido!" em babilônico. Assim, cumprimentá-lo pelo nome deve bastar para que ele o leve até o outro lado do rio, onde fica o Portão dos Cativos.

PARA POUPAR TEMPO!
Para uma jornada mais rápida, ou se você costuma ficar enjoado em viagens de barco, desça até Kur via Simmelat Ganzer, a "escadaria do mundo subterrâneo". Esse atalho vai levar você diretamente aos portões, evitando Apsu (as águas sob a terra).

O Portão dos Cativos é o primeiro dos sete portões de Kur, e é guardado por Bidu, que tem cabeça de leão, mãos humanas e pés de ave. Felizmente, "Bidu" significa "Abra", então, mais uma vez, basta que você o chame pelo nome. Cada vez que passa por um dos portões, você perde uma peça de roupa, e Namtar, o vizir da Terra Mais Baixa, vai entregá-lo aos demônios *gallu*, enquanto Bidu tranca o ferrolho empoeirado atrás de você. Por fim, Ningishzida, o guardião do trono, o levará nu até os Anunnaki para o julgamento.

Os Anunnaki são seiscentos deuses antigos aprisionados aqui por Marduk, e que agora formam uma espécie de conselho de inquilinos do mundo subterrâneo. Eles descerão de sua torre do templo e, auxiliados pelo seu escriba Berit-Seri, lhe atribuirão um novo pós-morte. Mas essa é mais uma decisão burocrática do que judicial, porque ninguém é realmente recompensado ou punido por suas ações aqui. Kur é uma caverna subterrânea escura, feita do cadáver de pedra do demônio primordial Asakku e mais tarde oferecida a Ereshkigal, a senhora da grande terra, como presente. Ela e seu consorte, o deus guerreiro Nergal, governam essa terra do palácio de Ganzer. É um lugar estranho e sombrio, parecido com o mundo dos vivos, mas que não é, num certo sentido. Há rios sem água, campos que não produzem grãos, ovelhas que não dão lã. É mortalmente silencioso, tão quieto que Gilgamesh teve que tirar suas sandálias para se mover furtivamente. Nenhuma estrela brilha em Kur e nenhum fogo pode ser aceso, então é completamente escuro a menos que o deus solar Shamash esteja fazendo sua visita noturna, enquanto transita do oeste para o leste.

Agora você vestirá trajes leves e cobertos de penas semelhantes às dos pássaros, e passará seus dias fazendo turismo nas principais atrações do mundo subterrâneo, como o pátio de Ereshkigal ou as raízes da árvore cósmica *mesu*, que sustenta o universo. Você terá a oportunidade de passar um tempo com seus parentes que se mudaram para cá antes de você, mas não manterá muito da sua personalidade. Governantes e grandes heróis têm seus próprios santuários, assim como os deuses do mundo subterrâneo, mas a maioria dos "adormecidos" leva existências bastante comuns.

O único *status* vem dos seus parentes mais próximos. Se eles cuidarem bem do seu túmulo e levarem até lá oferendas saborosas, você terá comida e bebida aqui, e até um sofá agradável para se deitar ou convidar alguém para lhe fazer companhia. Mas se ninguém visitar o seu lugar de descanso, tenho más notícias... O pão daqui é poeira e a água é salobra. Você ficará implorando por migalhas nas ruas de Kur.

Se você não for sepultado ou se for esquecido, acabará se tornando um demônio malvado. Poderá então voltar à superfície por meio de rachaduras e fissuras no chão e passar seus dias assombrando e agredindo os vivos ou entrando pelo ouvido deles para possuí-los. Mas, se preferir comer e beber um pouco melhor, comece a investir nisso agora. Tenha o maior número de descendentes possível, mime seus netos e torça para que eles levem flores ao seu túmulo.

Cachorro Olhando para Baixo

MICTLAN

OS ASTECAS

A vida podia ser breve e brutal na antiga Mesoamérica; a morte, portanto, sempre esteve muito presente na vida dos astecas. Rituais de nascimento já davam pistas a todo recém-nascido asteca de que sua vida seria dolorosa e violenta, e muito provavelmente terminaria durante uma batalha ou sacrifício humano. Saiba que aqui ninguém mima os bebezinhos da mamãe.

O lado positivo é que muitos dos desfechos violentos com os quais você poderia se deparar no antigo México realmente levavam ao Paraíso. Os corajosos "águias-jaguares", guerreiros mortos em combate, iam para Ilhuicatl-Tonatiuh, um dos treze níveis do Céu. Nesse campo árido e cheio de cactos, eles batiam seus escudos toda manhã para fazer o sol nascer e retornavam à Terra à tarde, como pássaros e borboletas, alimentando-se pacificamente de néctar das flores. Mulheres que morriam no parto eram dignas da mesma recompensa e escoltavam o sol até o céu todos os dias, numa liteira de penas de quetzal verdes.

Aqueles que morriam na infância desfrutavam do pomar de Chichihuacuahco, onde eram amamentados pela "árvore ama de leite", literalmente uma árvore com tetas penduradas nos galhos. Aqueles que morriam afogados ou durante tempestades acabavam em Tlalocan para servir ao deus da chuva, Tlaloc. Em seu domínio exuberante, abóboras, espigas de milho e pimentões deliciosos cresciam naturalmente o ano todo.

Mas a maioria dos astecas mortos, tanto nobres quanto plebeus, seguiam para o norte, em direção a Mictlan, o reino de Mictlantecutli, o rei dos mortos. É um local de frio, escuridão, decomposição e desespero: "o Lugar dos Descarnados".

E como se isso já não fosse ruim o suficiente, seus nove níveis guardam cada um uma tortura ou obstáculo aterrorizante.

Pelo menos você terá um guia. Encontre um cão amarelo e siga-o através dos nove rios de Mictlan; porém, é preciso que seja um cão *amarelo*. Os cães brancos que você encontrar vão dizer que não podem guiar você porque acabaram de se lavar; os cães pretos vão dizer que o rio tiraria a cor preta deles. Quando ocorria uma morte, as famílias astecas às vezes sacrificavam um cão amarelo, a raça que hoje chamamos de pelado mexicano, e o enterravam com o falecido. Dessa maneira, sabiam que seu ente querido não teria que enfrentar o abismo sozinho.

O que quer que se diga sobre Mictlan, certamente não se trata de um destino *gourmet*. O Senhor dos Mortos e sua horrenda consorte comem uma papinha de pus servida em crânios humanos. Suas refeições serão uma terrível paródia da deliciosa comida de cantina: tamales cheios de besouros, corações ensanguentados em vez de feijões, guarnições de ervas venenosas e papoulas crivadas de espinhos.

Enquanto isso, você estará atravessando desertos ardentes, desfiladeiros congelantes e vales assolados por facas giratórias e ventos com a força de um furacão. Você rasgará suas mãos mortas em Itztepetl, uma montanha de fragmentos de obsidiana afiados como navalhas, e enfrentará um terrível lagarto azul. Flechas voarão em sua direção e um jaguar devorará seu coração. Dois grandes penhascos se chocarão em seu caminho com a fúria de cem terremotos, por isso sua coordenação e sincronia terão que ser impecáveis.

Depois de quatro longos anos, para onde toda sua angústia o leva? Você chegará aos pés do trono de Mictlantecutli... e será imediatamente dissolvido no nada. Ah, bem. Dizem que, na vida, o que importa não é o destino, mas a jornada. Talvez isso valha também no caso da morte.

O OUTRO MUNDO

OS CELTAS

Antes da chegada do Cristianismo à Grã-Bretanha e à Irlanda, os druidas acreditavam num ciclo reencarnatório: morte e renascimento, assim como o cervo perde seus chifres, a cobra troca de pele ou o carvalho ganha novas folhas na primavera. Mas, se você está planejando um pós-morte celta, há muito para ver no Além antes que seus pés retornem ao plano terreno.

Sua primeira parada em sua jornada ao Outro Mundo celta é Tech Duinn, a casa dos mortos. É a morada de Donn, o rei desdentado do mundo subterrâneo.

CONHEÇA OS HABITANTES DA REGIÃO

Donn foi o primeiro dos Tuatha De Danann, os deuses antigos, a chegar às costas irlandesas, mas, quando a deusa Eriu profetizou sua vitória, ele a insultou e ela usou seus poderes para afogá-lo no mar, ao largo da costa sudoeste da Irlanda.

Um pequeno monte de pedras foi erguido em memória de Donn após sua derrota, e você ainda pode vê-lo nos dias de hoje: Bull Rock, um ilhéu na Península de Beara, com um túnel natural que o atravessa. Os antigos celtas viam esse túnel, através do qual o sol poente às vezes brilhava, como o portal para a terra dos mortos.

As últimas palavras de Donn foram: "Para mim, para a minha casa, todos vocês virão depois de morrer!". Portanto, você começará sua jornada se reunindo com outros espíritos em seu reino sombrio. Donn, também chamado de Da Derga, pode enviar três cavaleiros vermelhos em cavalos vermelhos para encontrá-lo ou, numa noite tempestuosa, ele mesmo pode cavalgar em seu cavalo-fantasma branco. Em sua casa, você pode vislumbrar o Badb, uma deusa da destruição, em sua forma de corvo necrófago ou como um trio de velhas caquéticas, sangrando e com cordas ao redor do pescoço.

Mas, a partir de Tech Duinn, você pode avançar para outros campos mais agradáveis. O Outro Mundo celta é, na verdade, uma série de mundos, como um arquipélago de ilhas no mar ocidental ou uma rede de *sidhe* (colinas de fadas) na terra. Quer o chamassem de Mag Mell ("Planície dos Prazeres"), Tir Na Nog ("Terra dos Eternamente Jovens") ou o galês Annwfn ("Terra Sem Vogais Suficientes"), os celtas da Idade do Ferro concordavam que os mortos desfrutavam de uma terra bela e promissora, sem tristeza, morte ou decadência. Você pode esperar prados de grama e trevos cobertos de mel, pontuados pelo som das abelhas e pássaros de cabeça roxa, assim como florestas de carvalhos frondosos, aveleiras amarelas com cachos de avelãs e macieiras carregadas de frutas. Pegue uma maçã dourada e dê quantas mordidas quiser. A fruta nunca se esgota.

As casas aqui são feitas de prata e cobertas com penas de pássaros. Os antigos reis guerreiros, agora vestidos de verde, vivem em grandes fortalezas de mármore, prata e ouro. Planeje uma visita à Fonte do Conhecimento, uma nascente borbulhante de cinco riachos (cada um representando um dos cinco sentidos), sombreada pelas nove aveleiras roxas de Buan. Avelãs que caem das árvores alimentam os salmões que vivem ali. A pesca não é permitida, mas aproveite para beber um longo gole refrescante da água que concede sabedoria, o "energético" por excelência.

O Outro Mundo é um lugar de festins perpétuos, cada reino com seu próprio "caldeirão da abundância". Cada festa é presidida pelo senhor daquele *sidhe* em particular, que aparecerá como um caçador com um javali sobre o ombro. A bebida é inesgotável e a caça ressuscita todas as noites para a caçada do dia seguinte.

Todas as almas dos mortos desfrutam de jogos de batalhas e da companhia de belos rapazes e belas moças. Em seu festim, Goihbniu, o deus ferreiro, prepara uma cerveja especial que confere imortalidade. Outros *sidhe* formam times de quinze jogadores que se desafiam no *hurling*, um antigo esporte gaélico que pode ser definido como uma combinação implacavelmente rápida de lacrosse e hóquei na grama.

DICA PARA O VIAJANTE ESPERTO

Se você está realmente determinado a ganhar esse campeonato celestial, talvez precise de um "reforço". Os deuses mais espertos às vezes recrutam atletas destacados do mundo dos vivos para compor seus times.

É só alegria eterna, uma canção da banda The Pogues que dura para sempre. Apenas lembre-se de respeitar seus anfitriões. Quando o mundo celta foi cristianizado, os antigos seres sobrenaturais foram rebaixados, deixaram de ser divindades e passaram a ser "reimaginados" como as mágicas fadas. Ao vagar por suas terras, chame-os de Povo Justo, Povo Oculto, os Bons Vizinhos, como preferir. Apenas lembre-se de que eles podem se ofender se você os chamar de fadas!

Mergulho em Altura

RAROHENGA

OS MAORIS

A jornada para a próxima vida é sempre um salto para o desconhecido, mas em nenhum caso essa ideia é mais literal do que para o povo maori, da Nova Zelândia. Essa é a sua única opção de vida após a morte, que começa com um emocionante mergulho de um penhasco.

A crença tradicional maori é marcada pela memória cultural de sua primeira chegada à Nova Zelândia, quando exploradores polinésios remaram em suas canoas através do Pacífico, há cerca de setecentos anos. Quando você morrer, o itinerário da sua alma começa com um retorno ao Hawaiki, a pátria ancestral dos maori.

Portanto, à medida que a morte se aproxima, engula *o matenga*, o último bocado de comida, e o *wai o Tane-pi*, o último gole de água. Seu *wairua*, ou alma, sairá pelas suas narinas e vibrará em torno dos seus lábios enquanto seu corpo morre. Mas, depois disso, é hora de partir, viajando para o norte em direção a Te Rerenga Wairua, o local de salto dos espíritos, na extremidade noroeste da Ilha Norte, da Nova Zelândia.

Primeiro você fará uma pausa na colina de Waihokimai. Ali seu espírito pode deixar este mundo para trás, chorando e lamentando o fim da sua vida terrena. Você tirará suas roupas e usará as pedras afiadas presentes no topo da colina para cortar e açoitar os seus membros. Sente-se melhor? Depois, seguimos para a colina próxima de Waiotioti, onde você dará as costas para os vivos definitivamente. Não há mais como seu corpo reviver agora.

Sua parada final é no promontório hoje chamado Cabo Reinga, onde as correntes do Oceano Pacífico encontram as do mar da Tasmânia, entrechocando-se e agitando as águas na base do penhasco. Fique perto da *pohutukawa*, uma árvore velha e retorcida, e observe o redemoinho de algas abaixo de você. No momento em que as águas se acalmarem e você vir uma brecha nas algas, mergulhe do penhasco. Você estará indo para casa.

DICA PARA O VIAJANTE ESPERTO

Se o seu *wairua* for do tipo menos aventureiro, tente descer pelas raízes das árvores que se debruçam sobre o penhasco, em vez de mergulhar nas ondas.

Você pode fazer uma última parada na pequena ilha de Manawatawhi para olhar para trás e se despedir da Nova Zelândia, mas depois seguirá para Hawaiki, onde passará pelo ritual chamado *pure*, que vai prepará-lo para subir até o cume da grande montanha Irihia e entrar no edifício *tapu* de Hawaiki-nui. Essa grande casa é uma encruzilhada para os *wairua*, com quatro fogueiras e suas passagens correspondentes, que conduzem às quatro direções cardeais. Siga a sua intuição. O caminho ao leste leva ao mais alto dos doze céus, onde o deus da floresta Tane encontrou pela primeira vez as três cestas de conhecimento e as entregou à humanidade. Você será arrancado do chão pelo tempestuoso *ara tiatia*, o caminho do redemoinho, e depois vai escalar a *toi huarewa*, a teia que pende do céu.

O caminho em direção ao oeste, rumo ao pôr do sol, é o caminho para Rarohenga, ou Po: o mundo subterrâneo. O nível mais elevado de Rarohenga é relativamente agradável: um reino ensolarado às margens de um lago, cercado por colinas. Ali, você e outros falecidos retomarão algo semelhante aos padrões de sua vida terrena. Vocês construirão casas, participarão de jogos, farão tatuagens uns nos outros e cultivarão lavouras: batatas-doces e inhame, que crescem mais do que jamais cresceram no plano acima.

Infelizmente, os níveis inferiores do mundo subterrâneo não são tão agradáveis. Os mortos se alimentam de moscas e de suas próprias fezes; então, mesmo que você não seja um grande fã de comer batatas-doces e inhame todas as noites, logo sentirá falta disso. Essa é uma região ardente (os polinésios estavam bem cientes da pedra derretida incandescente que a terra continha) governada por Whiro, o senhor das trevas e inimigo do homem. Ele tentará devorar sua alma, mas você pode ser protegido pela gigantesca deusa Hine-nui-te-po. Ela já foi Hine-titama, donzela da aurora, mas, quando percebeu que o pai dos seus filhos na realidade era seu próprio pai, Tane, ela desceu ao mundo subterrâneo, envergonhada.

Por fim, você descerá tão baixo que poderá renascer na Terra como a mais básica das criaturas, uma minhoca ou uma mariposa, e sua segunda morte ali será a extinção final. Mas, durante todo o seu tempo em Rarohenga, você pode ser capaz de entrar em contato com os vivos. Os maoris acreditavam que os ruídos noturnos na floresta eram *parangeki*, mensageiros do mundo subterrâneo sussurrando seus segredos. Como diz o antigo ditado maori, a barreira entre a vida e a morte é como a folha da árvore de *wharangi*: opaca, mas muito, muito fina.

VALHALLA

OS NÓRDICOS

Considerando a fama de Hel como um local bastante úmido e desagradável, a vida após a morte preferida dos guerreiros *vikings* era repleta de festas animadas com outros deuses. Para quem vive de uma terra repleta de gelo e neve, faz sentido imaginar o Outro Mundo como um eterno e ensolarado período de folia.

A chave para o sucesso no pós-morte nórdico é morrer de uma forma nobre e valente, o que é um pouco mais complicado hoje do que era no século X. (Será que uma batalha corajosa contra o câncer valeria? Ou uma épica queda fazendo uma manobra arrojada no skate?) No entanto, se você conseguir essa façanha, estará no seleto grupo dos deuses nórdicos Odin e Freyja, que dividem os mortos honrados igualmente entre si. Não há como errar aqui. Freyja é uma bela deusa da fertilidade com um colar mágico, uma capa emplumada que lhe permite voar e uma carruagem puxada por gatos encantados; basicamente, uma diva pop pré-moderna. Os prazeres do seu belo campo, Folkvangr, são intermináveis.

Mas o ingresso mais cobiçado em Asgard é o do salão dos abatidos de Odin, Valhalla. Você saberá que foi selecionado para Valhalla se, após a morte, vir relâmpagos e bandos de corvos ao seu redor. Isso significa que Odin, o sábio pai de todos, enviou as Valquírias, suas donzelas da morte, para buscá-lo. Elas estarão montando corcéis alados com lanças e capacetes flamejantes, e vestindo armaduras das quais escorre sangue.

Mas (numa reviravolta sexista), as Valquírias também fazem um bico como garçonetes, trazendo cerveja para os guerreiros festeiros em Valhalla, um salão dourado brilhante no reino de Gladsheim, além do bosque de Glasir, a floresta mais bela dos Nove Mundos. O telhado desse salão é tão alto que mal dá para vê-lo olhando para cima, mas, se você se esticar, poderá vislumbrar a grande árvore Laeradr se elevando acima das suas torres, suas folhas alimentando a cabra Heidrun e o cervo Eikthyrnir, de cujos chifres um grande rio se precipita.

Esse santuário sagrado possui 540 portas, cada uma delas larga o suficiente para que 800 homens passem por elas um ao lado do outro, mas você deve seguir direto para Valgrind, o portão principal, e conferir sua famosa fechadura inteligente. Em algumas das inúmeras câmaras de Valhalla, os caídos estarão ocupados disputando jogos de azar. Em outras salas, você pode praticar esgrima.

APRENDA O IDIOMA

Os hóspedes de Valhalla são chamados de *einherjar*, que significa "aqueles que lutam sozinhos". Isso não faz muito sentido, já que não existem mitos sobre escandinavos que lutam sozinhos.

O salão principal é usado para festas e bebedeiras. Você foi adotado pelo deus Odin graças ao seu mérito na batalha, e por isso a decoração aqui tem um requinte bélico: lanças usadas como vigas, escudos como telhas, a cabeça de um lobo colocada a oeste das portas, bancos estofados com malha de armaduras. A cada alvorada, você será despertado por Gullenkambi, o galo celeste de crista dourada, para mais um dia de intensas festas escandinavas. Os cântaros de hidromel, feitos do leite alcoólico de Heidrun, fluem abundantemente, e o cozinheiro Andhrimnir servirá todos os deliciosos javalis que você puder caçar e comer (isso porque Saehrimnir, a grande e fuliginosa besta de Asgard, renasce todas as noites após ser cozida todos os dias nos caldeirões da cozinha de Valhalla). Você ainda terá acesso a todas as suas posses terrenas... contanto que as tenha enterrado no final de sua vida ou instruído os vivos a jogá-las na sua pira funerária.

Se você está interessado em observar celebridades do pós-morte, saiba que não é incomum deparar-se com deuses como Thor na mesa ao lado, e o próprio Odin muitas vezes se senta à frente com um odre de vinho, jogando pedaços de carne para seus cães, Geri e Freki, ou ouvindo seus corvos, que lhe trazem as últimas notícias de toda a criação.

Às vezes, por razões ainda não esclarecidas, Odin escolhe reinar sobre Valhalla na forma de três misteriosos chefes. Esses três senhores se sentam em três tronos, cada um deles mais alto que os outros dois. (Tente não questionar a física de Valhalla. Afinal, você estará comendo todos os dias um porco reencarnado.)

Mas, como acontece com todas as festas, essa não dura para sempre. Odin sabe que a grande batalha de Ragnarok, o crepúsculo dos deuses, está chegando. Nesse dia, você e o restante dos *einherjar* marcharão pelas grandes portas de Valhalla para lutar contra o lobo Fenrir e os outros inimigos de Odin. Talvez isso pareça divertido depois de passarem séculos embriagados e participando de combates simulados em Valhalla, mas não se engane: você vai morrer. De novo. Então, você receberá uma baixa militar *permanente* e se aposentará no salão de telhado dourado de Gimle, nos confins sulinos do céu, um terceiro céu, Vidblain, onde apenas os Elfos da luz vivem hoje. Lá a festa continuará!

XIBALBA

OS MAIAS

Para os antigos maias, o eixo do universo era Yaxche, uma enorme árvore ceiba (ou *kapok*) como aquelas cujas copas dominam as florestas tropicais da Mesoamérica. Os mortos abençoados iam para seu descanso eterno, num paraíso sombreado pelas folhas sagradas dessa árvore gigantesca. Mas, para chegar ao Céu, você teve que passar primeiro por uma provação e tanto: Xibalba, o mundo subterrâneo maia, o "Lugar do Medo".

A civilização maia entrou em colapso mais de cinco séculos antes de os europeus aparecerem no México com presentes como o catolicismo e o sarampo, por isso nosso conhecimento moderno a respeito da cosmologia maia vem de alguns relatos fragmentados. A maior parte do que sabemos sobre Xibalba tem origem em um texto chamado *Popol Vuh*, que trata principalmente de histórias sobre heróis *vivos* aventurando-se na vida após a morte. Mas, se sua experiência for semelhante à deles, você está prestes a passar por maus bocados.

A jornada para a morte começa numa encruzilhada literal, onde quatro caminhos de diferentes cores se estendem para os quatro cantos da Terra. Siga pela Estrada Negra, a oeste, passando por bandos de falcões. Você cruzará o Desfiladeiro Sussurrante, o Desfiladeiro Borbulhante, as Cataratas do Escorpião, o Rio de Sangue e o Rio de Pus – todos tão nauseabundos quanto parecem.

Por fim, você se lançará em cavernas até chegar ao mundo subterrâneo de nove níveis, governado pelos Senhores de Xibalba. Os regentes originais de Xibalba eram dois deuses da morte chamados "Morte Única" e "Sete Morte", mas foram depostos por dois bravos heróis gêmeos no *Popol Vuh*. Agora, você enfrentará um panteão macabro de dez deuses intermediários cujos nomes soam como títulos de músicas da banda *Cannibal Corpse* e que representam diferentes tipos de morte. Seus nomes lhe darão poder sobre eles, então preste atenção: há o Arranca-Casca e o Coletor de Sangue (morte por sangramento), o Demônio do Pus e o Demônio da Icterícia (morte por doença), o Cetro de Osso e o Cetro de Crânio (morte por definhamento), o Demônio da Imundice e o Demônio do Desespero (morte por tristeza e falta de higiene), e o Asa e o Alça de Carga (morte em viagens). Seus mensageiros para o mundo superficial são corujas monstruosas.

Esses Senhores de Xibalba são brincalhões brutais. Quando você vir seus tronos, certifique-se de estar realmente se dirigindo aos senhores e não a manequins de madeira esculpidos. Eles adoram essa piada clássica! Não se sente no banco de pedra que oferecem; ele estará quente a ponto de queimar seu traseiro. Em seguida, eles o convidarão para cinco casas, uma mais perigosa que a outra. A Casa Negra é completamente escura e a Casa da Navalha está cheia de lâminas de pedra afiadas, que se movem constantemente como robôs aspiradores, procurando alguém para fatiar. A Casa Trepidante é um frigorífico, varrido por correntes de ar gelado e chuvas de granizo. A Casa dos Jaguares está cheia de felinos selvagens famintos e a Casa dos Morcegos abriga um enxame de morcegos gritadores, com focinhos afiados como facas, prontos para voar para baixo e decapitá-lo caso você espie para fora da cobertura que o protege por um instante que seja.

DICA PARA O VIAJANTE ESPERTO

Não desanime! Os heróis gêmeos conseguiram se safar de todas essas armadilhas e você também é capaz de fazer isso. Siga o exemplo deles: envie um mosquito antes para espionar os planos dos senhores para você. Use vaga-lumes na Casa Negra; atire ossos para os jaguares. Se você sobreviver, será levado para seu confronto final com os Senhores de Xibalba.

A palavra "Xibalba" parece ótima para jogar palavras cruzadas, mas na realidade os mesoamericanos disputavam esse jogo na vida, em quadras ao ar livre. No Local do Sacrifício do Jogo de Bola, os Senhores de Xibalba tentarão substituir a bola de borracha regulamentar por uma bola deles, mas não caia nessa! A bola é uma armadilha: ela esconde uma adaga branca que eles querem usar na sua carne. Se eles ganharem, lançarão seu corpo no forno de pedra onde fermentam sua bebida alcoólica.

Graças aos heróis gêmeos do *Popol Vuh,* os Senhores de Xibalba não têm mais poder sobre toda a humanidade. Apenas os culpados, violentos e miseráveis estão sujeitos às suas brincadeiras maliciosas e cavernas infestadas de jaguares. Todos os outros podem se negar a participar desse jogo sujo.

YOMI

XINTOÍSMO

As tradições japonesas do Xintoísmo se concentram primordialmente no presente. O mundo dos vivos está repleto de oito milhões de espíritos semelhantes a deuses chamados *kami*, e o objetivo da vida é a harmonia com a natureza e com essas divindades – não a preparação para algum outro mundo sobrenatural futuro. Mas também existe um mundo dos mortos no Xintoísmo, descrito em algumas de suas lendas mais antigas e importantes. E todas elas concordam com a ideia de que o mundo subterrâneo é um lugar repugnante.

A vida após a morte no Xintoísmo é chamada Yomi, abreviação de Yomi-tsu-kuni, a Terra das Trevas. Quando você se juntar aos outros mortos lá na Terra Oca, a Terra das Raízes, não estará nem no Paraíso nem no fogo do inferno. Trata-se de um mundo escuro análogo ao nosso, com moradias, comunidades e coisas para comer e vestir. Se você sofrer, será apenas por causa da falta que sente dos vivos. Sua energia vital continuará e você até pode ser lembrado pelos vivos como um dos *kami* – seja venerado como uma grande alma ou apaziguado como um *goryo* furioso e vingativo.

Mas os seguidores do Xintoísmo estão preocupados, acima de tudo, em evitar *kegare*, impureza ou poluição, e nada é considerado mais impuro ou poluído do que a morte. Até hoje, nunca se constroem cemitérios perto de santuários xintoístas, e os responsáveis pela organização dos funerais distribuem aos presentes pequenos sacos com sal para que as pessoas possam espalhar o mineral pela casa depois, a fim de se purificar – um pequeno desinfetante para a alma. Como você esperaria, Yomi é sempre descrito como um lugar de imundície e profanação, cheio de espíritos impuros.

Nos mitos fundadores do Xintoísmo, o deus criador Izanagi desceu a Yomi após a morte da sua irmã-esposa Izanami. Ela disse a Izanagi que já tinha experimentado comida cozida no mundo subterrâneo (como Perséfone!), o que poderia impossibilitar seu retorno à terra dos vivos, mas que resolveria isso com as divindades de Yomi. Izanagi recebeu a ordem de não olhá-la, mas não suportou a ansiedade (como Orfeu!) e acabou acendendo o fogo. Naquele momento, sua amada se revelou um cadáver em decomposição infestado de larvas, e o corpo dela foi possuído por oito *kami* do trovão. Izanagi fugiu, e Izanami enviou atrás dele os *kami* do trovão, uma velha bruxa horrorosa e quinhentos guerreiros de Yomi. Na entrada do mundo subterrâneo, ele colheu três pêssegos de uma árvore e os atirou em seus perseguidores, e, quando sua noiva cadáver o seguiu, ele bloqueou o caminho com uma enorme pedra, que ainda pode ser vista perto de Izumo, no Japão.

As impurezas de Yomi também aparecem numa lenda sobre Susanoo, o deus da tempestade. Susanoo não conseguia superar a morte da mãe, Izanami, e por essa razão Izanagi o baniu para o mundo subterrâneo, onde ele e a mãe reinavam de um palácio perto da entrada. Quando o deus Onamuji buscou refúgio em Yomi, ele se apaixonou pela filha de Susanoo. No melhor estilo de "pai assustador", Susanoo submeteu Onamuji ao verdadeiro cortejo infernal, enchendo seu quarto com cobras, centopeias e abelhas, que acabaram rastejando pelo cabelo de Onamuji. Com a ajuda da sua amada, Onamuji passou por todas as provações repugnantes ileso e eles escaparam de Yomi juntos.

Como você pode ver, Yomi é recomendado apenas para o viajante pós-morte aventureiro, que não se importa com larvas rastejando sobre a pele nem centopeias no cabelo.

RELIGIÃO

PEDÁGIOS AÉREOS

ORTODOXIA ORIENTAL

Quase todos os itinerários póstumos têm uma característica geográfica comum: os condenados são enviados para baixo. O Inferno fica no subterrâneo. Mas o Cristianismo Ortodoxo Oriental prepara os pecadores para uma jornada *para cima*, na qual as almas são atormentadas no ar. Ou melhor, numa série de estações flutuantes no ar. Assim como numa longa jornada terrena, você não pode entrar na vida após a morte sem antes passar por "postos aduaneiros".

A tradição deriva da carta de Paulo aos Efésios, que se refere a "espíritos malignos" que vivem "sob os céus" e chama Satanás de "príncipe dos poderes do ar". A ideia de que o príncipe das trevas persegue os mortos num reino aéreo entre a Terra e o Céu é tão comum nos textos patrísticos da Ortodoxia Oriental que chegou às orações e hinos da liturgia da igreja – mesmo que a teologia seja um tanto controversa. Alguns estudiosos consideram herética a ideia dessas estações de passagem, ocupadas por demônios, mas a crença se tornou mais popular no século XX, quando foi difundida por um influente monge da Califórnia chamado Seraphim Rose.

Padre Rose baseou-se no trabalho de um santo bizantino do século X, Basílio, o Jovem, que teve uma visão da morte de uma mulher escravizada chamada Teodora. Segundo São Basílio, os moribundos são visitados por três grupos. Primeiro, você verá demônios com olhos vermelhos brilhantes e rostos enegrecidos de fuligem. (O racismo implícito aqui é ainda menos sutil no texto original, no qual Basílio chama os demônios de "egípcios".) Eles vão rosnar e latir para você, mas também estarão desenrolando pergaminhos e preparando gráficos, como executivos antes de uma grande apresentação. Em seguida, anjos radiantes descerão com cabelos brancos como neve, vestidos de ouro e relâmpagos. Por fim, a Morte em pessoa aparecerá, uma figura esquelética rugindo como um leão e empunhando uma série de terríveis instrumentos de tortura: espadas, foices, flechas, lanças, serras e alguns que você nem reconhecerá. Com uma machadinha, a Morte vai cortar seus membros e sua cabeça, separando cada parte do seu espírito do corpo. No final, ela lhe dará uma taça de veneno amargo e você morrerá.

Nesse ponto, os demônios atacarão. Deus lhe designou um anjo da guarda durante sua vida, mas os poderes infernais também lhe atribuíram um *demônio* guardião, para acompanhar todos os seus pensamentos malignos e más ações. Dessa forma, eles têm acesso a um relato completo e vão fazer você pagar pelo que fez. Os anjos tentarão levá-lo para cima, mas, para chegar ao Céu, você precisará passar por uma série de *telonia* ("cabines de pedágio" ou "alfândegas") que ficam flutuando na vastidão azul do céu.

Cada uma das vinte cabines de pedágio serve para punir um tipo específico de maldade. Na ordem, os vinte pecados examinados serão a conversa fútil, a mentira, a difamação e a fofoca, a gula, a preguiça, o furto, a ganância, a usura, a injustiça, a inveja, o orgulho, a raiva, o rancor, o assassinato e outras formas de violência, a feitiçaria, a luxúria e a fornicação, o adultério e o estupro, a sodomia, a heresia e a falta de misericórdia. Em cada cabine, seu coletor de impostos demoníaco (fantasma do pedágio?) tentará extrair um pagamento espiritual de você, que corresponde a cada pecado não confessado que consta em seu registro, com detalhes surpreendentes e humilhantes.

CONHEÇA OS HABITANTES DA REGIÃO

Você verá que a equipe de demônios é composta de um grupo bem heterogêneo por aqui. Os perseguidores da gula parecem porcos e bêbados; os especialistas em feitiçaria são serpentes e sapos. A cabine da raiva é administrada por uma figura furiosa num trono cercado por subalternos que lambem os beiços como cães famintos, enquanto os demônios da sodomia exsudam pus e um terrível mau cheiro.

Felizmente, os anjos que o acompanham podem ajudar a pagar esses pedágios usando suas boas ações e piedade como moeda de troca. (O Céu também estava mantendo seus próprios registros). Eles podem ungir você com óleo e mirra para suportar o terrível sofrimento e, se suas próprias boas ações não forem suficientes para compensar seus pecados, os anjos podem até mesmo quitar sua dívida usando orações de outras pessoas feitas em seu nome.

Se você fracassar em algum momento, os demônios terão prazer em lançá-lo no Inferno. Mas se você conseguir passar por todos os dignitários invisíveis e poderes do ar, entrará pelas portas cristalinas do Céu. As águas acima da terra se abrirão, permitindo que você passe pelas nuvens para se ajoelhar diante do trono do Deus invisível.

Depois disso, você verá uma eternidade de palácios dourados que brilham como estrelas, caminhará em bosques de árvores perfumadas e desfrutará de banquetes em que a comida é infinitamente reposta. Se ficar entediado, visite a morada do pai Abraão e brinque com todos os bebês cristãos fofos. Aonde quer que vá, seus colegas santos, trajados com vestes flamejantes, pausarão seu canto divino para recebê-lo com alegria, genuinamente animados com o fato de você ter passado pelos mesmos pedágios que eles.

Prepare-se para o Imprevisível

O BARDO

O LIVRO TIBETANO DOS MORTOS

Viagens nem sempre são previsíveis, e isso é verdade principalmente quando se trata de jornadas no pós-morte. Às vezes as coisas dão errado, mas você só precisa seguir o fluxo e improvisar. E ninguém está mais bem preparado para contratempos e problemas *post mortem* do que um budista tibetano.

Segundo registros históricos, por volta do ano de 1340, um adolescente tibetano excepcionalmente espiritualizado escalou uma montanha sagrada chamada Gampodar e descobriu um tesouro escondido de manuscritos antigos. Um dos textos, o Bardo Thodol (que significa "liberdade através da audição durante o estado intermediário"), acabou sendo publicado no Ocidente como *O Livro Tibetano dos Mortos.* Esse texto se tornou muito popular durante a década de 1960, quando estudiosos da psicodelia como Aldous Huxley e Timothy Leary decidiram que seus ensinamentos também funcionavam como guia para viagens com LSD.

"Bardo" é um termo tibetano que define um estado fronteiriço entre a morte e o renascimento, e O *Livro dos Mortos* descreve, na verdade, três bardos diferentes. O primeiro é o Chikhai Bardo. No momento da morte, você terá um vislumbre do Resplendor da Clara Luz Fundamental da Realidade Pura, como uma miragem movendo-se por uma paisagem primaveril, com o som de mil trovões. Para os muito iluminados, isso pode ser o suficiente para embarcar no Grande Caminho Direto para Cima e alcançar o estado búdico imediatamente!

Mas, se não for, não se desespere. Seu princípio de consciência deixará seu corpo e você verá os vivos ao seu redor se lamentando. Talvez você não se dê conta de que está morto. Em seu novo corpo ilusório e brilhante, você pairará pelos lugares que conhecia em vida por alguns dias. Não tente voltar para o seu corpo; se fizer isso, você terá a sensação de que está tentando se encaixar em fendas entre as rochas.

Logo você estará pronto para sair do seu torpor pós-morte e enfrentar o Plano B: o Chönyid Bardo, que pode durar até duas semanas. Em cada dia, você verá um novo conjunto de Divindades Pacíficas e Coléricas, mas continue cantando para si mesmo, pois essas visões não são reais. São reflexos da sua própria consciência.

Em cada dia da primeira semana, você verá um Buda da Sabedoria diferente sentado num trono. No primeiro dia, por exemplo, você se banhará na luz azul de Vairochana, sentado num trono de leão e segurando uma roda de oito raios, enquanto a Mãe do Céu o abraça. É normal ter medo do seu esplendor; esse é seu karma ruim falando mais alto. Concentre-se na luz azul brilhante que você vê, não na luz branca opaca ao lado dela. Cada um desses dias é uma oportunidade de terminar o bardo abarcando a luz e fundindo-se com o coração do Buda. Mas, se você fugir, sempre haverá um plano B. Diferentes divindades aparecerão no dia seguinte.

MELHOR EVITAR

O que quer que você faça, nunca aceite as luzes mais fracas! Você apenas entrará num turbilhão chamado Sangsara, o Oceano da Infelicidade, e pode acabar no Inferno ou na terra dos fantasmas famintos. Existem planos piores do que o bardo.

Na sua segunda semana de Chönyid Bardo, as divindades sábias e plácidas serão substituídas pelas coléricas, envoltas em halos de chamas e sedentas de sangue. Algumas têm cabeças de animais; outras estarão mastigando cadáveres ou lambendo entranhas ensanguentadas. Mesmo as de tamanho médio são do tamanho do Monte Meru. Não surte! No momento em que você perceber que esses monstros são apenas budas disfarçados, você se libertará do bardo.

Esperamos que, a essa altura, você já tenha alcançado o estado búdico, mas tudo depende do seu karma. Se você ainda estiver no bardo no final da segunda semana, seguimos para o Plano C: o Sidpa Bardo, onde você pode ficar por até cinco semanas. Essa fase começa com visões tumultuadas de tempestades, multidões, avalanches, animais selvagens em disparada... mas, se você tentar escapar, será impedido por três penhascos, respectivamente o branco, o preto e o vermelho. Eles representam a raiva, a luxúria e a estupidez. O Senhor da Morte olhará para seu Espelho do

Karma para ver a sua vida e seus espíritos contarão pedrinhas enquanto observam: uma pedra branca para cada boa ação e uma preta para cada má ação. Enquanto as pedras pretas continuarem chegando, fúrias o torturarão.

Em seguida, você chegará às portas do útero. Estas são entradas para uma nova vida e o ideal é que você as feche para encerrar o ciclo do renascimento. Medite sobre como todas essas portas são ilusões, como o reflexo da lua na água. Se isso não funcionar, o melhor renascimento que você pode esperar é um "nascimento supernormal", a reencarnação num reino paradisíaco. Procure pela porta pela qual você pode vislumbrar um templo dourado; esse é o Céu dos devas semideuses. Fique longe das outras portas! Uma visão de uma caverna significa que você voltará como um animal. Uma visão de estradas trevosas, acompanhadas por canções de lamento, significa que você está a caminho do Inferno.

Mas, se seu karma não merecer avanço, você retornará por uma das portas do útero que levam de volta ao mundo humano. Você pode ver vislumbres de homens e mulheres em, digamos, "união". São seus futuros pais copulando!

DICA PARA O VIAJANTE ESPERTO

Numa ocorrência surpreendentemente freudiana, você pode ser capaz de saber qual será seu próximo sexo observando suas sensações diante de seus futuros genitores: preste atenção com qual deles você se sente irritado e por qual se sente um pouco atraído.

É importante deixar de lado sentimentos de atração e repulsa em relação a qualquer porta uterina em particular e, em vez disso, focar em seu objetivo final. Emane ondas mentais de graça e glória e sua próxima vida pode se tornar uma mansão celestial. Ou seja, prepare-se para o útero que você deseja e não para o útero que você tem. Mas onde quer que você renasça, pode ter certeza de que, mais cedo ou mais tarde, você voltará ao bardo. Na sua próxima visita, terá a opções de escolher uma aventura diferente.

OS DEZOITO INFERNOS

BUDISMO

Em muitas religiões do mundo, os fogos do Inferno não são eternos como no Cristianismo. Para os budistas, no entanto, poderiam muito bem ser. Se você não se dedicou à prática do dharma puro em vida, certamente sofrerá por isso no mundo por vir. Samsara, o ciclo de nascimento e morte, significa que cada vida após a morte não é apenas um fim, mas também um recomeço, e você acabará reencarnando fora do Inferno nesta vida ou numa outra. *Um dia.*

Os primeiros escritos em sânscrito e pali sobre a perdição budista concordam que existem oito infernos ardentes fincados sob a terra. Cada um é uma fortaleza quadrada com laterais de cerca de mil e trezentos quilômetros, cercada por placas de ferro e coberta por um teto de ferro de mil e trezentos quilômetros de altura. O chão dessas prisões é de ferro quente e as chamas que surgem delas se espalham por quilômetros, em todas as direções.

Cada inferno é dividido em dezesseis seções, chamadas *utsadas,* cada uma com punições específicas. Como era de se esperar, há muita gente sendo fervida, queimada e assada, e não se surpreenda se enfiarem cinco estacas incandescentes nos seus membros e na sua barriga ou se for forçado a engolir bolas de metal incandescentes, que atravessam seu corpo causando agonia e arrancando suas entranhas ao saírem. Quando ocorre alguma pausa nessas torturas relacionadas ao calor, você é esmagado entre duas montanhas, lançado no Vaitarani, um rio de sangue cáustico, ou forçado a entrar numa moita cheia de espinhos e folhas afiadas, que cortam suas orelhas, nariz e dedos das mãos e dos pés. O Budismo dá pouca ênfase a quem são exatamente os seres que atormentam você, mas os guardiões implacáveis do Inferno, quem quer que sejam, empregam alguns servos aterrorizantes: corvos com bico de ferro, burricos cuspidores de fogo e criaturas com bocas em forma de agulha, que perfuram seus ossos para comer sua medula.

Entre vivissecções e goles de cobre derretido, você pode experimentar algumas punições mais sutis: debilidades terrenas familiares como cegueira, lepra, loucura, feiura ou solidão pela falta de filhos. Outras enfermidades são um pouco mais específicas. Você pode sofrer por um tempo por conta do mau hálito, roupas esfarrapadas, dentes tortos ou até mesmo, de acordo com um sutra, "um escroto tão grande que torna extremamente incômodo andar, ficar em pé, sentar-se ou deitar-se".

Se você achar os oito infernos ardentes um pouco quentes demais, textos posteriores adicionam dez infernos "frios", numa montanha distante e escura localizada no fim do céu. Eles são a punição kármica daqueles que nunca compartilharam calor com os necessitados e com os que passaram frio em vida.

APRENDA O IDIOMA

Alguns desses infernos gélidos recebem os nomes dos sons que você gritará enquanto ventos cortantes o açoitam, arrancando sua pele e fazendo seus tendões estalarem: "Atata!", "Hahava!". Outros recebem nomes das formas das feridas vermelhas e azuis que surgirão em suas extremidades congeladas.

Por quanto tempo você precisa suportar essas torturas antes que o karma esteja satisfeito e você possa renascer? Bem, aí é que está o problema. *O Sutra dos Dezoito Infernos*, do século II a.C., é muito específico com respeito à duração de cada inferno. Samjiva, o inferno da luta, dura meros 135 bilhões de anos, enquanto você passará 17 *trilhões* de anos em Pratapana, o inferno da calcinação.

As sentenças nos infernos frios são ainda mais longas, tão inacreditavelmente intermináveis que Buda teve de recorrer a histórias para explicá-las. Imagine uma carroça cheia de sementes de mostarda, uma pilha mais alta do que um homem. A cada século, você retira uma única semente da carroça e a leva embora. Quando a carroça finalmente estiver vazia, *você ainda estará tremendo em Arbuda, o primeiro inferno frio.*

Para cada inferno subsequente, a pilha de sementes de mostarda dobra de tamanho. Não se esqueça de levar um cachecol.

GEHENNA E GAN EDEN

JUDAÍSMO

A teologia judaica é notoriamente centrada nesta vida: como viver bem aqui e agora. Mas isso não significa que não haja uma rica tradição de escatologia no Judaísmo. Significa apenas que o *olam ha-ba* ("o mundo que está por vir", como é chamado na literatura rabínica) é tão distante e desconhecido que só é possível compreendê-lo por meio de analogias.

Na Bíblia hebraica, a vida após a morte é simplesmente "Sheol", a terra da sombra da morte. Aqui, imaginamos uma caverna subterrânea sombria e empoeirada, por onde sombras fantasmagóricas vagam sem rumo. Há tanto ímpios quanto justos aguardando um julgamento ou uma ressurreição que talvez nunca venha.

Posteriormente, porém, a partir do período medieval, rabinos descreveram visões muito mais coloridas do Além judaico. Sheol foi substituído por Gehenna, um inferno semelhante ao de Dante, supostamente nomeado em homenagem ao vale fora de Jerusalém que se tornou uma cavidade pútrida e fumegante quando a cidade começou a despejar seu lixo ali.

Sua jornada até Gehenna começará com uma visita do Anjo da Morte, um mensageiro horrendo conhecido por ser "cheio de olhos". Ele sacará sua espada e a usará para gotejar bile amarga em sua boca. Você será envolvido por um barulho indistinto e crepitante que ninguém mais poderá ouvir, e então sua vida acabará.

Gehenna abrirá suas mandíbulas e o engolirá num abismo escuro. Seus portões são guardados por enormes serpentes com olhos flamejantes, presas longas e faces "como lâmpadas que foram apagadas", seja lá o que isso signifique. Agora, você terá o corpo de uma águia e um rosto colorido de verde ou preto, dependendo do quanto foi perverso em vida.

Esse é um inferno de contrastes: fogo negro, mas também gelo e frio. Você será atormentado por rios de betume quente, buracos abertos cheios de leões, vermes pretos horrendos, coceiras terríveis e anjos da destruição golpeando seus dentes com pedras. Prepare-se para passar grande parte do dia suspenso num gancho pela parte específica do seu corpo que ofendeu HaShem: os orgulhosos são pendurados pelos olhos; os mentirosos, pela língua; os ladrões, pelas mãos. E você certamente vai sentir muita pena dos adúlteros.

PLANEJE A SUA JORNADA

Pelo menos não falta espaço em Gehenna para os recém-chegados! É um inferno de sete níveis, cada um com sete mil salas. Cada sala tem sete mil janelas e cada parapeito tem sete mil recipientes com veneno. Isso representa quase dois trilhões e meio de recipientes, caso esteja tentando fazer o cálculo. Além disso, cada câmara tem sete mil fendas, cada uma com sete mil escorpiões. É melhor rezar para que alguns de seus frascos de veneno funcionem contra animais peçonhentos!

Mas após um ano passando por essa purificação, a próxima etapa da sua jornada será um belo *upgrade*. Você passará por sete muralhas celestiais (de vidro, cedro, prata, ouro, oliveira, ônix e cristal) e dois portões de rubi para entrar no jardim dos justos, o Gan Eden. O arcanjo Miguel vai grelhar um sacrifício em seu altar para recebê-lo. Aproveite suas novas túnicas brancas feitas das nuvens de glória e seu conjunto de não apenas uma, mas *duas* coroas celestiais! Então, faça o *check-in* em sua nova câmara requintada, iluminada por uma videira perolada e brilhante.

Todas as frutas e flores de Gan Eden estão sempre em plena floração e o céu de safira é sustentado por uma coluna giratória. Dois riachos fluem pelo jardim, um de leite e mel e o outro de óleo e vinho. Cada nível possui seu próprio palácio com dossel e um nome elegante como "Palácio do Esplendor" ou "Ninho do Pássaro". O segundo é onde o Messias vive, aparecendo de vez em quando para rugir como um leão em louvor aos justos mártires judeus.

Há tanta abundância aqui em comparação com a Terra que até uma única uva, quando trazida até você, é capaz de encher sua taça de vinho trinta vezes.

Cada dia você passará pelas quatro fases da vida (será criança, jovem, adulto e idoso) e desfrutará dos prazeres de todas elas, uma de cada vez. Você se sentará no centro do jardim, sob a Árvore da Vida escarlate, com seu meio milhão de variedades de frutas, estudando a Torá. Mas essa é uma sinagoga muito especial, porque você vai estudar ao lado dos próprios patriarcas e mulheres justas citados no texto.

FORA DO CAMINHO DE TERRA BATIDA

Algumas das melhores vistas aqui são as que descem pelas nuvens em direção à Terra. Mantenha os olhos no chão e você poderá avistar os moinhos onde Deus mói o maná para os justos, ou até mesmo o topo da Escada de Jacó.

Em algum momento, você provavelmente vai querer voltar à Terra a tempo da ressurreição. Felizmente, seu corpo terreno tinha um osso especial chamado *luz*, no topo da sua coluna. O *luz* nunca se decompõe, então Deus pode usá-lo para trazer você de volta à vida. Sua alma terá que percorrer passagens subterrâneas a fim de voltar ao seu local de sepultamento (e é por isso que, até hoje, alguns judeus da Diáspora são enterrados com um pequeno bastão ou garfo, para ajudá-los a cavar de volta até Israel para a ressurreição).

O Fogo Inesquecível

A MORADA DA CANÇÃO

ZOROASTRISMO

O zoroastrismo é a mais antiga religião monoteísta do mundo. Foi a religião oficial dos grandes impérios persas quinhentos anos antes de Júlio César, e hoje ainda é praticada por cerca de cem mil seguidores, a maioria deles na Índia e no Irã. Esses crentes esperam há mais de dois mil e quinhentos anos por uma batalha cósmica final, quando o deus criador Ahura Mazda finalmente derrotará seu adversário Ahriman e purificará o universo da corrupção.

Antigos sacerdotes zoroastristas esfregavam os mortos com urina de vaca consagrada, depois arrastavam o corpo até o topo de uma montanha para que pássaros e cachorros selvagens se alimentassem dele em decomposição. Seja esse seu destino funerário ou não, sua *urvan*, a parte da sua alma que viaja, permanecerá perto do seu corpo por três dias. Ao amanhecer do quarto dia, você chegará a Chinvat Peretu, "a Ponte do Separador", um arco-íris que se estende entre esta vida e a outra.

Chinvat tem nove lanças de largura para os justos, mas é estreito como uma navalha para os ímpios. Você terá uma primeira pista sobre qual destino o espera se seguir o seu nariz. As almas boas sentirão um aroma suave e fragrante do sul e vislumbrarão uma bela donzela caminhando em sua direção, acompanhada pelos cães de quatro olhos que guardam a ponte. Ela será nobre, atlética e terá "seios fartos". Essa "visão peituda" é uma manifestação da sua própria *daena*, ou visão religiosa. Ela o guiará pela ponte até as muralhas dos *yazatas*, três anjos do julgamento.

Se, por outro lado, você levou uma vida impura, o vento na ponte terá um cheiro fétido e frio quando vier do norte. Sua *daena* se transformará numa velha caquética que vociferará ofensas e não oferecerá proteção contra os demônios que tentam arrastá-lo para o Inferno.

Do outro lado da ponte (dedos cruzados!), você enfrentará um tribunal angelical composto por Mithra, que tudo vê e reside acima das montanhas; o justo Rashnu, que pesa sua virtude numa balança; e o gentil Sraosha, que o acompanhará adiante. Eles o julgarão por seus pensamentos, palavras e ações, mas não levarão em conta sua riqueza ou *status*.

Como resultado, sua *urvan* se tornará hóspede de uma entre duas casas. A Morada da Canção é um paraíso de luz infinita, onde você verá Ahura Mazda e sete divindades menores, os *amesha spentas*. Um deles, Vohu Mana, se levantará do seu trono dourado para recebê-lo. Ele ficará muito impressionado, "Oh, Justo", ele se maravilhará, "como você veio do mundo perigoso para esse lugar sem perigos?". Esse jardim de frutas e fertilidade é um lugar de superlativos: os melhores pensamentos, as melhores bênçãos. Na verdade, a palavra do persa médio para Céu é *vahisht*, que significa "melhor". Trata-se realmente de uma melhoria em relação ao outro lugar, a Casa das Mentiras, lar dos piores pensamentos e dos piores cheiros e da pior companhia (*daevas*, os deuses falsos do Zoroastrismo). A Casa das Mentiras está cheia de humanidade, mas é um lugar tão escuro e silencioso que você se sentirá totalmente sozinho.

Essas duas casas, porém, não são residências permanentes. No fim dos tempos, três grandes *saoshyants*, ou "benfeitores", surgirão para liderar os exércitos da luz. O massacre provocado por essa batalha final será tão grande que o sangue subirá até os flancos dos cavalos. Mas depois que o universo estiver purificado, todos os mortos ressuscitarão. Sua alma terá ossos novamente. (Caso seus ossos não estejam disponíveis, Ahura Mazda não terá problema em criar um novo corpo para você a partir de terra e água, como fez da primeira vez.)

Em seguida, cada pessoa que já viveu passará por um último teste: atravessar um rio de metal fundido. Para adoradores sinceros, isso vai parecer um banho de leite quente, mas os enganadores serão escaldados. Em algumas versões, o metal fundido os aniquila, mas, em outras, ele é um fogo purificador que dá a esses pecadores o direito de viver num universo novo e purificado, onde a terra é plana como um disco e todos compartilham o mesmo idioma e governo. Seu novo corpo ressuscitado terá 15 anos para sempre, o que parece uma visão estranha da perfeição. Espero que você tenha curtido o ensino médio!

JAHANNAM

ISLAMISMO

"Ó fiéis, temei a Deus e falai apropriadamente", diz o Alcorão. Esse é um bom conselho, porque, se você não fizer isso, o Islã promete um dos piores sofrimentos pós-morte já concebidos... que começa antes mesmo de você chegar ao Inferno!

Até que Deus ressuscite todos no Yawm al-Din, o Dia do Julgamento, você ficará um tempo em Barzakh, um estado de separação da vida que lembra o limbo. Não se assuste quando dois seres de pele preto-azulada, olhos vermelhos e presas terríveis aparecerem para você na sepultura. Eles são os anjos Munkar e Nakir, e vieram para fazer três perguntas: "Quem é o seu Deus?", "Qual é a sua religião?" e "Quem é o seu profeta?" Recomendamos responder com "Alá", "Islã" e "Maomé". Os *hadiths* (tradições orais dos ensinamentos de Maomé) dizem que, se você passar no teste de Munkar e Nakir, eles darão ao seu local de descanso um *upgrade* gratuito, ampliando sua sepultura e até instalando sedas, velas, perfumes e móveis para seu conforto. Mas, se você falhar no teste, esqueça esses mimos adoráveis. Os anjos ordenarão que a terra o esprema a ponto de suas costelas se entrelaçarem, e noventa e nove serpentes entrarão na sua sepultura e mastigarão a sua carne.

Tudo isso continuará até que a última trombeta soe. Nesse dia da ressurreição, você será levado nu com o resto da raça humana para a Terra da Assembleia, uma vasta e deserta planície branca. Alguns se levantarão em formas que expressarão seus pecados terrenos: os mentirosos serão macacos, os orgulhosos serão untados de alcatrão, os egoístas cheirarão a carne podre. Enquanto você estiver lá esperando, os céus girarão sobre sua cabeça num torvelinho. Quando o sol nascer, ele ficará tão próximo que você começará a suar de maneira incontrolável. Mas, não se preocupe, esse dia dura apenas cinquenta mil anos.

Quando finalmente chegar a sua vez, os anjos o chamarão para o Lugar da Apresentação, onde Deus tem livros e pergaminhos listando suas boas e más ações, que Seus anjos pendurarão ao redor do seu pescoço. Então, uma balança gigantesca é trazida e seus registros voarão pelo ar, pousando nos pratos da balança. O modo como eles vão se equilibrar determinará se você passará a eternidade no Paraíso ou no Inferno: Jahannam.

Jahannam é uma série de vastos anéis de tortura inseridos numa cratera, na parte inferior do mundo. O Alcorão geralmente o chama de al-Nar, ou "o Fogo", mas na verdade existem sete camadas diferentes de tortura, chamadas Inferno, Chama, Labareda, Forno, Fogo, Fogo do Inferno e Abismo. (Aparentemente, o árabe tem tantas palavras para fogo quanto os esquimós têm para neve.)

Esse reino negro como breu é inimaginavelmente vasto. Existem setenta mil vales rochosos lá, cada um com setenta mil ravinas, cada uma com setenta mil serpentes e escorpiões. As cobras são do tamanho de elefantes, enquanto os escorpiões têm presas do tamanho de troncos de palmeiras. Oceanos são preenchidos com água borbulhante, sangue e pus. Seria preciso quinhentos anos para você viajar de um círculo do Inferno para o outro.

CURIOSIDADES SOBRE A VIAGEM

Se, em meio ao seu tormento, você ouvir o som de algo caindo perto de você, aqui vai uma curiosidade interessante: provavelmente é apenas uma pedra que despencou na cratera de Jahannam... setenta anos atrás.

O primeiro nível de Jahannam é um lugar de purgação para muçulmanos não tão piedosos. É quente, mas mais como um calor de banho turco, e os habitantes um dia conseguem sair do Inferno. O sétimo nível, o abismo mais profundo, é um poço de frio congelante. Mas os outros cinco círculos são, em grande parte, reinos indistinguíveis de fogo. Os tormentos relacionados ao calor parecem intermináveis. Você usará trapos e sandálias de fogo. Peça água e você será obrigado a beber um gole de latão derretido. Todos comem da árvore amaldiçoada Zaqqum, cujo fruto tem a forma da cabeça de um demônio e é tão venenoso que uma única gota de seu suco poluiria todos os oceanos da Terra. Cada mordida fará seu estômago revirar, rasgando suas entranhas e liberando fluidos terríveis. A menos que já tenha ido ao Taco Bell, essa será uma experiência chocante e dolorosa para você.

Além dos tormentos habituais dos condenados (chicotes, moscas, correntes, pregos, apedrejamento, afogamento), dizem que há muitas torturas faciais barrocas em Jahannam. Prepare-se para ter os cantos da boca cortados até a parte de trás do pescoço, a língua pisoteada, o cérebro liquefeito e sugado pelas narinas ou as bochechas enegrecidas como carvão com o fogo do Inferno. Se você for arrastado até o fogo e ficar de frente para as chamas, seu lábio superior se enrolará até o topo da cabeça como uma persiana, enquanto seu lábio inferior vai ficar pendurado e bater contra o umbigo.

Todas essas torturas são administradas pelos dezenove anjos guardiões vestidos de preto, que guardam os portões de Jahannam com barras de ferro, cuja ponta tem forma de gancho. Seu líder é Malik, a quem Alá tornou repugnante para representar Seu julgamento terrível sobre os pecadores. Malik tem olhos como relâmpagos e um hálito *horrível.* Dizem também que ele tem bilhões de dedos, um para cada pecador. Dessa maneira, ele pode se sentar no centro do Inferno e torturar pessoalmente todos de uma vez (não apenas humanos, como você, mas também o demônio Iblis e todos os seus *jinn*).

Uma observação rápida para os viajantes do sexo masculino: existe um ensinamento muçulmano atribuído ao próprio Maomé segundo o qual a maioria dos condenados em Jahannam são mulheres. Hoje, isso parece ser uma tradição patriarcal infeliz e é bem possível que esse desequilíbrio entre homens e mulheres no Inferno tenha sido resolvido ao longo dos últimos séculos. *Inshallah!*

Sombra e Água Fresca

JANNAH

ISLAMISMO

O abismo de Jahannam é atravessado pela ponte as-Sirat, a "Travessia da Labareda". Todos os mortos precisam percorrê-la e, para infiéis e transgressores, ela é estreita como um fio de cabelo e afiada como uma espada. Somente os justos conseguem atravessá-la e, enquanto você segue em frente, verá seus companheiros de viagem caindo de cabeça no Inferno, enquanto os guardiões de Jahannam os derrubam com ganchos e garras.

Mas, se você chegar ao outro lado, terá acomodações muito mais agradáveis à sua espera. O Paraíso no Islã é a exuberante e verdejante Jannah, que significa "jardim" em árabe. Entre por uma das oito portas, cada uma delas destinada a muçulmanos com uma virtude diferente: a Porta da Oração, a Porta do Jejum, a Porta da Jihad. Dois riachos emergem de uma árvore do outro lado; beba um longo gole e banhe-se na lagoa que eles formam. Suas preocupações terrenas desaparecerão, assim como todas as funções corporais. Você nunca mais precisará dormir, assoar o nariz, fazer cocô ou menstruar. Nesse momento, lhe servirão o tradicional primeiro tira-gosto do bufê interminável de Jannah: um bocadinho de fígado de peixe.

Você e seus companheiros no Paraíso serão pálidos e sem pelos, e terão uma expressão constante de deleite e serenidade no rosto, já que não terão mais que se preocupar com o fogo do Inferno. Em homenagem aos grandes profetas do passado, todos aqui têm a altura de Adão, a idade de Jesus (33 anos na época da Crucificação), a beleza de José e a fluência em árabe de Maomé. Mas não há mais papo-furado ou conversa fiada; todos vocês se cumprimentarão com um simples "Paz".

Enquanto você passeia por Jannah, verá que não se trata de um único jardim, mas de um complexo de *sete* jardins suspensos, localizados acima da abóboda celeste. Dependendo do seu grau de fidelidade, você descansará na Morada da Glória, na Morada da Paz, na Morada da Eternidade, no Jardim do Éden, no Jardim do Refúgio, no Jardim da Felicidade ou no Jardim do Paraíso. Esse último jardim está tão próximo do trono de Deus que é possível ouvir o rangido do móvel quando Ele se senta!

QUANDO IR

Toda sexta-feira em Jannah é o Dia do Excedente, quando Alá promove uma grande festa: primeiro, um concerto ao vivo executado pelo salmista Davi, depois um banquete elaborado, durante o qual Deus realmente baixa Seus véus e revela Seu rosto aos escolhidos.

Mas aqui até o jardim que fica mais baixo é incrivelmente belo, com quatro rios de leite e mel que fluem sobre um leito de pérolas. O solo sob seus pés é de âmbar salpicado de rubis e a grama nos campos é açafrão. Há todos os tipos de árvores aqui: palmeiras, romãzeiras e acácias. Quando alguém perguntou a Maomé como o Céu poderia ter todas as árvores, até mesmo árvores espinhentas, o Profeta os superou respondendo que as árvores espinhentas no Céu têm frutas em vez de espinhos.

Para um povo do deserto, o paisagismo em Jannah é um sonho que se tornou realidade. A maioria dos paraísos tradicionais são brilhantes e ensolarados, mas aqui há chuvas aromáticas de água de rosas, enquanto toda a água fresca que você puder beber jorra de nascentes com aroma de cânfora e gengibre. A árvore Tuba celestial é tão grande e frondosa que você poderia viajar a cavalo sob sua copa por quinhentos anos protegido da luz do sol.

O Alcorão é bastante claro sobre o que os abençoados farão na sombra: relaxar e desfrutar dos prazeres sensuais! Quando o filósofo al-Tawhidi foi informado de que o Paraíso cristão não tinha comida, bebida ou sexo, ele exclamou: "Que tristeza!". Então aproveite! Agora você reside num opulento palácio de tijolos de ouro e prata, com incenso de almíscar como argamassa. Coloque suas pulseiras de ouro e roupas de seda verde, e relaxe sob sua tenda abobadada, uma pérola oca com quase cem quilômetros de altura. Milhares de servos o atenderão. Os galhos das árvores se inclinarão em direção a suas poltronas de brocado para que você possa pegar cachos de tâmaras, bananas, figos, romãs do tamanho de odres, o que você desejar. Se quiser carne, codornizes descerão em bandejas de ouro... e magicamente voltarão aos céus quando você terminar o jantar. Se quiser dar uma volta, aparecerá um camelo ou cavalo de rubi alado e você poderá visitar um vizinho num piscar de olhos. Se quiser um filho, uma criança aparecerá e crescerá até uma idade engraçadinha em menos de uma hora. Isso é que é um serviço eficiente!

O luxo mais celebrado do Paraíso muçulmano é, evidentemente, a presença das famosas "setenta e duas virgens", cujos favores esperam pelos justos. O número pode variar, mas os comentaristas geralmente concordam que o Alcorão é claro quanto a este ponto: o Paraíso promete mais virgens do que uma reunião do College Libertarians[1]. No entanto, essas mulheres não são humanas. São as *houris*, espíritos criados por Deus a partir de argila apenas para o prazer. Elas são descritas como donzelas de olhos escuros com seios empinados, intocadas por homens ou *jinn*. Seus rostos brilham como a lua e seus cabelos são mais longos do que asas de águias. (Alguns estudiosos sugerem que também há companheiros masculinos, para mulheres ou qualquer pessoa que prefira homens.) Toda essa comilança e sexo ininterruptos normalmente o esgotaria, mas felizmente Deus lhe concede um apetite sobre-humano para o prazer todas as manhãs em Jannah, setenta vezes maior do que sua resistência terrena.

Alguns estudiosos recentemente apresentaram a teoria de que a crença nas "setenta e duas virgens" na verdade vem de uma má tradução das escrituras, e que as "de olhos de gazela" descritas no Alcorão na verdade deveriam ser "uvas cristalinas". Assim, você pode estar recebendo um harém de brinquedinhos sexuais ou um lanche nutritivo. Nos dois casos, você se dá bem.

1. Organização estudantil composta de jovens adultos que defendem os princípios do libertarianismo nos Estados Unidos. (N. da T.)

LAN GUINÉE

VODU HAITIANO

As tradições vodu ainda praticadas no Caribe hoje são uma fusão das religiões dahomeyanas da África Ocidental e do Catolicismo Romano do Novo Mundo. E isso é ainda mais aparente no além-morte vodu, que é uma jornada literal de volta no tempo para o Continente-Mãe.

Segundo o vodu, no momento da sua morte, dois aspectos diferentes da sua alma deixarão seu *corps cadavre.* O *gros bon ange,* ou "grande anjo bom", é sua força vital e, após a morte, retorna para o mesmo poço de energia de onde veio, aquele que alimenta toda a criação de Deus. Mas seu *ti bon ange,* seu "pequeno anjo bom", é sua consciência, a aura especial que faz você ser você e seguir em frente.

Seu *ti bon ange* encontrará Baron Samedi, o loá da morte, na encruzilhada entre este mundo e o outro. Os loás são os mil espíritos poderosos do vodu, cada um com sua própria personalidade, e o barão é uma personalidade e tanto. Ele fará você se sentir em casa se vestindo como um cadáver: um elegante fraque preto, um chapéu-coco branco, óculos escuros, bolas de algodão na boca e nas narinas. Seu rosto pode estar pintado como uma caveira sorridente e ele aprecia rum e piadas sujas.

CONHEÇA OS HABITANTES DA REGIÃO

Se o barão estiver fumando um charuto e tentando você com uma maçã na mão esquerda, isso significa que ele assumiu o aspecto de Papa Guede. Papa Guede é o primeiro homem mortal que perdeu a vida. Agora sem nome, ele é o poderoso juiz e mago que o conduzirá ao seu reino, que dizem ser debaixo da terra, sob as ondas ou acima do céu.

Agora você se junta aos *Les Invisibles*, os espíritos loás, assim como as almas de todos os seus antepassados. Você não está isolado dos vivos; na verdade, eles estão contando com você para cuidar deles e interceder em seu nome. Mas esse não é seu destino final. Um ano depois, você reencarnará na Terra, num novo corpo.

Aguente firme por dezesseis encarnações mortais e então você poderá fazer o verdadeiro cruzeiro. Vai atravessar o oceano até Lan Guinée, ou Ginen, uma terra tropical exuberante de sol, paz e conforto. Todas as árvores e nascentes aqui são *reposoirs* (lugares de descanso) para loás poderosos, e o deus criador Damballah reina aqui com sua consorte Aida Wedo, o arco-íris. Damballah é uma grande serpente branca de sete mil voltas, mas não deixe que isso o assuste. Ele é um loá sábio e paciente que emite boas vibrações, tão antigo que vai apenas assobiar ou sibilar suavemente para você, em vez de falar.

Lan Guinée recebeu esse nome em homenagem à Guiné, na África Ocidental, e sua capital, Ife, parece ser um reflexo de Ife-Ife, uma cidade importante nos mitos iorubá. Ife-Ife é onde o lendário rei Oduduwa esvaziou uma concha de caracol cheia de areia, criando a primeira terra seca, e plantou a primeira castanha, criando a primeira vida vegetal. O sonho do vodu é uma memória ancestral da África, um desejo de voltar para casa pelo mar e recuperar um paraíso perdido para a escravidão e a Passagem do Meio.

Durante os dias da escravidão no Caribe, escapar da penúria por meio do suicídio era um fato comum na vida dos escravizados. Os donos de plantações de açúcar incentivavam a crença de que as pessoas escravizadas que se matassem *não* retornariam a Lan Guinée, mas permaneceriam nos campos haitianos, sem alma, como mortos-vivos. Isso é provavelmente a origem das histórias de zumbi que se tornaram conhecidas na cultura vodu e acabaram dominando toda a cultura pop ocidental. O Halloween e *The Walking Dead* ficam bem menos divertidos quando você descobre que todos os zumbis cambaleantes e famintos por cérebros eram trabalhadores escravizados de plantações de açúcar que só queriam voltar para casa.

FECHADO

Até Onde Dá para Descer?

O LIMBO

CATOLICISMO ROMANO

"Papa Fecha o Limbo" foi a manchete do *New York Times* de 21 de abril de 2007. Segundo a revista *Newsweek*, Sua Santidade "abandonou" o limbo; para a revista *Time*, ele o "baniu". Atualizações sobre a vida após a morte raramente chegam às manchetes, mas a aprovação de um estudo aguardado havia muito tempo por Bento XVI e realizado por um comitê teológico do Vaticano tornou-se viral e de repente todos estavam falando sobre o limbo. Mas aqueles que leram atentamente os artigos descobriram que o "fechamento" não foi tão definitivo assim, porque na verdade não havia nenhum limbo para ser fechado. Todas as vidas após a morte podem ser hipotéticas, mas o limbo é *particularmente* hipotético.

O conceito de limbo nasceu quando os primeiros pais da igreja enfrentaram um problema teológico complicado. Se você acredita, como os católicos romanos, que todas as crianças nascem em pecado original e que apenas o sacramento do batismo pode nos purificar, então em algum momento você tem que lidar com o fato de que milhões de crianças pequenas morrem sem terem sido batizadas e, portanto, sem a chance de serem salvas.

As Escrituras não dizem absolutamente nada sobre o que acontece com essas crianças, mas os crentes tendem a ser bastante determinados a não visualizar bebês gritando no lago de fogo do Inferno. Os pais, sobretudo aqueles que perderam filhos, são especialmente veementes sobre esse ponto. Mas, se os pequenos não podem entrar no Céu, então o que acontece? Desse espaço vazio surgiu o limbo, um mundo intermediário entre os dois destinos finais (*limbus* é o termo em latim para "fronteira"), para onde vão os inocentes não batizados. *Limbus patrum* é o "limbo dos patriarcas", o proverbial "seio de Abraão" onde os profetas do Antigo Testamento repousavam antes da ressurreição de Cristo permitir que entrassem no Céu. Mas o *limbus infantium*, o "limbo das crianças", persistiu no pensamento católico moderno, como um lugar onde aqueles que morreram antes do batismo, sem ter culpa disso, poderiam escapar dos sofrimentos dos condenados.

Como é a eternidade nesse mundo intermediário? O problema é que o conceito de limbo nunca foi oficialmente definido na doutrina católica, então qualquer descrição da vida lá seria puramente especulativa. Nenhum visionário medieval parece ter relatado uma visita ao limbo (exceto Dante, que, como veremos, o descreveu como um resort agradável à beira do Primeiro Círculo do Inferno). Até mesmo os grandes nomes da erudição cristã discordam dos aspectos básicos da vida no limbo. Agostinho escreveu que, se você fosse enviado ao limbo após a morte, ainda experimentaria um leve caso de *poena sensus*, os tormentos ardentes do Inferno; Abelardo achava isso um pouco demais e decidiu que no limbo você só sentiria *poena damni*, o sentimento de perda interior que surge quando alguém é separado da visão beatífica de Deus. Tomás de Aquino, aquele coração mole, escreveu que o limbo estava livre de *ambos* os tipos de dor e que as almas ali viviam em alegria natural perfeita, já que não tinham conhecimento do que estavam perdendo no Céu.

Mas tudo isso é irrelevante; desde 2007, o limbo parece ter se tornado um destino improvável para você, mesmo que você seja um bebê não batizado. Em seu relatório para a Igreja, a Comissão Teológica Internacional não descartou o limbo, mas opinou que permitir que bebês não batizados entrem no Céu é, de fato, coerente com a doutrina católica. Se for verdade, isso tornaria o limbo desnecessário. Trata-se de uma decepção para aqueles que gostam da mais ampla variedade possível de opções de viagem pós-morte, mas um conforto para muitos pais católicos.

São os Pequenos Detalhes

NARAKA

HINDUÍSMO

No Hinduísmo, o Inferno é Naraka, um estado temporário em que todos os seus pecados terrenos são expiados antes da reencarnação da alma. Os grandes poemas épicos em sânscrito e os textos sagrados hindus chamados Puranas descrevem Naraka em detalhes minuciosos: vinte e oito infernos, para uma variedade de pecados grandes e pequenos. Eles delineiam como você vai passar sua próxima vida (também em corpos grandes e pequenos). Você pode sair de Naraka como um camelo ou como uma minhoca.

No momento da morte, uma alma hindu virtuosa deixa o corpo pelos olhos, ouvidos, nariz ou boca. Infelizmente, você está indo para Naraka, então sairá do corpo por um orifício inferior: os genitais ou o ânus. Siga por um caminho escuro e fedorento coberto de cabelos em vez de grama, e carne e sangue em vez de lama, onde vermes se contorcem e moscas zumbem em pilhas de corpos desmembrados. Passando pelo rio fervente e pela floresta de espinhos, você atravessará uma planície de areia branca e pedras de ferro, ambas ardentes sob os doze sóis do Inferno. Por fim, após uma jornada de oitenta e seis mil *krosas* (um *krosa* tem cerca de três quilômetros), mensageiros de Naraka o guiarão pela porta sul da fortaleza, onde você ouvirá o uivo de cem raposas. De tanto medo, você balbuciará palavras sem sentido à medida que os governadores do Inferno se aproximam: são serpentes com cabeças de gatos, corujas, sapos e abutres. Eles vão amarrá-lo com correntes e laços, untá-lo com sangue e arrastá-lo para dentro.

Sua primeira caminhada por Naraka será bastante intensa. Além das esperadas surras e queimaduras, você encontrará punições novas como areia movediça, cobras, elefantes furiosos fora de controle e o inferno dos "seis maus odores". Você será bombardeado por uma constante chuva de projéteis: flechas, nuvens de poeira, chuvas de meteoros, esguichos de ácido. Aqui é como um verdadeiro programa de competição do Nickelodeon.

CULINÁRIA DA REGIÃO

Você pode sentir uma esperança momentânea ao passar por grandes mesas de banquete abarrotadas de montanhas de arroz e iogurte, bem como muitas bebidas frescas e aromáticas. Mas, quando você pede para provar, os demônios apenas zombam de você. Esse delicioso bufê indiano não é para o seu bico! Você não fez sacrifícios generosos nem fez caridade durante a vida, então não tem direito a nada aqui.

Seu destino é o tribunal do Senhor Yama, o deus do mundo subterrâneo hindu que bebe o oceano, engole o mundo e vomita fogo. Ele está montado num grande búfalo, cercado por seus servos Morte, Aniquilação, Pesadelo, Varíola, entre outros, todos armados com lanças, tridentes temíveis e discos. Yama é escuro como kohl, com olhos vermelhos brilhantes, sobrancelhas e bigodes medonhos e dezoito braços. Ele está adornado com uma túnica amarela e flores vermelhas. Seu tribunal o repreenderá por seus pecados e, em seguida, seus servos o pegarão pelos pés e o arremessarão contra lajes de pedra. Depois disso, você será escoltado para um dos seus vinte e oito infernos.

Há uma variedade surpreendente e criativa de sofrimentos em Naraka. Você pode cair num poço sem fundo e ser afligido por fogo e espinhos durante 110.300 anos. Você pode girar numa roda de oleiro, enquanto demônios cortam você com arame, ou ser banido para um inferno tão frio e escuro que, quando se agarrar às outras almas condenadas, seus dentes vão congelar e se fundir com os delas. Geralmente, essas punições estão ligadas a pecados específicos. Por exemplo, os apreciadores de vinho se afogam no muco nasal. Ladrões recebem lanças e sanguessugas. Homens que flertam com suas noras são queimados com carvão em brasa. Vendedores de leite são espancados com uma corrente adamantina.

Sim, você leu "vendedores de leite". A lista de ofensas punidas em Naraka é longa e intrigante. Pessoas que cortam as copas das árvores são atingidas por raios. Aquelas que se misturam com outras castas são lançadas em melaço fervente. Se você já comeu um doce delicioso sem compartilhá-lo, será alimentado à força com fezes de insetos. Crimes terríveis são frequentemente expiados junto com ofensas mais leves: "aquele que comete múltiplos assassinatos de aldeões" acaba no mesmo inferno que "aquele que destrói o mel". Um incendiário pode compartilhar um lugar com "aquele que ganha a vida com o comércio de peixes".

Seu tormento bizarro não durará para sempre. Um dia, você retornará à Terra. Mas, também nesse caso, uma lista de pecados estranhamente específicos determinará seu destino. Se você roubou perfume nesta vida, reencarnará como uma ratazana. Se você roubou ouro, voltará como um ser humano com unhas horríveis. Se você cometeu traição com o cônjuge do seu professor, pode voltar como um tufo de grama! Sua vida vai ser um pouco monótona, mas veja pelo lado positivo: será difícil cometer muitos pecados terríveis em sua nova vida como um tufo de relva. Pelo menos a grama não pode destruir mel nem ganhar a vida vendendo peixes!

ॐ

O NIRVANA

BUDISMO

O PARAÍSO NA TERRA

TESTEMUNHAS DE JEOVÁ

No Céu idealizado pelos Testemunhas de Jeová, os escolhidos por Deus são ressuscitados como espíritos imortais e reinam ao lado de Jesus Cristo. (Como eles não acreditam na Trindade, o Jesus que governa o Céu não é a mesma entidade que Deus/Jeová, mas sim Sua primeira criação.) A principal diferença entre o Céu dos Testemunhas de Jeová e o Céu da maioria dos cristãos é a população. Segundo os Testemunhas, apenas 144 mil cristãos "ungidos" irão para o Céu. Nem mais, nem menos.

Essa rigorosa cota pós-morte não é uma questão de zoneamento. Ela é baseada numa leitura literal do capítulo 7 do Apocalipse, no qual João descobre que "o número dos que foram selados" é de "cento e quarenta e quatro mil, selados de todas as tribos dos filhos de Israel". Quando os Testemunhas eram uma pequena seita milenarista, no fim do século XIX, esse limite fazia sentido. Mas, ao longo do século seguinte, o crescimento da denominação criou um problema, não tanto teológico, mas matemático. Existem hoje no mundo todo quase nove milhões de Testemunhas de Jeová competindo por apenas 144 mil vagas. Em outras palavras, o Céu tem hoje uma relação candidato/vaga mais intimidadora do que a da Universidade Harvard.

Em 1935, Joseph Rutherford, o segundo presidente da Sociedade Torre de Vigia de Bíblias e Tratados, resolveu esse problema ampliando a visão do grupo sobre a vida após a morte. Ele anunciou que, embora Jeová tenha de fato reservado um lugar no Céu para 144 mil seguidores eleitos, todos os outros recebem um prêmio de consolação muito bom: a chance de viver para sempre na Terra. E não na nossa Terra atual, sem graça. Uma Terra *paradisíaca*.

Segundo a interpretação que os Testemunhas de Jeová fazem do livro de Isaías, o Paraíso na Terra é um lugar perfeito, sem morte nem doenças ou sofrimento de qualquer tipo. Todos vivem em casas lindas e trabalham juntos como amigos. É o que o Jardim do Éden poderia ter sido se Adão e Eva tivessem evitado lanchinhos proibidos. Seus milhões ou até bilhões de residentes pertencem ao que os Testemunhas de Jeová chamam de "grande multidão de outras ovelhas", e eles não estão nem um pouco chateados por não estar entre os eleitos que comandam o espetáculo no Céu.

Se as luxuriantes ilustrações publicadas na revista *A Sentinela* forem dignas de crédito, sua eternidade no Paraíso na Terra será algo semelhante a um retiro corporativo bem descontraído. Nessas ilustrações, grupos de pessoas de várias raças usam camisas polo e descansam na grama em meio a uma esplendorosa beleza natural. Você estará fazendo piqueniques, tocando violão e se divertindo muito com os animais. Muitas vezes, majestosos predadores como tigres e lobos são retratados relaxando nas proximidades, em cumprimento à profecia bíblica sobre leões e animais de criação deitados lado a lado.

O Paraíso será habitado por aqueles que, cedo ou tarde, aceitaram Jeová e fizeram Sua vontade. E quanto aos maus? Não há Inferno na teologia dos Testemunhas de Jeová. Surpreendentemente, os mortos permanecem mortos. "Os mortos nada sabem", conforme Eclesiastes 9:5. O Inferno é a não existência.

Como resultado, se você for ateu e duas simpáticas Testemunhas de Jeová usando saias compridas baterem à sua porta, você pode dizer a elas que já concorda com muitas coisas. Você acredita que ateus como você não continuarão a existir na vida após a morte... e elas também!

O MUNDO ESPIRITUAL

SWEDENBORGIANISMO

Em 1758, o místico sueco Emanuel Swedenborg publicou *O Céu e suas Maravilhas e o Inferno, Segundo o que Foi Ouvido e Visto*, uma obra baseada em suas visões do Além. Embora Swedenborg nunca tenha fundado uma igreja, sua teologia foi influente, principalmente nos Estados Unidos, onde admiradores famosos, que vão de Johnny Appleseed a Helen Keller, promoveram seus ensinamentos.

Nas visões de Swedenborg, ele viu que o "mundo espiritual" consiste no Céu, no Inferno e num terceiro reino: o Mundo dos Espíritos, que será o primeiro passo da sua jornada. Quando seu coração parar de bater no final desta vida, anjos do reino espiritual do Senhor chegarão para levá-lo com eles. Você terá uma sensação estranha, de repente, como se o seu olho esquerdo estivesse se virando em direção ao nariz. Essa é sua visão mudando. Agora você pode ver a luz clara de uma nova cor celestial e seus pensamentos se tornam subitamente espirituais, não naturais. Bem-vindo ao Mundo dos Espíritos.

Em casos raros, os mortos já estão "regenerados" (prontos para ir para o Céu) ou são mentirosos maliciosos e hipócritas que mergulham imediatamente no Inferno, alguns de cabeça. Mas a maioria das pessoas passará algum tempo no Mundo dos Espíritos, resolvendo seu destino final. Alguns ficarão algumas semanas. Outros permanecerão por trinta anos.

É um mundo de introspecção e instrução, onde você obtém uma visão mais clara da eternidade. No início, você se encontrará num ambiente muito parecido com este mundo, a ponto de esquecer que está morto. Afinal, você é o mesmo de sempre, ainda capaz de pensar, falar, sentir, tocar. Será como se o seu enterro fosse apenas uma visita até o bazar de caridade, para descartar coisas que não usa mais. Amigos que partiram antes de você o guiarão por uma série de cidades, jardins e parques. Por um ano inteiro, você desfrutará desse passeio, se presumirmos que sua vida civicamente correta na Terra garantirá um lugar no Céu.

Mas aos poucos você entrará num estado de mais consciência e vai se lembrar com clareza das suas fraquezas mortais e se tornar consciente das verdadeiras intenções por trás dos seus atos. Você *realmente* foi uma pessoa bondosa e verdadeira ou apenas alguém bem-comportado? Neste ponto, os verdadeiramente bons começam a adquirir sabedoria real, enquanto os maus botam pra quebrar e se rebelam. Sua aparência até mudará para refletir seu eu interior. Se você começar a parecer um pouco abatido no espelho neste momento, isso é um mau sinal.

Veja, sua atribuição para o Céu ou o Inferno *é* um julgamento, mas ele vem de você, não do Senhor. Almas verdadeiramente regeneradas anseiam por instrução sobre esse assunto e recebem um breve curso de estudo personalizado dos anjos do Céu, que modelam o "padrão divino" para elas. Você será vestido com roupas angelicais de linho branco e o Senhor o levará ao Céu, que o receberá com alegria. Mas as almas malignas não podem deixar de se rebelar contra essa nova consciência. Elas simplesmente amam coisas carnais mais do que as divinas e seguirão esse amor até o Inferno.

O Céu não é uma única cidade brilhante de Deus. Swedenborg viu múltiplas comunidades, cada uma dedicada a uma atividade diferente de amor e fé. Há algo aqui para todos. Algumas se encarregam das almas que morreram na infância e as criam até a idade adulta. Outras têm a tarefa de ensinar os recém-chegados ou supervisionar o Inferno. Muitas têm deveres eclesiásticos ou mesmo cívicos. Isso ocorre porque o Ser Divino não criou anjos ou demônios; o Céu e o Inferno são totalmente constituídos por mortais que já partiram.

À medida que você se aproxima da sua comunidade, ela começará a parecer uma nuvem branca a leste, cercada de estrelinhas, que aos poucos vão começar a ficar vermelhas conforme você se aproxima e se aglutina numa forma humana. Cada estrela é um anjo, mas a comunidade como um todo parece um anjo também, cada membro refletindo o todo. Na verdade, as centenas ou milhares de anjos em cada um desses escritórios ou departamentos celestiais têm uma "aparência" facial parecida, como as semelhanças familiares na Terra.

APRENDA O IDIOMA

Aqui todos falam e escrevem na mesma língua nova, sobrenatural, mas muito semelhante ao idioma hebraico. Ela se presta tão bem a expressões de amor e beleza que a conversa mais simples ou uma série de traços a caneta o levarão às lágrimas.

Em seu tempo livre no Céu, admire a arquitetura perfeita e o paisagismo da sua comunidade. Você ficará numa série de suítes espaçosas e pátios cercados por gramados e jardins, com ruas e praças conectando sua casa às dos vizinhos. Mas essa disposição é em grande parte uma ilusão. Tempo e espaço não existem no mundo espiritual; não há passado ou futuro, leste ou oeste, apenas mudanças de estado. Portanto, qualquer jornada aqui pode ser quase instantânea ou, se você estiver apreciando a caminhada, ser tão longa quanto quiser. Todos estão aqui: ricos e pobres, cristãos e não cristãos, bilhões de pessoas da Terra *e* de todos os outros planetas na criação do Senhor. Um dia, você pode encontrar um membro da sua comunidade tão compatível com você e seus interesses que os outros anjos organizarão um banquete de casamento e vocês viverão juntos em matrimônio.

Assim como o Céu, o Inferno é composto de uma série de comunidades, mas sem as praças agradáveis e os canteiros de flores. Cada parte do inferno é acessada por portões sombrios sob penhascos ou em fendas rochosas no Mundo dos Espíritos. Todos são escuros, com um brilho como enxofre ou brasas quentes. Alguns são cavernas em declive; outros são criptas abobadadas, minas, florestas escuras, tocas de animais ou ruínas carbonizadas de cidades. Infernos mais amenos podem ser favelas cheias de violência doméstica e abusos, com ladrões à espreita em cada beco, ou vastos distritos da luz vermelha de infinita vulgaridade. Os piores são apenas desertos vazios. Cada um é para um tipo específico de mal, com pecados semelhantes agrupados geograficamente.

O Inferno emana grande raiva e malevolência. Assim como os anjos têm uma capacidade maior para o bem depois de livres da vida mortal, os espíritos malignos têm uma maior aptidão para a malícia e a astúcia! Todos aqui são escravos do medo e do egocentrismo. Eles parecem humanos uns para os outros, como um ato de misericórdia divina, mas na realidade a selvageria e a crueldade de seus pecados específicos transparecem de dentro para fora, com efeitos monstruosos.

Os anjos encarregados de administrar o Inferno não torturam os habitantes; na verdade, eles passam a maior parte do tempo tentando moderar e equilibrar os tormentos do Inferno, para não exceder a vontade divina. Segundo Swedenborg, são os condenados que atormentam *uns aos outros* com provocações intermináveis e zombarias desumanizadoras. O Inferno é um vasto fórum na internet, com trolagens eternas.

A TERRA DO VERÃO

ESPIRITUALISMO E BRUXARIA

Os seguidores da Wicca e de outras religiões pagãs modernas nem sempre concordam com aspectos específicos da teologia, mas muitos imaginam uma vida pós-morte pacífica chamada de Summerland, ou Terra do Verão. Em geral, é um lugar de descanso e reflexão, onde os espíritos se recuperam dos problemas da vida e fazem planos para sua próxima encarnação. Lá, você está na companhia do Deus e da Deusa, e pode ficar o tempo que quiser (talvez até para sempre), tornando-se um guia espiritual para os recém-chegados. Segundo muitos relatos, a Terra do Verão é um lugar de abundância: campos gramados e rios tranquilos, sem dias com mau tempo. Para outros, não é uma "terra" de verdade, apenas um estado intangível de comunhão com as energias do universo. Os wiccanos são muito tranquilos para ficar detalhando demais esses pontos.

A Terra do Verão, assim como grande parte dos movimentos neopagãos, teve origem nos espiritualistas e teosofistas do século XIX. Esses ocultistas imaginaram uma vida após a morte que serviria principalmente para explicar os fenômenos que testemunhavam em suas sessões espíritas e outros rituais: fantasmas batendo em mesas, falando através de médiuns, assombrando casas e assim por diante.

Andrew Jackson Davis, o "Vidente de Poughkeepsie" que ajudou a criar o movimento espiritualista, escreveu vários livros com descrições minuciosas sobre a Terra do Verão, que ele retratava como "uma Esfera ou Zona habitável entre os Sóis e Planetas no Espaço". Davis estava impressionado com os novos cálculos dos cientistas sobre a imensidão do espaço, como um adolescente chapado olhando para o céu noturno, e estava convencido de que a Terra do Verão era um cinturão brilhante de éter a centenas de milhões de quilômetros acima da Terra.

Conforme você se eleva além das nuvens em direção à Terra do Verão, viajará à velocidade da luz ou do pensamento através da "corrente celestial", mas dificilmente sentirá algum movimento. Milhões de toneladas de emanações atômicas sobem dos vivos todos os anos e flutuam no espaço por essa corrente, sendo por fim refinadas na matéria superior da vida após a morte.

Quando você chega às margens da Terra do Verão, verá que todas essas partículas foram aperfeiçoadas para formar um lugar de beleza infinita e diversidade: solo com relva aveludada, bosques exuberantes, riachos cristalinos. O céu radiante acima está cheio de nebulosas e constelações desconhecidas. Você nunca esquecerá a fragrância dos Sete Lagos de Cylosimar ou o brilho da estrela Guptarion surgindo acima das águas prateadas do Lago Mornia. Nas colinas distantes, os mortos de Vênus e Mercúrio vagam pelos raios solares. (Sim, os quatrilhões de almas aqui incluem muitos alienígenas.) Seguindo o grande rio Nezar, no sentido leste, você encontrará um vale menos alegre: Ara-Elin-Haroun, onde os anjos trabalham para curar os mentalmente doentes, aqueles que se suicidaram e outras almas que foram danificadas pela vida.

Diferentes sociedades e irmandades se formaram para realizar boas obras aqui, como filantropos na Terra. Nos níveis mais elevados, esses grupos são liderados por almas mais iluminadas nos princípios da Mente Divina (a maioria vindas de Júpiter ou Saturno). Em seus festivais, que duram anos, você se juntará aos corais e descobrirá que sua voz celestial pode reproduzir todos os sons de qualquer instrumento musical. Sua sabedoria e força de vontade também terão aumentado, então você ainda pode visitar a distante Terra e se comunicar com os vivos, principalmente para ajudá-los e confortá-los.

Escritores teosofistas como Charles Webster Leadbeater também descreveram uma vida após a morte em que os mortos podiam entrar em contato com os vivos, mas presumiram que a ensolarada Terra do Verão de tantas visões consistia apenas nos níveis inferiores do plano astral, onde espíritos ainda presos à vida terrena criam versões idealizadas da Terra. Se você é uma pessoa pura e bem instruída na Religião da Sabedoria, não sentirá atração pela matéria mais grosseira da Terra do Verão e logo poderá alçar um plano superior, o *devachan*. Mas aqueles com menos desenvolvimento espiritual podem ficar aqui por séculos.

FORA DO CAMINHO DE TERRA BATIDA

Se você é uma pessoa realmente degradada, seu "manas inferior" se enredará tanto em paixões terrenas que se separará do ego superior e assombrará a Terra como um vampiro ou lobisomem!

O plano astral é um lugar caótico, repleto de muitos tipos de espíritos capazes de provocar manifestações e assombrar os vivos. Com sua visão astral aprimorada, você poderá ver todos os aspectos deles. A massa ovoide de névoa luminosa que cerca todas as criaturas é o que se chama de aura, e ela está presente tanto nos vivos quanto nos mortos. (Sim, os vivos perambulam por esse plano, pois eles têm um corpo astral.) Você também verá, à deriva, as conchas etéricas que as almas astrais deixam para trás ao perderem a vida, as sombras que restam quando as almas passam para o plano devachânico, elementais não humanos, espíritos da natureza como gnomos e náiades, as auras dos animais e até mesmo seres angelicais não humanos chamados devas, os regentes da Terra. Os residentes mais esotéricos deste plano são os "artificiais humanos", que às vezes são criados para substituir almas desencarnadas que seguiram em frente, mas essa é uma história complicada que envolve a história da antiga Atlântida. Em outras palavras, algo muito estranho, mesmo para a Teosofia.

Mortos Muito Ocupados

OS TRÊS REINOS DE GLÓRIA

SANTOS DOS ÚLTIMOS DIAS

Muitas visões do Outro Mundo, concebidas em tempos de subsistência brutal, prometem lazer e luxo intermináveis. Mas não é assim na vida após a morte imaginada pela Igreja de Jesus Cristo dos Santos dos Últimos Dias. Conforme convém à sua imagem de produtores de pêssego enlatado, caronistas e entregadores de marmitas, assim como a de "abelhas trabalhadoras do Oeste Americano", os mórmons vão para a sepultura preparados para *continuar trabalhando.*

A cosmologia dos Santos dos Últimos Dias é tão elaborada que os jovens missionários da igreja às vezes recorrem a fluxogramas para explicar tudo. Quando esta jornada terrena termina, os falecidos primeiro entram num domínio temporário chamado Mundo Espiritual, convenientemente localizado bem aqui na Terra e separado dos vivos apenas pelo "Véu", uma divisão metafórica de algum tipo que impede os vivos de vislumbrar a eternidade. Seu espírito, que parecerá uma versão adulta do seu corpo mortal, estará "trabalhando e se esforçando diligentemente", disse Brigham Young. "Esses espíritos... não dormem."

E como você passará seus turnos de vinte e quatro horas? Os mortos "andam, conversam e têm suas reuniões" com as almas dos justos (que ocupam a parte agradável da cidade, o "Paraíso Espiritual") e ensinam com dedicação o evangelho às almas que ainda não aceitaram Jesus Cristo (que vivem em "Prisão Espiritual", um termo sombrio emprestado de Pedro 3:19). Essa cruzada missionária será mais frutífera do que os esforços que os mórmons fazem de porta em porta nesta vida, pois as mentes humanas não serão mais embotadas pela mortalidade. "Em vez de pensarmos num canal", escreveu o apóstolo mórmon Orson Pratt, "o conhecimento fluirá de todos os lados; virá em forma de luz, como a luz que flui do sol".

PARA POUPAR TEMPO!

Não ter um corpo também é uma grande vantagem na movimentadíssima vida após a morte mórmon, pois permite a teleportação "na velocidade da luz para qualquer planeta, ou estrela fixa, ou até para a parte mais remota da Terra ou as profundezas do mar", como prometeu Brigham Young.

Apesar de suas novas habilidades sobre-humanas, escreveu um profeta mórmon que teve uma visão do Mundo Espiritual, "os mortos [...] consideravam o período em que o espírito fica ausente do seu corpo como um cativeiro". Quando a Ressurreição chegar para todos os homens e mulheres, primeiro para os justos (incluindo aqueles que foram convertidos após a morte) e depois para os injustos, o espírito ficará permanentemente reunido com seu corpo glorificado e aperfeiçoado. A vida após a morte mórmon é especificamente física e tangível.

No Julgamento Final, os mortos ressuscitados são então designados para um dos três "reinos de glória", descritos pelo fundador da igreja, Joseph Smith, usando uma metáfora de 1 Coríntios sobre o brilho do sol, da lua e das estrelas. Os justos acabam com Deus Pai e Jesus Cristo no Reino Celestial (a glória do sol); aqueles menos dignos serão incapazes de suportar a presença de Deus e, na verdade, vão preferir o Reino Terrestre (a glória da lua) ou o Reino "Telestial" (a glória das estrelas).

CURIOSIDADES SOBRE A VIAGEM

Não se dê ao trabalho de procurar "telestial" no dicionário: o termo é uma invenção de Joseph Smith que você não encontrará em nenhum outro lugar.

Nessa vida após a morte, não há como errar: todos os três reinos de glória são destinos excepcionais. De acordo com as escrituras mórmons, até a opção da "classe econômica", o Reino Telestial, "ultrapassa toda compreensão" para a nossa mente mortal. Contrariando as afirmações do musical da Broadway *O Livro de Mórmon*, que retrata um "sonho assustador no inferno mórmon", repleto de jantares dançantes, não há um inferno real na teologia dos Santos dos Últimos Dias. Um pequeno número de "filhos da perdição" será banido para uma esfera sem glória conhecida como "Escuridão Exterior", mas esse não é um castigo universal para todos que têm um cartão de fidelidade da Starbucks. É reservado para alguns poucos perversos que tiveram um testemunho pessoal seguro de Cristo e mesmo assim O negaram.

Para entrar no Reino Celestial e obter a "exaltação eterna", disse Brigham Young, você precisa passar pelos anjos que servem como sentinelas e, como no mundo subterrâneo egípcio, fornecer a eles palavras-chave, sinais e tokens específicos para passar (felizmente eles são fornecidos na liturgia do templo mórmon). Ao passar por um portão de fogo e pisar nas ruas pavimentadas de ouro do Monte Sião (também conhecida como a cidade do Deus vivo, ou a Jerusalém celestial), você receberá, como prometido no Capítulo 2 do Apocalipse, uma pedra branca com um novo nome secreto escrito nela. Essa pedra será o seu "Urim e Tumim", uma referência a algum tipo de equipamento sacerdotal usado para adivinhação no Antigo Testamento.

O trono ardente de Deus, que as escrituras mórmons afirmam estar localizado perto de uma estrela chamada Kolob, está sobre um "globo como um mar de vidro e fogo". Como Joseph Smith também ensinou que a Terra em si será "celestializada" numa glória cristalina, muitos crentes presumem que o Reino Celestial é um planeta Terra reiniciado.

Se você chegou à cidade celestial, isso significa que finalmente é hora de relaxar? Não! O evangelho mórmon é de "progresso eterno", então o trabalho, o aprendizado e o crescimento continuam mesmo no Céu. Assim como as famílias: o casamento terreno e os laços familiares persistem no Reino Celestial. Joseph Smith disse para se esperar "essa mesma sociabilidade que existe entre nós aqui", o que presumivelmente incluiria também vizinhos, amigos, colegas de trabalho e amigos do Facebook tentando vender óleos essenciais.

A ótima notícia é que não há limite para a progressão na vida após a morte. As almas celestiais podem avançar tanto na glória que essencialmente se tornam deuses e com a capacidade divina de criar e povoar seus próprios mundos, como muitos líderes dos Santos dos Últimos Dias têm ensinado.

Então, vamos recapitular o itinerário: prisão espiritual, paraíso espiritual, ressurreição e julgamento, Escuridão Exterior, Reino Telestial, Reino Terrestre, Reino Celestial. Quando Jesus disse que na casa do Seu Pai há "muitas moradas", ele não estava brincando.

Estilingue para o Céu

TZROR HA-HAYYIM

CABALA

De acordo com a tradição judaica, além de Gehenna e Gan Eden, ainda é possível empreender jornadas ainda mais elaboradas pelo pós-morte judaico. Essa escola de misticismo judaico *não* foi fundada nos anos 2000 por Madonna e Ashton Kutcher, como muita gente acredita, mas remonta à publicação de um texto esotérico chamado *Zohar* ("Esplendor"), na Espanha do século XIII.

De acordo com o *Zohar*, o julgamento é um processo de sete estágios que começa trinta dias *antes* de você morrer. Em seu leito de morte, você receberá uma série de visitantes sobrenaturais à medida que se aproxima do seu último suspiro. Você terá um vislumbre do Shechinah, uma manifestação feminina de Deus, que será acompanhada por três mensageiros celestiais, cada um com uma função diferente. O primeiro é o seu anjo da guarda, enquanto os outros dois são uma espécie de *smartwatches* angelicais: um é encarregado de contar seus dias e o outro monitora todas as suas boas e más ações. Amigos e parentes falecidos darão uma olhada em você, além do seu parente mais distante: o próprio Adão, parceiro de Eva. Ele aparecerá para lembrá-lo de que ele pecou apenas uma vez, naquela história da maçã, enquanto você tem uma vida inteira de pecados para expurgar. Valeu, Adão.

No pensamento cabalístico, a alma humana tem três partes. Sua *nefesh* ("respiração") constitui seu eu animal mais inferior. Ela permanece no túmulo sofrendo o *hibbut ha-kever*, a angústia do seu corpo, trêmulo e suado, se separando e depois se decompondo. Seu *ruach*, o espírito de suas virtudes morais, é arremessado para a vida após a morte por *kaf ha-kela*, uma catapulta divina. Primeiro, você precisa se purificar durante um ano em Gehenna, assim como no Talmude. (Até hoje, os judeus recitam o *kaddish*, a oração de luto, por um máximo de onze meses, de acordo com esse período purgatório.)

DICA PARA VIAJANTES ESPERTOS

Pelo menos os fogos ardentes do Inferno são resfriados no sábado, e você pode evitar alguns tormentos se tiver vivido uma vida boa, principalmente se os anjos perceberem que você é um homem circuncidado!

Depois que o seu ano termina, você mergulha nas águas purificadoras e perfumadas de especiarias de Nahar Dinur, o Rio de Luz, e segue para o Gan Eden Inferior.

A terceira parte do seu espírito, a *neshamah*, é sua "superalma", seu intelecto. Ela pode ascender à bem-aventurança na região *mais agradável* do Céu: o Gan Eden Superior. Seu corpo agora foi substituído por uma vestimenta translúcida espiritual chamada *guf ha-dak*. Aproveite a dança e o estudo da Torá. Você mereceu!

Mas, ao contrário do que acontece no judaísmo convencional, a jornada não termina aqui. Os cabalistas acreditam no *gilgul* ("roda"), a reencarnação e transmigração de almas. Quando você se cansa do Gan Eden, pode avançar para a glória do Santo Rei e se ligar ao *tzror ha-hayyim*, o "feixe dos vivos". Esse é o armazém de almas de Deus, todas esperando para voltar à Terra. Existem dois tipos possíveis de passagem de volta. Você pode retornar temporariamente à Terra para habitar a alma dos vivos, seja como um prestativo *ibbur* ou um maligno *dybbuk*. Ou você pode voltar como um recém-nascido para outra vida humana e tentar corrigir alguns erros que cometeu da última vez.

Seu corpo espiritual tem 248 membros e 365 nervos, representando os 248 mandamentos positivos e os 365 "não farás" da Torá. Você vai ter uma aparência um pouco estranha? Talvez. Mas a boa notícia é que, assim que você avançar através do *gilgul* o suficiente para cumprir todos os 613 mandamentos, poderá deixar o ciclo. Você será fisicamente ressuscitado num corpo perfeito e se fundirá com Deus, no "Próprio Corpo do Rei". Esperamos que Deus não se incomode com todos esses novos membros e tendões!

VAIKUNTHA

HINDUÍSMO

Um pós-morte hindu muito mais agradável do que Naraka é Svargaloka, um paraíso regido pelo deus Indra, a partir de cima do Monte Meru, o pico dourado no centro do universo. Ali você pode relaxar nos "vales do prazer" e aguardar sua próxima encarnação. Mas esse não é seu objetivo final. O que você deseja é *moksha*, libertação da lei do karma e seu ciclo de renascimentos.

Os santos que alcançam *moksha* ascendem aos planetas Vaikuntha, a morada do Senhor Vishnu. Esse reino não está apenas no Céu; ele está além do Céu. Você está agora no Céu mais elevado, além dos bilhões de universos que o Senhor criou. Sua tez agora é de um azul-celeste brilhante ou diamante ou coral, seus olhos são como flores de lótus, e você é jovem novamente e mais atraente do que jamais foi na vida. Além disso, você tem quatro mãos.

TRAJE TÍPICO

Antes de explorar o lugar, reserve um minutinho para vestir os trajes típicos de Vaikuntha: túnicas amareladas, guirlandas de flores, brincos e medalhões pendurados em colares de pérolas. Você pode obter seu novo guarda-roupa das árvores ao seu redor, que estão sempre cheias de flores e frutas o ano todo e atenderão a todos os seus desejos.

O Bhagavata Purana descreve Vaikuntha como uma terra transcendental de florestas e palácios além do tempo, de ignorância e paixões. O solo é feito de pedras preciosas e as paredes são de mármore. Flores de madhavi enchem o ar com um perfume de mel, mas você nem perceberá porque estará ocupado entoando canções sobre as muitas e grandes qualidades de Vishnu. Pássaros exóticos (cuco, garça, pavão, papagaio) enchem o ar com música, mas até eles fazem uma pausa quando o rei dos zangões entoa um hino de louvor a Vishnu com seu zumbido. Você tem um palácio cinco estrelas só seu, uma casa opulenta de lápis-lazúli, esmeraldas e ouro. Ali, você morará com seu cônjuge e muitas consortes, todas com sorrisos encantadores e "nádegas arredondadas", mas, mais uma vez, nem mesmo esses encantos vão distraí-lo das glórias de Vishnu.

O próprio Senhor Vishnu vive em Vaikuntha-puri, um palácio no qual você pode entrar por sete grandes portões de ouro e diamantes. No último portão, não se intimide com dois porteiros azuis, com quatro braços, empunhando clavas e flores frescas. Jaya e Vijaya são imponentes guarda-costas, mas eles sabem melhor do que ninguém que não devem impedi-lo de entrar. Foram exilados de Vaikuntha pelo período de três vidas por impedirem sábios de se aproximarem do Senhor.

Ao entrar, você verá Lakshmi e outras deusas da fortuna colocando guirlandas nas bordas revestidas de coral das piscinas ao redor do trono, enquanto outros atendentes fazem sombra para o seu Senhor com guarda-sóis e o refrescam com leques. Vishnu tem pele negra, um sorriso como uma flor desabrochando e unhas dos pés que brilham como rubis. Ele pode estar usando um capacete e cavalgando Garuda, o rei dos pássaros, ou pode caminhar em sua direção, os cabelos brancos ondulando atrás dele em câmera lenta. Ele usará apenas um pano amarelo em volta da cintura com uma faixa reluzente, mas também pode estar adornado com pingentes em forma de jacarés, bem como usar muitas coroas e colares enfeitados com joias. Apesar de todas as flores sedutoras que crescem aqui, Vishnu enfeita a si mesmo apenas com folhas simples de *tulsi*, um manjericão sagrado. O aroma dessa erva provocará um momento de profunda iluminação, mesmo num sábio grandioso como você!

Do lado de fora do palácio de Vishnu, a atração mais impressionante é a frota de *vimana* que enche o céu. Na mitologia indiana, *vimana* são grandes palácios e carruagens que voam pelo ar. Os poetas dizem que, apesar do clima perfeito aqui, os céus parecem tempestuosos, porque os *vimana* pairam no céu como nuvens imponentes, e as mulheres que os pilotam são tão bonitas e brilhantes quanto relâmpagos. Isso mesmo: em Vaikuntha, você terá seu próprio avião celestial. Voará pelos céus para sempre, muito depois que o mundo material se desvanecer.

A ALDEIA DOS ANTEPASSADOS

RELIGIÕES TRADICIONAIS AFRICANAS

As pessoas tendem a subestimar a vastidão da África. Mas ela é o segundo maior continente da Terra, maior do que os Estados Unidos, a Europa e a China juntos. A África é enorme e seu povo está longe de ser monolítico, inclusive em sua concepção religiosa do pós-morte.

Por exemplo, os povos Nuer e Dinka, do sul do Sudão, afirmam que a imortalidade é algo que só se alcança na Terra por meio dos filhos e do gado, não por meio da alma, no Além. Os nuer dizem que uma corda ligava o Céu e a Terra, para que os anciãos pudessem subir e se revigorar; mas a corda foi cortada há muito tempo pela hiena e, desde então, a morte é inevitável e permanente. Os iorubás da Nigéria, por outro lado, esperam um julgamento final entre a bem-aventurança em Orun-Rere (o "Bom Reino") e o tormento em Orun-Apadi (o "Reino dos Cacos de Cerâmica").

Mas essas crenças são a exceção, não a regra. Apesar da diversidade do continente, a maioria das religiões indígenas africanas concorda pelo menos com as características gerais do pós-morte que nos espera. E os crentes podem até discordar da palavra "pós-morte", porque os mortos ainda são uma parte vital da sua família e vida comunitária.

Cada pessoa tem um determinado período de vida designado a ela, mas às vezes esse cálculo não se cumpre. Se a sua vida foi interrompida devido a alguma desventura (acidente, mortalidade infantil, doença impura, maquinações de uma bruxa), você começará o pós-morte como um fantasma irrequieto, que assusta e aborrece seus antigos vizinhos. Você passará seus dias ociosos atirando pedras, destelhando casas e incomodando o novo parceiro da sua viúva ou viúvo. Isso também pode acontecer se o seu corpo não for enterrado de maneira apropriada, por isso as culturas africanas geralmente fazem questão de recuperar quaisquer minúsculos restos humanos que possam encontrar, mesmo após o incêndio mais feroz ou ataque de animais (se não for possível recuperar nenhum resquício do corpo, há soluções alternativas. O povo luo, por exemplo, enterra, no lugar do cadáver, o maior fruto da árvore-da-salsicha que puder encontrar). Os iorubás dizem que, se você puser fim à própria vida, também ficará por perto, pairando nas copas das árvores como borboleta ou morcego.

PLANEJE A SUA JORNADA

Para evitar que alguns estorvos espectrais voltem, algumas tribos tiram o morto de casa através de um buraco na parede, em vez de usar a porta, ou carregam o corpo para o cemitério num caminho em zigue-zague ou que passe por matagais espinhosos. Cuidado, eles estão tentando confundi-lo e se livrar de você!

Porém, mesmo que você tenha que passar algum tempo num purgatório *poltergeist*, um dia continuará sua jornada para o mundo dos antepassados. Esse local oculto se encontra em lugares variados no subsolo, do outro lado de um rio ou na floresta, mas sempre é preciso seguir por um caminho escuro e difícil para se chegar lá. Os chagga da Tanzânia dizem que a jornada leva nove dias, por isso eles ungem o cadáver com gordura, o enchem de leite e o cobrem com peles de animais para protegê-lo. Em seguida, sacrificam um touro para informar o avô do falecido de que ele deve ficar de olho no recém-chegado.

Agora você se une aos seus antepassados num reino que é semelhante a esse, mas tem um ar mais puro e é destituído de fome, lágrimas ou doenças. O povo mende ainda espera cultivar arroz; o povo luo diz que ainda há brincadeiras e provocações. Ali existem rios, montanhas, árvores, aldeias. Enquanto você perambula por sua nova cidade, verá que rapazes ainda pastoreiam cabras e ovelhas, mulheres estão ocupadas com a colheita, homens estão cuidando do gado. Quando o sol se põe (e nasce no mundo dos vivos), todos vocês se reúnem ao redor do fogo para conversas noturnas. É como estar em casa.

Na verdade, não é correto pensar nisso como "vida após a morte", porque esse conceito implica alguma ruptura ou lacuna. Esse mundo é apenas uma continuação. Você não está morto; você é o morto-vivo ainda presente na vida da família. Sua função é vigiá-los, ajudando os merecedores e se alegrando com seus sucessos. Pelo mesmo motivo, sua nova perfeição moral faz com que você fique ainda mais ofendido com a má conduta dos vivos. Quando vê alguém da sua antiga comunidade negligenciando seu dever moral, você pode puni-lo com uma doença ou outro infortúnio.

Os vivos saberão que você está por perto: nas sombras quando elas se alongam, no fogo quando ele se apaga, na casa quando o assoalho range. (Aqueles que têm sonhos vívidos ou fazem adivinhações podem até mesmo conseguir ver e falar com você.) Os kikuyu chamam você de *mwendwo ni iri*, "o amado do povo". Seus descendentes deixarão oferendas de comida e suas bebidas alcoólicas favoritas, como vinho de palma ou aguardente importada!

Mas você deve sua imortalidade às lembranças que eles têm de você. Passadas quatro ou cinco gerações, é improvável que se lembrem até mesmo da vida mais exemplar. Seu status de ancestral desaparecerá. Então é hora de reencarnar, voltando como um bebê recém-nascido de sua própria linhagem. Como diz a música, você pode ser seu próprio avô[2].

Os iorubás dizem que você se ajoelhará diante de Olorun, o senhor do Céu, e pedirá um novo *ori*, ou destino. O deus Orishala, Rei do Pano Branco, fará para você um novo corpo e Olorun bafejará nele o futuro que você deseja: riqueza, esposas, bom caráter, uma vida longa, o que quer que seja. Nenhum pedido razoável será recusado!

2. A canção a que o autor se refere é chamada "I'm My Own Grandpa", uma composição de Dwight Latham e Moe Jaffe, que ficou conhecida por sua letra humorística sobre relações familiares complexas. (N. da T.)

O PARAÍSO OCIDENTAL

BUDISMO DA TERRA PURA

O objetivo final do Budismo é o nirvana, a libertação do ciclo do renascimento. Nirvana é a libertação, mas o que a palavra significa literalmente é "extinção". Trata-se de um abandono do eu. (Se isso lhe serve de consolo, o Budismo também afirma que o eu nunca realmente existiu, para começar. O que se ganha fácil também se perde fácil). Mas, na tradição do Budismo Mahayana, que é predominante no leste da Ásia, existe uma alternativa. O Budismo da "Terra Pura" oferece um atalho para a iluminação, um reino sublime mais acessível *e* mais importante do que alcançar o Nirvana. Esse reino é o Paraíso Ocidental do Buda celestial Amitaba.

Amitaba era um antigo monge que prometeu se tornar tão iluminado que o campo búdico da sua perfeição se tornaria um destino pacífico para todos aqueles que invocassem seu nome no momento da morte. Se você pronunciar sinceramente o nome de Amitaba dez vezes ao deixar esta vida, não renascerá num dos seis reinos familiares de samsara (deuses, semideuses, humanos, animais, fantasmas famintos e Inferno). Em vez disso, renascerá muito longe, no oeste, num mundo de beleza e bem-aventurança supremas.

Quando você despertar na Terra Pura, a vista pode parecer desanimadora a princípio, mas isso só acontece porque você está dentro de uma flor de lótus dourada. O tempo que você precisa passar lá dentro, incubado como uma Boneca Repolhinho celestial, depende do seu karma nesta vida. Pessoas de grande virtude, que atingiram um estado meditativo profundo, podem ver sua flor de lótus se abrir imediatamente e descobrir que já estão numa das graduações mais altas do Paraíso, com o Buda por perto. Aqueles que levaram uma vida impura antes de invocar Amitaba no último minuto podem ter que esperar quinhentos anos para sair da sua flor... e então descobrir que se encontram numa das graduações mais inferiores desse reino, com uma longa jornada espiritual à frente, antes de alcançarem o Buda.

Se você está procurando uma paisagem de tirar o fôlego, esse é o céu para você. A Terra Pura é uma floresta de joias que se estende infinitamente em todas as direções. O chão é de berilo, sustentado por fileiras de pilares. Para onde quer que você olhe, ficará deslumbrado com os arredores resplandecentes: caminhos dourados se entrecruzando; árvores bodhi e árvores de sândalo de sete cores brilhantes (roxo-dourado, branco-prateado, berilo, coral, cristal, ágata e rubi), enfeitadas com redes de pérolas tecidas com fio de ouro e sinos incrustados de joias; frutos dourados girando nos galhos como fogos de artifício; lagoas cobertas de flores de lótus azuis, rosa, amarelas e brancas. Tudo é feito de pedras preciosas, e cada pedra reflete todas as outras; cada faceta projeta mil raios e cada raio apresenta oito mil cores. Talvez seja uma boa ideia usar óculos escuros.

O Paraíso Ocidental é o sonho de quem gosta de fazer caminhadas, então saia para dar um passeio! Cada vez que você der um passo, uma linda peça de tecido se desenrolará para marcar seu caminho. Quando você pisar nas flores, elas afundarão dez centímetros, mas voltarão ao lugar assim que você tirar o pé. Você ficará impressionado com a escala de tudo: as árvores bodhi têm um milhão de quilômetros de altura e seus troncos possuem 65 mil quilômetros de circunferência. A luz que irradia para o alto no céu forma plataformas flutuantes gigantescas, cada uma das quais suportando dez milhões de pavilhões de joias. Mas, assim que você se acostumar com o tamanho, perceberá que o que é mais impressionante na paisagem é a sua perfeição. As árvores estão dispostas em fileiras perfeitamente simétricas, cada folha disposta numa posição harmoniosa. As oito brisas puras que passam por elas produzem belas melodias pentatônicas. A mera contemplação dessas visões e sons serenos purificará seus sentidos e permitirá novas intuições sobre o dharma.

Na verdade, toda a vibração aqui é projetada para intensificar sua serenidade e atenção plena. Sentir o aroma dos cem mil tipos de madeira aromática livrará você de impurezas e paixões. Se você entrar nos lagos, a água se ajustará a qualquer temperatura e profundidade que você desejar; nas ondulações, você pode ouvir a repetição do canto de qualquer ensinamento budista que desejar. Aves raras como cisnes e papagaios cantam canções a respeito da iluminação, mosteiros aparecem onde você deseja e os instrumentos musicais nos pavilhões flutuantes do céu produzem verdades melódicas sobre o vazio e a impermanência.

Espero que você aproveite esta vida mental, porque é praticamente tudo o que há para se fazer aqui. Um banquete incrível de centenas de iguarias aparece na hora de cada refeição, mas a comida é tão boa que apenas se regozijar com a aparência e o aroma dela já matará a sua fome. O objetivo de toda essa contemplação é atingir o estado búdico, quando você passará a maior parte do seu tempo perto do assento da iluminação, um majestoso trono de lótus de oitenta e quatro mil pétalas onde o Buda Amitaba se senta, ladeado por estandartes um bilhão de vezes maiores que o Monte Meru. Quando você alcançar a iluminação perfeita e mais elevada, também pode se tornar o colossal centro dourado do seu próprio campo búdico!

CONHEÇA OS HABITANTES DA REGIÃO

Amitaba é um gigante cintilante de tal brilho que o sol e a lua são blocos de tinta preta em comparação a ele. Seu rosto é terno, sua fala é gentil, seus olhos vastos e claros como os oceanos, a mecha de cabelo entre suas sobrancelhas é branca como uma montanha coberta de neve e seu halo tem o tamanho do universo.

LIVROS

Tudo nas Mãos do Leão

O PAÍS DE ASLAM

AS CRÔNICAS DE NÁRNIA

A obra-prima de C. S. Lewis foi sua série Nárnia, e, independentemente do que você pense sobre o simbolismo religioso dos livros, tem que admitir uma coisa: é preciso coragem para um autor encerrar sua série de fantasia infantil matando todos os jovens protagonistas, bem como seus pais, *fora de cena.*

Nas *Crônicas de Nárnia*, o mundo de fantasia de Nárnia foi criado por Aslam, um nome que Lewis emprestou da palavra turca para "leão". Aslam é um leão enorme, bom, mas terrível. Ele é tão alto quanto um elefante e sua juba e seus olhos brilham como ouro.

Aslam é filho do Imperador de Além-Mar e vem de uma terra lendária que fica além do Grande Oceano Oriental. Os vivos podem vislumbrar o País de Aslam, como a tripulação do navio *Peregrino da Alvorada* fez uma vez, passando pelo tapete de lírios brancos no Mar de Prata e olhando para cima, além da onda gigantesca que circunda o mundo. As montanhas verdes exuberantes do reino de Aslam se elevam tão alto que seus cumes não são visíveis. As montanhas contêm bosques de árvores enormes, semelhantes ao cedro; bandos de pássaros canoros com plumagem de arco-íris e riachos de água inesgotavelmente refrescante.

Em "A Última Batalha", quando Nárnia finalmente chega ao fim na Batalha da Colina do Estábulo, semelhante a um Armagedom, os sete habitantes da Terra que viajaram para Nárnia descobrem que o País de Aslam na verdade cerca o mundo inteiro. Então, se você estiver em Nárnia, pode viajar para a terra de Aslam seguindo pelas montanhas do Ermo Ocidental, passando pelo Lago do Caldeirão e atravessando a grande cachoeira. Você chegará a um jardim com um muro musgoso e portões de ouro no topo de uma montanha de relva lisa. Entre quando a trombeta soar e prepare-se para uma surpresa de tirar o fôlego! O que parece ser um pequeno recinto é muito maior do lado de dentro, contendo uma versão aperfeiçoada e ideal de Nárnia (e também da Inglaterra e de qualquer outro lugar de onde você possa vir). Cada mundo na vida após a morte é um contraforte que se estende a partir das grandes montanhas de Aslam. "Em todos os mundos há um caminho para o meu país", diz o grande leão.

Depois de deixar o mundo dos vivos, ou as "Terras Sombrias", sua jornada "mais para cima e mais para dentro" pode continuar para sempre, em círculos concêntricos cada vez maiores e mais belos. Fique de olho quando conhecer os habitantes da região! Aslam pode aparecer para você como um leão, como um cordeiro ou em sua forma terrena, que supostamente é o próprio Jesus (a alegoria cristã nos livros de Nárnia está longe de ser sutil).

MELHOR EVITAR

Os inimigos de Nárnia não têm o privilégio de desfrutar da paz eterna no País de Aslam; eles são levados por Tash, o diabo narniano com cabeça de abutre e quatro braços. Mas pelo menos alguns seguidores equivocados de Tash são pessoalmente redimidos por Aslam, uma pista de que "boas pessoas" de todas as tradições religiosas podem merecer a entrada no Paraíso.

Quando as crianças Pevensie de *O Leão, a Feiticeira e o Guarda-Roupa* chegam ao País de Aslam, após a última batalha, o leão diz casualmente a elas que desta vez não precisam voltar para a Inglaterra, porque elas e os amigos e familiares morreram num terrível acidente ferroviário algumas páginas antes! Então, tudo deu certo no final.

A PONTE

"REVELAÇÃO"

Existe uma piada antiga que talvez você conheça sobre batistas, católicos, mórmons, qualquer grupo religioso considerado um pouco dogmático e convencido. São Pedro está conduzindo um recém-chegado ao Paraíso e indicando os pontos de encontro das várias denominações religiosas: aqui estão os budistas, ali os metodistas e assim por diante. Quando eles chegam a um grande muro, ele pede ao recém-chegado para passar bem devagar.

"Quem mora do outro lado desse muro?", pergunta o homem. "Os [batistas/católicos/mórmons]!", diz São Pedro. "Eles acham que são os únicos aqui!"

A exclusividade do Paraíso é questionada por muitas visões do pós-morte, mas talvez nenhuma de modo tão vívido quanto a de "Revelação", um conto de Flannery O'Connor publicado alguns meses após sua morte, em 1964. Flannery O'Connor era uma católica devota cujos retratos sombriamente engraçados do sul dos Estados Unidos com frequência enfatizam seus traços excêntricos e grotescos.

"Revelação" descreve uma tarde difícil na vida de Ruth Turpin, uma sulista respeitável e corpulenta que pensa longa e profundamente sobre seu lugar apropriado na sociedade. Ela costuma adormecer à noite organizando mentalmente a raça humana numa hierarquia de classe e mérito: "pessoas de cor" e os brancos da ralé na parte inferior, é claro, e um número ínfimo de pessoas ricas *e* bem-educadas no topo.

Nesse dia em particular, a sra. Turpin é forçada a confrontar uma série de indignidades, grandes e pequenas: uma mulher pobre na sala de espera do médico que insiste em puxar conversa, uma criança indisciplinada que não sai do caminho para que ela possa se sentar, uma estudante universitária irritada que avança sobre ela e a chama de "porca velha", e trabalhadores rurais negros que agora esperam cumprimentos amigáveis e água gelada quando colhem algodão. Ao pôr do sol naquela noite, a sra. Turpin está nos fundos da sua casa, dando comida aos porcos, quando, sem aviso, é atingida por uma surpreendente visão do Paraíso.

Em sua revelação, os fiapos de nuvem no céu ao entardecer se transformam numa longa ponte oscilante que se ergue da terra em direção ao céu "através de um campo de fogo vivo". Uma interminável procissão de almas sobe na direção das estrelas, cantando aleluias. Mas o que desestabiliza o universo ordenado e autossuficiente da sra. Turpin são as pessoas que compõem a multidão na ponte. Se você for um respeitável carola branco como Ruth Turpin, estará na ponte, mas estará perto do *final* da procissão, atrás de toda sorte de pessoas pobres e negras, e estranhos e lunáticos, "gritando e batendo palmas e pulando como sapos".

Dê uma olhada para trás enquanto atravessa a ponte. Os únicos que não estarão visivelmente felizes ao entrar no Paraíso são os piedosos, as pessoas dignas que estão no fim da fila. Como a sra. Turpin, eles finalmente perceberão o quanto é pequeno e dispensável o seu sentido de ordem e decoro aos olhos de Deus. "Ela podia ver pelos rostos chocados e alterados deles", escreveu O'Connor, "que até mesmo suas virtudes estavam sendo consumidas pelo fogo divino."

Uma Grande Desilusão

O CEMITÉRIO

LINCOLN NO BARDO

A palavra grega antiga para cemitério era *necropolis,* literalmente uma cidade dos mortos. E há uma longa tradição literária de ambientar aventuras pós-morte nas vibrantes comunidades *post mortem* dos cemitérios, desde a *Spoon River Anthology* [Antologia de Rio Spoon], de Edgar Lee Masters, até *The Graveyard Book* [O Livro do Cemitério], de Neil Gaiman. Por que o Outro Mundo não seria apenas o cemitério onde nossos entes queridos estão enterrados? Afinal, foi lá que decidimos colocá-los.

Em 2017, George Saunders ganhou o Prêmio Booker por seu romance *Lincoln in the Bardo* [Lincoln no Bardo]. A história se passa no Cemitério Oak Hill, em Georgetown, Washington, DC, na noite de 25 de fevereiro de 1862, após o funeral e enterro de Willie Lincoln, o filho de 11 anos do presidente dos Estados Unidos. As sombras em Oak Hill dão as boas-vindas a Willie, mas esperam que ele não permaneça por muito tempo. As crianças não costumam ficar no que é chamado de "pátio do hospital".

Veja bem, a coisa mais notável sobre os habitantes do cemitério de Saunders é que *eles se recusam a acreditar que estão mortos.* Como a maioria deles está apodrecendo na terra há décadas, isso requer uma capacidade incrível de enganar a si mesmo. Eles tentam se convencer de que logo se recuperarão do misterioso mal desconhecido que os separou de familiares e amigos.

APRENDA O IDIOMA

Para falar fluentemente o idioma dos mortos é preciso muitos eufemismos. As sombras chamam seus sepulcros de "casas", seus caixões de "caixas de doente" e seus cadáveres de "formas enfermas".

Se você optar por permanecer com os habitantes do seu local de descanso, será porque se recusou a abandonar algum fragmento de vida mortal – ou "aquele lugar de antes", como seus novos amigos o chamam. Você pode sentir culpa por más ações do passado ou arrependimento por algum sonho não realizado. Talvez esteja simplesmente muito apegado às pequenas belezas da terra ou tenha medo do desconhecido que o espera.

Esse não é um medo irracional! Um eclesiástico enterrado no Cemitério Oak Hill se viu sendo julgado num grande salão feito de diamantes. Um emissário de Cristo sentou-se à mesa de um banquete, iluminado por um pedaço irregular de topázio num suporte de ouro. Seres luminosos tocaram a própria testa e perguntaram: "Como você viveu? Conte a verdade". Eles produziram um espelho adornado e uma balança para testar o veredito, pesando o coração de cada alma. Os puros eram admitidos para banquetear com o Senhor numa tenda de seda branca, enquanto os culpados entravam num pavilhão feito de carne humana, no qual os condenados eram esfolados por um terrível animal e seus acompanhantes coléricos. O eclesiástico fugiu do julgamento com medo e decidiu que ficaria satisfeito se permanecesse em seu aconchegante cemitério.

Nesse pós-morte, sua forma fantasmagórica se transformará para refletir seus apegos terrenos. Se você sente falta dos seus amados filhos, suas imagens podem flutuar ao redor da sua cabeça como orbes gelatinosos. Se você era uma pessoa de posses, seu corpo prostrado pode girar como a seta de uma bússola, apontando para suas várias propriedades imobiliárias, pois elas ocupam seus pensamentos por turnos. Se você morreu por causa de um trauma ou até mesmo de uma ereção – bem, seu fantasma se transformará de acordo.

É cansativo passar o dia todo num caixão com seu corpo em decomposição e só sair dali à noite. É solitário nunca ser tocado e é mortalmente entediante nunca visitar nenhum lugar novo. Sua capacidade de interagir com o mundo é muito limitada; levantar ocasionalmente uma pequena nuvem de poeira ou assustar um animal é tudo o que as sombras conseguem fazer. No entanto, você se considerará parte da elite corajosa, os poucos sábios que não desistiram da luta pela vida. E, quanto mais tempo permanecer, mais você se tornará uma raridade, porque a grande maioria dos mortos acaba seguindo em frente.

Ocasionalmente, uma brisa quente entrará em seu cemitério, ou "pátio do hospital", seguida por uma explosão de bons odores e visões de flores, frutas, comida e bebida fluindo pela grama como rios. Seres de luz disfarçados de entes queridos tentarão convencê-lo a desistir do seu apego à mortalidade, então mantenha-se firme. Aqueles que cedem desaparecem num *flash* explosivo que os mortos chamam de "matérialuzquefloresce", acompanhado pelo estrondo de um "fogossom". Fragmentos de suas roupas cairão do céu. Você zombará daqueles homens e mulheres de fraca determinação. Desfrute do costume local de imitar o ato de urinar ou defecar na sepultura deles!

Mas talvez, em algum momento de crise no futuro, você também se deixe convencer pelos apelos do mundo que está por vir. Sua forma física de fantasma passará, num *flash*, por todas as fases da sua vida, desde a infância até a extrema velhice, mesmo que você nunca tenha vivido alguns desses anos. Quando você desaparecer numa explosão de fogo, perceberá como tudo isso era bobagem. Você nunca foi realmente você, ou sua vida. *Essa* era a ilusão; agora tudo é real e possível e belo. O tempo vai desacelerar até parar, e você passará a viver para sempre num único instante eterno.

Avante, Soldados Cristãos!

O EMPÍREO

PARAÍSO PERDIDO

John Milton ambientou seu poema épico *Paraíso Perdido,* de 1667, tanto no Céu quanto no Inferno, o que não é um problema teológico, mas definitivamente é um problema literário. Satanás é um péssimo modelo a seguir, mas ele é um personagem muito mais interessante do que Deus. Do mesmo modo, o "Céu Empíreo" de Milton é muito mais monótono do que seu Inferno, repleto de vulcões.

No final de *Paraíso Perdido,* o arcanjo Miguel promete que Deus por fim destruirá o Inferno de Satanás e erguerá o novo céu e terra prometidos no Livro do Apocalipse. Presume-se que seja para lá que você irá se escolher um paraíso à moda de Milton. Mas vamos supor que ele seja mais parecido com o céu descrito em *Paraíso Perdido.*

Se isso for verdade, você chegará a uma região cercada por uma parede de cristal e entrará pelo umbral ardente de sua porta dourada, que se abrirá e se fechará automaticamente para você, como num shopping. Faça uma pausa para admirar as vistas esplendorosas do "hialino transparente" do firmamento e do plano terreno visível abaixo. Em seguida, vire-se e siga pela larga estrada para o Céu, pavimentada com estrelas e poeira dourada. Aqui de baixo, você já conhecia isso no céu noturno pelo nome de Via Láctea.

Abaixo do firmamento cristalino, o Céu tem colinas, vales, rochas, águas e bosques. O tapete verdejante sob seus pés é um "mar de jaspe" verde, pontilhado de rosas celestiais roxas. A estrada leva à Colina Sagrada, onde ficam dois tronos. Você provavelmente consegue distinguir o Filho sentado à direita de Seu Pai, mas o grande homem em si estará escondido numa nuvem dourada; a glória de Deus é tão brilhante que até os serafins cobrem os olhos com suas asas. Quando Ele fala com Sua voz trovejante, uma fragrância ambrosíaca enche o Empíreo; quando Ele está com raiva, fumaça e chamas envolvem Seu trono.

FORA DO CAMINHO DE TERRA BATIDA

Algumas das melhores e mais incomuns atrações do Céu estão fora da estrada principal. Quando tiver tempo, faça um passeio até a caverna onde vivem o Dia e a Noite, alternando suas visitas à Terra. Ou siga seu nariz até o altar dourado, onde incenso perfuma as orações dos justos, antes que Cristo as apresente ao Pai.

Como um anjo, você passará a maior parte dos dias sentado numa "alegre comunhão" ao redor da Fonte da Vida e do Rio da Bem-Aventurança, um riacho de âmbar que flui sobre flores elisianas. Uma flor chamada amaranto foi transplantada para cá do Éden quando Adão foi expulso, e você tecerá suas flores em sua coroa dourada. Quando as trombetas soarem, você se congregará ao trono de Deus com o Coro Celestial. Provavelmente, terá uma harpa dourada pendurada no ombro como uma aljava de flechas; se a harpa não for o seu estilo, você pode se juntar às "suaves afinações" de órgão, flauta ou saltério. Incontáveis anjos acompanham os hinos, dançando ao redor da colina sagrada, num balé intrincado e místico que reflete o movimento harmônico das esferas celestiais. Nos horários de intervalo designados, banquete aparecem num passe de mágica, com as mesas carregadas de frutas celestiais e néctar rubro em copos de ouro, diamante e pérola. No crepúsculo do Empíreo, pavilhões aparecem na planície onde todos podem dormir, exceto Deus, é claro, e aqueles designados para louvá-Lo a noite toda em turnos.

Mas essa atmosfera tranquila pode mudar num instante se o Céu precisar ir para a guerra. Então, a hoste celestial se divide em fileiras e companhias: Tronos, Potestades, Dominações, Principados, Virtudes, Poderes e assim por diante. Literalmente, milhões de bandeiras cercam o trono, cada uma delas inscrita com as grandes campanhas de "zelo e amor" realizadas pelos anjos que as seguram. Dois montes de latão nas proximidades são onde Deus mantém o arsenal do Céu: Seus carros, Seus cavalos ardentes. A memória da rebelião de Satanás significa que esse é um paraíso militarizado. Você está no exército agora.

Paraíso com Marca Registrada

AS CINCO LIÇÕES

AS CINCO PESSOAS QUE VOCÊ ENCONTRA NO CÉU

Em 2003, cheio de uma confiança que provavelmente foi resultado de ter vendido 14 milhões de cópias do livro *Tuedays with Morrie* [Terças-feiras com Morrie], o jornalista esportivo de Detroit, Mitch Albom, decidiu que estava pronto para um desafio *de verdade*: escrever seu primeiro romance e revelar o que realmente acontece no pós-morte. O resultado foi o livro *The Five People You Meet in Heaven* [As Cinco Pessoas que Você Encontra no Céu], que passou quase dois anos nas listas de *best-sellers* e chegou até a ser adaptado para um filme feito para a TV estrelado por Jon Voight.

Albom imagina um céu onde ninguém perde tempo vagando pelas nuvens, porque "não faz sentido um cenário sem uma sensação de conforto e alívio". Em vez disso, as pessoas vão para o Céu a fim de encontrarem paz ao finalmente entenderem suas próprias vidas. Afinal, o que realmente estava acontecendo aqui na Terra o tempo todo? Essa nova perspectiva é fruto das lições aprendidas com um quinteto de pessoas, cada uma delas ocupando um "bolsão" diferente do Céu.

Depois da sua morte, você se verá flutuando num céu de cores mutantes, que vão de um turquesa vívido a um rosa algodão-doce. Logo você verá águas coloridas se movendo abaixo de você e as areias distantes de uma costa dourada. *Splash*! O mar o envolverá e é assim que você chega ao Céu.

Os cinco bolsões do Céu que você visita, e talvez até mesmo as lições específicas que aprende, pertencem às cinco pessoas que você encontra. Alguns podem ser recriações de lugares que você conheceu em vida; outros não. No início, você não poderá falar, mas isso passará em breve. Seu corpo recuperará a juventude, embora isso também seja passageiro. À medida que as cinco lições avançam, você também recapitula a sua vida e vai envelhecendo.

Isso acontece porque o tempo, como o entendemos, não existe no Céu. Quando chega, você está morto há um minuto, um dia, dez mil anos. Algumas das suas cinco lições parecerão breves conversas; outras podem ser reuniões alegres com entes queridos que parecem durar semanas.

Albom baseou seu protagonista morto, um homem responsável pela manutenção de um parque de diversões, em seu próprio tio Eddie. No Céu, Eddie encontra um esquisitão que fazia espetáculos no parque de diversões da sua infância, seu antigo comandante do exército, uma garçonete que o reapresenta ao seu pai abusivo, sua própria falecida esposa e uma garota filipina morta por seu batalhão durante a Segunda Guerra Mundial. Eles oferecem pequenas epifanias como "O perdão é importante" e "Você fez mais bem do que imagina"; portanto, baixe sua expectativa de resolver os grandes mistérios da vida. Ninguém se oferece para dizer a Eddie qual era a religião correta, por exemplo, ou o que aconteceu com Amelia Earhart[3].

Todas as pequenas máximas que você ouve pretendem transmitir o "segredo" do Céu: que todos nós estamos conectados e a história de cada pessoa faz parte de uma única e grande história. Depois de entender isso, você flutua para cima, em direção ao Céu, e ouve a voz de Deus dizendo apenas uma palavra: "Lar". Mas o Todo-Poderoso tem planos para colocá-lo para trabalhar. Você está indo para seu próprio bolsão do Céu agora, mas passará seu tempo esperando na fila até que outra alma morra, de modo que você possa se juntar a outras quatro pessoas para lhe contar suas histórias.

3. Amelia Earhart foi uma pioneira da aviação nos Estados Unidos e desapareceu misteriosamente durante uma tentativa de voar ao redor do mundo, em 1937. (N. da T.)

Borrifada para o Futuro

A MEIA-VIDA

UBIK

A ficção científica alucinante de Philip K. Dick explorou tanto o futuro da tecnologia quanto os mistérios interiores da consciência humana. Mas uma de suas melhores obras, o romance *Ubik*, de 1969, também traça um caminho para o pós-morte.

Ubik se passa no futuro distante de 1992, mas nesse 1992 todos estão realmente interessados em fenômenos psíquicos, não em música grunge e bonés do Malcolm X. É um mundo de *precogs* e *psis* (telepatas) e pessoas com todos os outros dons paranormais que você possa imaginar, a maioria delas sendo usada umas contra as outras na guerra corporativa. Os ricos vivem vidas prolongadas graças aos "*artiforgs*" (órgãos artificiais implantados). E mesmo quando morrem, na verdade, não estão mortos.

Como um habitante abastado da Confederação Norte-Americana em 1992, você pode escolher, após a morte, enviar seu corpo para uma moratória de "meia-vida", na qual os mortos são armazenados em caixões de vidro-fumê, num processo chamado "bolsas térmicas". Um amplificador protofásico sintonizado com sua atividade cefálica permitirá que você se comunique com seus entes queridos por um número específico de horas pós-morte. Eles o visitarão em salas de consulta, onde você será revivido e falará com eles por meio de microfones e fones de ouvido. Você pode usar suas horas de visitação de uma só vez ou distribuí-las ao longo de séculos, é você quem define.

Como é a meia-vida quando você não está sendo revivido para uma conversa? Você sonha, sem ter noção do tempo que se passou entre as consultas. No início, você ainda sentirá a atração da gravidade e sua identidade terrestre, mas isso desaparecerá ao longo dos anos. Através de uma espécie de osmose psíquica, os sonhos dos seus vizinhos de caixão se misturarão aos seus e vocês poderão interagir num mundo virtual compartilhado.

A maior parte da história de *Ubik* ocorre numa simulação compartilhada de meia-vida, depois que os personagens são abruptamente mortos pela explosão de uma bomba na Lua. Antes que você presuma que é sobrevivente de um acidente ou doença fatal, procure os sinais indicativos de que está, na verdade, morto e congelado na meia-vida. Você sente frio o tempo todo? Está ouvindo vozes misteriosas nos telefones? Seu ambiente está aos poucos se decompondo em pequenos fragmentos, deslizando inexoravelmente para o passado?

Esse último fenômeno será o mais chocante para você. De repente, as moedas nos seus bolsos podem começar a se transformar em moedas antigas. Os mantimentos na sua geladeira estarão estragados, seus livros muito desatualizados. Objetos serão substituídos por seus predecessores do reino das formas puras de Platão; por exemplo, uma televisão se transformará num rádio, não num pedaço de plástico e vidro.

Através do foco mental, você pode conseguir retardar o envelhecimento: impedir que o creme azede em seu café, por exemplo, ou fazer com que o seu gramofone volte a ser um aparelho de som. Mas isso é apenas temporário. Logo, a entropia o assaltará também. Você sentirá um puxão oceânico para baixo, uma vontade de se afastar das pessoas e esticar as canelas. Não ceda a isso! Do contrário, seus colegas de meia-vida descobrirão seu corpo mumificado na manhã seguinte, desta vez morto para sempre.

Esse envelhecimento virtual acelerado está sendo causado, na verdade, por um ou alguns dos seus vizinhos de moratória, que descobriram como canibalizar sua energia vital para prolongar um pouco mais a atividade cefálica *deles*. "O que você precisa é de um Ubik novo e melhorado! Coloque um brilho na sua vida! Seguro quando usado conforme as instruções!"

Ubik é um produto de consumo que pode entrar em suas visões na forma de uma lata de aerossol com um rótulo em grandes letras douradas. Dê uma borrifada de Ubik e um vapor cintilante cheio de partículas metálicas dançantes fornecerá um suporte de realidade imediato, retardando o desmoronamento do seu mundo construído. Veja, você tem aliados dormindo perto de você em meia-vida e eles descobriram como ionizar as partículas antiprotofásicas que estão sugando a vitalidade dos seus sonhos. Ubik é o oposto da entropia. É criação. É Deus. "Eu sou Ubik. Antes que o universo existisse, eu existia."

Mas uma lata de Ubik não durará para sempre. Quanto mais você sonha, mais terá devaneios com outros tempos, outras identidades. Isso é um sinal de que seu tempo na meia-vida está chegando ao fim. Você verá luzes ao seu redor na escuridão, outros úteros nos quais sua alma pode reencarnar. Assim como no Bardo tibetano, você precisará procurar um útero rosa brilhante, não um vermelho opaco. É assim que você saberá que sua próxima vida completa será melhor do que sua atual e gelada meia-vida.

Observando os Detetives

O MEIO-TERMO

UM OLHAR DO PARAÍSO

O *best-seller* de 2002 de Alice Sebold, *The Lovely Bones* [Uma Vida Interrompida – Memórias de Um Anjo Assassinado][4], empresta um truque de filmes como *Crepúsculo dos Deuses* e *Beleza Americana*: o narrador morto. Do Céu, Susie Salmon, de 14 anos, assiste à vida seguir após ser assassinada por um vizinho sinistro. E não é só Susie. É um paraíso perfeito para voyeuristas; todos ali gostam de observar.

"Este vasto, vasto Céu", como Susie o descreve, abrange todos os seus desejos, não importa quão simples eles sejam. É uma casa que tem todos os pequenos detalhes arquitetônicos que a pessoa ansiava em vida, uma sorveteria que oferece seu sabor favorito durante o ano todo. Pode ser qualquer coisa que você já tenha sonhado: "Nova Escócia ou Tânger ou o Tibete". Se você quiser algo *e entender por quê*, você o terá. Como Susie morreu muito jovem, seu pós-morte, especificamente, é composto dos prédios baixos, em tons de turquesa e cor de laranja, de um típico campus de escola secundária americana da década de 1960, mas sem professores nas salas de aula. É o Paraíso, afinal.

Um anfitrião será designado para lhe mostrar o Paraíso quando você chegar. Estradas aparecerão levando a novos destinos conforme você escolher segui-las. Talvez você queira um reencontro alegre com parentes falecidos ou apenas um ou

4. Adaptado para o cinema em 2009, recebeu o título de *Um Olhar do Paraíso.* (N. da T.)

uma colega de quarto para lhe fazer companhia em seus passeios. O Paraíso pode ser tão social quanto você quiser; você vê outras pessoas sempre que sua ideia de Paraíso se sobrepõe à delas. Mas esteja avisado de que elas podem estar (compreensivelmente) obcecadas com a morte. "Como Cometer o Assassinato Perfeito" é um jogo de salão popular ali.

Provavelmente é por isso que muitos mortos passam seus dias no "Meio-Termo azul, azul", onde o horizonte do céu se encontra com o da terra. Você pode observar todas as pessoas se movendo como formigas, como se estivesse num arranha-céu, ou se imaginar pairando sobre elas.

DICA PARA VIAJANTES ESPERTOS

Para as vistas aéreas mais interessantes, tente os telhados de lugares como hospitais e casas de repouso. Lá você pode assistir às almas dos recém-falecidos flutuando e girando como vaga-lumes ou flocos de neve.

Com mais frequência, é provável que você observe aqueles que conheceu em vida. Há uma leve sensação de prazer quando um dos vivos diz seu nome, uma pontada de tristeza quando alguém se lembra de como você morreu. As vozes que você ouve ao seu redor são outras almas mortas conversando com os entes queridos que estão observando, em longas conversas unilaterais. Susie chama isso de "o barulho do nosso desejo". Alguns dos vivos observados se tornam tão populares no Céu que realmente têm fãs animados, como adolescentes fazendo algazarra por causa de uma cópia da revista *Tiger Beat*.

Na maior parte do tempo, a vida na Terra chegará até você como uma imagem; você terá que se imaginar nos lugares que conhece. Pode ser frustrante. Mas, ocasionalmente, o contato é possível. Os vivos podem sentir um calafrio quando você passa por eles, perceber uma brisa inexplicável ou ouvir um sussurro fraco. Você pode ser capaz de afetar o clima ou fazer plantas florescerem. Se esforce o suficiente no Meio-Termo e você talvez até seja visto, embora os vivos possam vislumbrá-lo com cordões etéreos tremulando atrás de si ou um véu de musselina ocultando seu rosto. As crianças só pensarão que você é um amigo imaginário; adultos sensíveis podem desconfiar do que se trata.

Em raras ocasiões, uma alma morta pode trocar de lugar com uma viva e habitar brevemente um corpo. Quando Susie faz um truque póstumo do tipo que aparece no filme *Sexta-Feira Muito Louca*, ela finalmente se encontra com seu amor platônico do ensino médio possuindo o corpo da sua amiga Ruth. Enquanto isso, Ruth voa até o céu e realiza um recital para seus fãs já falecidos. É provavelmente melhor não examinar muito de perto essa parte do livro.

Os vivos são tão importantes para os mortos que o título original do livro, *The Lovely Bones* [Ossos Adoráveis], na verdade, não se refere aos restos mortais de Susie Salmon (que nunca foram encontrados, aliás). É uma referência às ligações pessoais, à estrutura de um grupo de pessoas que se forma pela sua ausência. Nesse Paraíso, os verdadeiros ossos adoráveis são os amigos que fizemos ao longo do caminho.

"Vós que entrais, abandonai toda a esperança."
As Portas do Inferno

INFERNO

A DIVINA COMÉDIA

A obra-prima de Dante Alighieri, *A Divina Comédia,* narra sua jornada pelos três reinos do pós-morte, mas a maioria dos leitores salta as sequências e vai direto para seu passeio extravagante e horrendo pelo Inferno. Teoricamente, o Inferno deveria abrigar as centenas de milhões de seres humanos não batizados de todo o planeta, mas, de algum modo, Dante encontra principalmente seus personagens literários favoritos da Antiguidade e seus oponentes políticos da Florença do século XIII, agora recebendo suas várias punições merecidas. Isso é o mais incrível sobre o Inferno: são nove grandes círculos, mas ainda parece uma cidade pequena do interior.

O Inferno de Dante é literalmente um poço, um abismo em forma de funil, que se estreita dramaticamente no fundo, onde se aproxima do centro da Terra. Um caminho em espiral o levará através de cada um dos círculos ao longo da sua borda, os famosos nove círculos do Inferno. Cada reino abriga um tipo diferente de pecador, organizado meticulosamente de acordo com a ética aristotélica. Os cinco primeiros círculos são punições para os pecados da incontinência, ou seja, da falta de autocontrole. Os infernos mais profundos são reservados para os pecados mais graves, como a violência e a traição.

Quando você chega ao Inferno através do seu icônico portão (não deixe de ver a famosa inscrição melancólica!), você será apresentado ao Rei Minos e confessará seus pecados a ele. Preste atenção enquanto ele enrola a cauda da sua serpente ao redor do próprio corpo, pois o número de voltas indicará para qual dos círculos do Inferno você irá.

ATRAÇÕES PRINCIPAIS

A CIDADE DE DIS – No Quinto Círculo do Inferno, você pode acender uma chama numa torre de ameias e Flégias aparecerá para levá-lo pelo rio Estige até Dis (Flégias, como muitos personagens de Dante, é um rei da mitologia grega de quem ninguém se lembra ou com quem ninguém se importa). O que é Dis? Bem, é uma cidade espetacular de minaretes, iluminada pelas fornalhas infernais abaixo. Evite a Medusa e as Fúrias, que guardam suas muralhas, ou você será transformado em pedra. Uma vez lá dentro, você terá uma surpresa: toda a cidade é um vasto e sombrio cemitério, com chamas saindo de um mar de túmulos abertos (esse é o Sexto Círculo, onde os hereges queimam eternamente).

O POÇO CENTRAL – Não interrompa sua espiral descendente antes de ver o Nono Círculo, o fundo do Inferno! O núcleo do universo é um lago congelado onde os piores pecadores de todos, os traidores, estão presos no gelo. As três regiões externas abrigam aqueles que traíram a família, a pátria e os hóspedes. A quarta região é reservada para aqueles que traíram seus senhores, e Lúcifer está aqui, um torso gigantesco emergindo do gelo. Foi aqui que ele aterrissou quando Deus o lançou do Céu. Suas seis asas de morcego, quando batem, produzem o frio que condiciona o ar do poço, e seus três rostos monstruosos são vermelho, amarelo e preto. Em cada uma de suas bocas, ele mastiga um dos grandes traidores da história: Bruto, Cássio e Judas Iscariotes.

OUTRAS ATIVIDADES IMPERDÍVEIS

O CÍRCULO DA VIOLÊNCIA – Não tenha pressa para chegar ao Sétimo Círculo do Inferno, porque vai levar um tempo para você se acostumar com o cheiro. Você pode avistar o Minotauro, que guarda esse nível assim como guardava o Labirinto de Creta. Em seu primeiro anel, assassinos de vários tipos fervem no Flegetonte, um rio de sangue. O segundo anel é a Floresta dos Suicidas (veja página 131). O terceiro é para aqueles que cometeram violência contra Deus e a natureza: blasfemos, agiotas e (segundo Dante) sodomitas. Eles se deitam, agacham-se ou correm, tentando inutilmente se proteger de uma chuva de fogo, que os persegue num deserto de areia ardente.

O MALEBOLGE – O Oitavo Círculo do Inferno, ou Malebolge ("Fossas do Mal"), é, na verdade, dez círculos em um: abismos circulares concêntricos, separados por altas cristas rochosas, cada um com um ecossistema de pecadores muito diferente. Aqui está um pequeno resumo. No primeiro abismo, demônios com chicotes marcham atrás de cafetões e sedutores, fazendo-os andar em círculos. No segundo, bajuladores são chicoteados em meio a excrementos humanos. O terceiro abismo é para religiosos gananciosos e corruptos, mas você só verá os pés deles! O restante do corpo deles está enfiado de cabeça para baixo em buracos redondos na rocha. O quarto é um lento cortejo de adivinhos, todos com a cabeça voltada para trás, vertendo lágrimas copiosas que escorrem pelas suas costas até a fenda entre as nádegas. No quinto abismo, políticos afeitos a subornos são fervidos em piche e perfurados com ganchos e garras por torturadores mais acima, e o sexto abismo é para hipócritas, cujas túnicas que parecem de monges são mais pesadas que chumbo. O sétimo abismo é o destino dos ladrões (veja página 131) e o oitavo é para conselheiros perversos, cada um aprisionado em sua própria chama. No nono abismo, semeadores de discórdia são constantemente transpassados pela espada ensanguentada de um demônio. O décimo é uma pilha de corpos enfermos em decomposição: vários tipos de enganadores. Alquimistas charlatães agora são leprosos, impostores são loucos, falsários têm hidropisia e perjuros queimam de febre.

ONDE FICAR

Comparadas aos seis círculos inferiores do Inferno, descritos anteriormente, as regiões superiores da incontinência parecem bastante acolhedoras.

O PRIMEIRO CÍRCULO – Uma "primeira" escolha natural quando se trata de acomodações, mas é lotado e se esgota rapidamente. Este é um Inferno com uma ressalva; na verdade, é o limbo para todas as pessoas que de alguma forma viveram uma vida virtuosa *apesar* de serem pagãs desprovidas de Deus. Todas elas ficam num majestoso castelo situado num campo de relva exuberante. Muitos grandes líderes e pensadores estão aqui: Homero! Aristóteles! César! Azar deles que todos tiveram o terrível azar de nascer antes de Jesus, uma época em que era muito mais difícil ser cristão.

O SEGUNDO CÍRCULO – A luxúria deve ser o pecado menos grave, porque este é o nível intermediário do Inferno, logo abaixo do "saguão". Trata-se de uma caverna escura onde os que foram libidinosos (Cleópatra, Páris e Helena de Troia) são espancados e arremessados de um lado para o outro por uma grande tempestade, assim como seus hormônios devem tê-los arrastado durante suas vidas.

O TERCEIRO CÍRCULO – Um pântano fedorento de chuva, granizo e neve lamacenta. Dica de viagem: se o horrível Cérbero tentar abocanhar a sua carne aqui, encha as três bocas da criatura com punhados de terra para temporariamente saciar sua fome.

O QUARTO CÍRCULO – Plutão, o deus da riqueza, governa este reino em que os gananciosos são punidos (sim, é confuso pensar que esse Inferno cristão esteja cheio de figuras da mitologia pagã!). Avarentos e esbanjadores empurram grandes pesos para frente e para trás aqui, gritando uns com os outros o tempo todo. Muitos são clérigos.

O QUINTO CÍRCULO – Aqui é onde os irados rosnam e borbulham num pântano fétido do rio Estige. Por fim, algo pelo qual se indignar com razão!

COMO SE LOCOMOVER

Você cruzará o rio Aqueronte até o Inferno no barco de Caronte, um velho grisalho com olhos flamejantes. Normalmente, os círculos do Inferno são bem interligados por trilhas e pontes, mas o grande terremoto que abalou o poço quando Cristo foi crucificado deixou deslizamentos de terra e destroços. Se você encontrar um beco sem saída, pode precisar ser criativo para sair dali. Para ir do Sétimo Círculo para o Oitavo, por exemplo, você pode subir nos ombros de Gerião, um monstro voador com cauda de escorpião, que agora serve como um bom elevador. Uma vez no Oitavo Círculo, você pode praticar seu *parkour* como Virgílio costumava fazer, deslizando pelas paredes íngremes do poço, escorregando de forma controlada. Só não peça orientações aos moradores da região! Malacoda, que lidera os demônios do Oitavo Círculo, adora dar orientações erradas, que deixam os viajores errantes presos no fundo de um abismo.

CONHEÇA OS HABITANTES DA REGIÃO

Malacoda tem um talento incrível: ele pode convocar suas tropas demoníacas soltando uma fanfarra militar com flatulências. É preciso admirar o controle dele sobre seu esfíncter.

ONDE COMER E BEBER

Nas refeições no Inferno, você não costuma ser o comensal, infelizmente. Você é um prato do cardápio.

O VESTÍBULO – Logo atrás do Portão do Inferno, fica esta sala de espera nebulosa que abriga o espírito de pessoas (e até anjos) que não escolheram nem o bem nem o mal. Enquanto correm em círculos, perseguindo uma bandeira desfraldada, essa multidão ruidosa é atacada por vespas e abelhas. O sangue e as lágrimas produzidos por suas picadas alimentam os vermes que você verá se contorcendo aos seus pés. Que nojo!

A FLORESTA DOS SUICIDAS – Esta floresta sombria e emaranhada no Sétimo Círculo do Inferno parece solitária a princípio, mas as árvores são na verdade os condenados, presos para sempre em troncos de madeira pelo pecado da violência contra si mesmos. Bandos de harpias fazem ninhos em seus galhos e se alimentam de suas folhas.

O ABISMO DOS LADRÕES – Este anel do Oitavo Círculo está repleto de serpentes, que se enroscam nos pecadores. Se você for picado por uma serpente, se transformará num réptil, ao mesmo tempo que ela assume a sua forma, e o ciclo de tormento continuará.

Este Twain Está Destinado à Glória

O REINO

"A VISITA DO CAPITÃO STORMFIELD AO CÉU"

A última história publicada por Mark Twain antes da sua morte foi "Extract from Captain Stormfield's Visit to Heaven". Tratava-se de um trecho de uma sátira mais longa que ele vinha revisando havia quase quarenta anos, sobre um capitão do mar velho e ranzinza que esperava ir para o Inferno quando morresse e ficou surpreso ao se encontrar no Paraíso. A história ficou inédita por décadas porque a esposa de Twain, Livy, considerava a representação do Céu muito irreverente.

Após deixar seu corpo sem vida, o Capitão Elias Stormfield se vê voando pelo espaço à velocidade da luz. Tenha cuidado para não cometer o mesmo erro que ele! É tentador esquecer do tempo enquanto conversa com seus colegas viajantes e competir com os cometas que passam zunindo por você, enquanto entregam enxofre ao Inferno. Stormfield fica tão distraído com sua emocionante aventura cósmica que trinta anos se passam e, quando ele por fim chega ao além, está num dos portões mais remotos do Céu, a anos-luz da Terra. Todos os atendentes estão confusos e todas as almas que chegam são alienígenas azuis-celestes, com sete cabeças e apenas uma perna.

Se você prestar atenção, verá uma entrada celestial mais próxima do *nosso* sistema solar. É difícil não notar os espetaculares portões para o Reino do Céu, ornamentados com joias: com quilômetros de altura e incrustados num paredão infinito de ouro. Fique na fila e informe a um atendente o nome do seu planeta natal. Ele usará um balão para navegar em seu enorme mapa estelar e encontrar a Terra entre bilhões de mundos no Cosmos. Se você estiver no portão errado, como o Capitão Stormfield estava, poderá usar um tapete vermelho dos desejos para se transportar para a parte certa do Céu. Caso contrário, o atendente lhe fornecerá no mesmo instante uma harpa, hinário, asas, halo e um ramo de palmeira e você poderá seguir para o seu banco de nuvens. Você foi aceito!

Mas, se você acredita num Céu tradicional, Twain diz que ainda terá algumas surpresas pela frente. As nuvens do Reino do Céu estão cheias de halos e hinários descartados, porque os recém-chegados logo se cansam deles. As grandes asas felpudas são difíceis de manejar caso se queira voar de verdade, e cantar no coro celestial fica chato depois do primeiro dia. Por fim, todos acabam escolhendo uma ocupação e vão ganhar a vida. É preciso haver trabalho, dor e sofrimento até mesmo no Céu, senão ninguém poderia apreciar a felicidade, por contraste.

No Céu, você pode escolher qualquer idade que queira ter e, a princípio, a juventude eterna o deixará muito tentado. Mas o que mais surpreende é que quase todos no Reino do Céu acabam escolhendo ter uma idade avançada, mesmo aqueles que morreram jovens! Você logo enjoa da superficialidade e da presunção da juventude depois que experimenta a vida tranquila da velhice, com seu hábito de ir dormir cedo.

PLANEJE SUA VIAGEM

Nossa parte do Reino do Céu tem os mesmos contornos geográficos da Terra, mas numa escala bilhões de vezes maior. Se você é branco, não se surpreenda se constatar que há pouquíssimas pessoas brancas ali, mesmo se estiver no local equivalente ao céu da América do Norte. Afinal, como o Capitão Stormfield é lembrado, as outras etnias ocuparam a maioria dos cantos do globo por milênios antes de os brancos aparecerem por lá.

Como é possível deduzir pelo nome, o Reino do Céu não é uma democracia. Existem cem ordens de nobreza, de vice-reis e príncipes e arcanjos grão-ducais às massas. Isso significa que há uma cultura de celebridades surpreendentemente semelhante à de Los Angeles no Céu e os plebeus passam milhares de anos esperando para avistar Moisés, Buda ou Maomé (ou celebridades ainda mais importantes, como os poetas interestelares Saa e Bo e Soof, em uma de suas raras aparições públicas).

Felizmente, o Céu está cheio de profetas dos quais você nunca ouviu falar e que são tão exaltados quanto os grandes mestres religiosos. Pessoas anônimas comuns que ajudaram os outros sem fazer alarde ou criaram grandes obras de arte apenas para si mesmas por fim recebem sua recompensa ao lado de Confúcio, Shakespeare,

Homero e todos os grandes nomes. Tome como exemplo Richard Duffer, um modesto e virtuoso fabricante de salsichas de Hoboken, em Nova Jersey. Ele ficou chocado com a grande recepção que teve no Reino do Céu, pois achava que não tinha sido bom o suficiente para ir para o Céu e que seria levado para o outro lugar. Talvez você também tenha uma agradável surpresa!

A Ferrovia Celestial

ESTAÇÃO KING'S CROSS

OS LIVROS DE HARRY POTTER

Nos últimos anos do século XX, a estação londrina King's Cross tornou-se um destino popular para os fãs de Harry Potter, em busca da "Plataforma 9 ¾", a plataforma ferroviária mágica onde Harry e seus amigos embarcam no Expresso de Hogwarts para sua escola de magia. (Mesmo que os bruxos possam aparatar, eles também gostam de locomotivas lentas e antiquadas. Será uma tendência *steampunk*[5]?) Mas, em 1999, a estação ferroviária da vida real atendeu ao pedido do público, dando aos fãs uma oportunidade para tirar fotos com um carrinho de bagagem mágico (e depois entrar numa loja de souvenirs). Mas até que ponto você é fã de Harry Potter? Você o seguiria até a grande King's Cross no Céu?

J.K. Rowling sempre foi um pouco evasiva sobre a vida após da morte no universo mágico de Harry Potter. Não é possível andar dez passos no Castelo de Hogwarts sem encontrar um fantasma, como a Murta Que Geme ou o Pirraça, mas essas aparições prateadas são a exceção, não a regra. Fantasmas são aqueles raros bruxos que escolheram deixar uma pálida impressão de si mesmos na Terra em vez de "seguir em frente". O fantasma da casa Grifinória, Nick Quase Sem Cabeça, admite a Harry que tinha medo da morte e agora questiona sua decisão de permanecer na

5. O termo *steampunk* se relaciona com um estilo estético e cultural que combina elementos do passado, especialmente da era vitoriana ou da Revolução Industrial, com tecnologia avançada ou futurística. Ele deriva da combinação das palavras *steam* (vapor, em inglês) e *punk* (estilo cultural que desafia convenções). (N. da T.)

matéria. Do mesmo modo, as paredes do gabinete de Dumbledore são decoradas com retratos de antigos diretores de Hogwarts que andam e falam, mas esses são apenas memoriais, não são as almas dos falecidos professores.

A vida após a morte tem sido estudada pelo Departamento dos Mistérios, uma espécie de área secreta mágica, no nono andar do Ministério da Magia, onde funcionários ultrassecretos chamados "Inomináveis" exploram as grandes forças da natureza. A Câmara da Morte, onde estudam o maior mistério de todos, é um grande anfiteatro com um arco de pedras desgastadas no centro. O arco é decorado com uma cortina negra esfarrapada que tremula com brisas invisíveis, uma manifestação do véu entre a vida e a morte. Ouça atentamente e você vai escutar os sussurros sedutores de vozes do Além. (Ou talvez não. Hermione não os ouvia, talvez por causa do seu temperamento racional ou sua falta de experiência pessoal com a morte.) Mas não ceda ao desejo avassalador de atravessar o arco! Trata-se de um portal para a morte, obviamente. Aqueles que entram nunca retornam.

Um artefato mágico chamado Pedra da Ressurreição é uma das lendárias Relíquias da Morte na tradição dos bruxos. Vire essa pedra de aparência comum três vezes e você pode evocar uma manifestação ou imagem dos mortos. São realmente seus entes queridos? Talvez, mais ou menos. Mas eles estão tristes e frios e sofrem ao serem devolvidos ao mundo mortal. Quando Harry Potter traz brevemente seus pais, Sirius Black e Remo Lupin de volta, eles aparecem como versões mais jovens de si mesmos e agem como seus protetores, insubstanciais como são.

Mais tarde nesse mesmo dia, quando Voldemort atinge Harry com uma Maldição da Morte, ambos se encontram num mundo vazio, de luz e vapor. Se você chegar a esse mesmo Além, provavelmente poderá moldar seus arredores da maneira que desejar. Harry chega nu, mas encontra roupas assim que pensa nelas. Enquanto olha ao redor, o vapor aos poucos se condensa numa versão deserta da estação de trem King's Cross. O falecido Alvo Dumbledore aparece para ele e explica que, pelo fato de ele ver esse "limbo" como uma estação, provavelmente poderia pegar um trem ali que o levasse "adiante". Voldemort, no entanto, está preso ali com a aparência de uma criança trêmula e deformada, enrodilhada no chão. Sua alma não pode deixar o limbo da ferrovia e seguir em frente, porque passou sua vida sem nariz sendo muito perverso.

É "quente, iluminado e pacífico" na King's Cross Celestial, e ali se perde a noção do tempo. Passaram-se horas ou instantes? A felicidade emana daqueles que você encontra lá e parece que você pode ficar pelo tempo que quiser. Quando Harry pergunta se tudo isso está acontecendo apenas em sua cabeça, Dumbledore responde: "Claro que está acontecendo dentro da sua cabeça, Harry, mas por que diabos isso significaria que não é real?".

Tudo ao Mesmo Tempo Agora

MANSOUL

JERUSALEM

Vivemos num universo com três dimensões conhecidas: comprimento, largura e altura. Mas e se houvesse uma quarta dimensão espacial que se estendesse numa *nova* direção impossível de visualizarmos, perpendicular a cada uma das outras três? E se essa nova dimensão fosse a vida após a morte?

O volumoso romance de Alan Moore, *Jerusalem*, publicado em 2016, cobre milênios de história na cidade natal do autor, Northampton, Inglaterra. Mas também passa centenas de milhares de palavras descrevendo a dimensão de Mansoul, o "Second Borough" ["Segundo Distrito"], a vida após a morte eterna acima da cidade de Northampton. Bem, não exatamente "acima".

Quando você segue "para cima" no momento da morte, sente como se estivesse subindo em direção ao teto, e os cantos das paredes ficam de repente se projetando, não recuando, como num daqueles estranhos desenhos de ilusão de óptica com cubos. Quando atravessar os umbrais da quarta dimensão (ou a "*crook door*" [porta torta]) para Mansoul, seus parentes falecidos estarão lá para recebê-lo. Pode ser difícil falar com eles a princípio, antes de você receber seus "*Lucy-lips*" [lábios de Lucy]. A fala da quarta dimensão desenvolve seus significados em geometrias verbais densamente compactadas que não temos na Terra, e até os tempos gramaticais são diferentes. Você precisará de um verbo como "*wizzle*"[6], por exemplo, para dizer "era", "é" e "será", tudo de uma só vez.

Isso porque, em Mansoul, todos os momentos acontecem ao mesmo tempo. Alan Moore é um defensor do eternalismo, a noção de que todo o tempo (passado, presente e futuro) faz parte de um sólido complexo que já existe e pode ser visto como um bloco único, de fora para dentro. Então, quando você emergir da sua vida mortal, poderá ver tudo isso a partir dos "Attics of the Breath" [Sótãos do Alento], uma arcada coberta, com um quilômetro de largura e que parece se estender por uma distância aparentemente infinita de ambos os lados. As tábuas do assoalho formam uma vasta grade por cujas frestas você pode olhar "para baixo", na direção de uma série de espaços no mesmo distrito terrestre. Cada moldura é um momento único no tempo, como um quadro de uma tirinha de quadrinhos ou o fotograma de um filme. Rastros coloridos marcarão alguns segundos de movimento de cada uma das almas humanas presentes. Para ver um espaço diferente da mesma região, é preciso que você se mova ao longo da arcada. Para ver o mesmo lugar um momento antes ou depois no tempo, é preciso se mover para cima ou para baixo. Se você se perder, lembre-se do mnemônico: "Oeste é futuro, leste é passado/Tudo permanece, tudo é acessado". Mansoul não é realmente uma vida após a morte; é uma vida "antes, durante *e* depois da morte".

Assim como o restante de Mansoul, a arquitetura dessa arcada será uma versão radiante e embaralhada do ponto na Terra que está diretamente "abaixo" dela, porque tudo é formado pelos sonhos dos vivos, que enquanto dormem podem vagar por Mansoul em seus sonhos, durante suas "25 mil noites" (é assim que os mortos se referem à vida mortal). Pombos e às vezes gatos também podem chegar a Mansoul por meio de passagens íngremes chamadas "escadas de Jacó".

Ao caminhar pelos *Attics of the Breath*, você será um viajante no tempo, passando através de faixas do dia e da noite. Árvores imensas podem surgir no seu caminho, porque as árvores são os únicos objetos cujo aparecimento no plano tridimensional coincide com o do plano quadridimensional. Caminhe para o leste, em direção ao passado, e uma hora as tábuas do assoalho acabarão se tornando rocha. Dirija-se para o oeste, rumo ao futuro, e a arcada acabará por mudar, à medida que a arquitetura começar a refletir as visões dos sucessores pós-humanos da humanidade: bípedes

6. O verbo "*wizzle*" não tem um equivalente exato em português, pois é uma palavra inventada por Alan Moore. No entanto, pode-se interpretar "*wizzle*" como algo relacionado a um som sibilante ou zumbido, ou até mesmo a uma sensação de energia vibrante ou intensa. (N. da T.)

roxos e sem pelos, depois gigantescas baleias terrestres com chifres e capazes de fazer fotossíntese, caranguejos de quatro patas, polvos do tamanho de árvores e mentes coletivas de formigueiro. O corredor termina por fim num precipício tenebroso: o fim de tudo, a morte do universo pelo efeito do calor.

Esse é um paraíso da classe trabalhadora. Mansoul é administrada por 72 Construtores, que mantêm o universo num chão de fábrica em forma de catedral, chamado as Obras. Entre eles, os principais são Gabriel (que representa autoridade), Uriel (severidade), Miguel (misericórdia) e Rafael (novidade). Esses quatro disputam eternamente um jogo chamado "*trilliards*", disputado com tacos de alabastro, e encenam não apenas as colisões celestiais que moldam o universo, mas também as interpessoais, que moldam a vida dos mortais. Assim como nossas essências tridimensionais sucumbem à geometria superior desses construtores, eles, por sua vez, se fundem à totalidade de quinta dimensão do Third Borough [Terceiro Distrito], ou seja, Deus.

MELHOR EVITAR

Outros 72 construtores foram lançados na planicidade bidimensional. Você provavelmente já ouviu falar deles: Satanás, Belial, Belzebu, Asmodeus e os demais. Suas formas retorcidas podem ser vistas compondo um mosaico nos assoalhos de Mansoul.

Alguns mortos são acometidos de uma certa "constipação espiritual" e não suportam deixar a Terra para ir a um lugar destituído de qualquer prestígio ou distinção. Esses insones "sem-teto" habitam a "*ghost seam*" [costura invisível ou fantasma]. Você saberá que está na "*ghost seam*" se o mundo estiver destituído de cor e você deixar uma série de imagens residuais tremeluzentes para trás enquanto se locomove.

CULINÁRIA DA REGIÃO

A melhor hora para entrar na *ghost seam* é quando você está com fome. Enquanto estiver lá, fique de olho nas estranhas frutas de fada chamadas "chapéus de Puck" (ou maçãs malucas, Jennies do manicômio ou trufas de Minerva), uma guloseima intoxicante do pós-morte.

Eternalismo significa que tudo acontece de uma só vez, num "super" instante glorioso. Sua vida é um livro já escrito. É por isso que ninguém fica muito tempo em Mansoul: é muito tentador pegar o livro para fazer uma releitura. Não é incomum que os mortos saltem de volta para seu eu recém-nascido e revivam sua vida mil vezes, sem nenhuma lembrança que não sejam meros vislumbres de reconhecimento conhecidos pelo nome de "*déjà-vu*". E, como em qualquer bom livro, você encontra algo novo cada vez que o relê.

O VAZIO

REVIVAL

No Cristianismo, "universalismo" é a crença de que Deus salvará todas as almas; em outras palavras, que todos acabarão indo para o Céu um dia. Não sei bem se existe um nome para a variante de universalismo de Stephen King, conforme proposto em seu romance de 2014, *Revival*. Como você chamaria uma escatologia em que toda alma humana vai para o inferno antropomórfico lovecraftiano?

Revival é a história de um músico do Maine cujo caminho cruza várias vezes com o do pastor da sua infância, Charlie Jacobs. Jacobs aos poucos fica obcecado com uma poderosa "eletricidade secreta" que ele acredita poder curar qualquer doença e talvez até mesmo a morte. No fim do livro, a eletricidade secreta nos dá uma visão do que nos espera no além-túmulo. Como você pode esperar de um livro de Stephen King, ele não é particularmente alegre.

De acordo com *Revival*, a morte é uma portinha que só conseguimos atravessar assumindo uma forma reduzida e deixando tudo para trás, com exceção da nossa mente e espírito. No momento da morte, você pode perceber a transição como uma porta literal, escondida atrás de uma hera morta, num muro de pedra cinza. As vozes agourentas que ecoam pelo buraco da fechadura enferrujada são sua primeira pista do que o aguarda no Vazio.

O Vazio é o plano onde você passará o resto da eternidade, a *verdadeira* existência por trás da ilusão frágil e reconfortante que é o nosso mundo. Trata-se de uma paisagem estéril pontilhada de cidades em ruínas, agora apenas montes de blocos de basalto maciços esfacelados. Olhe ao redor: todas as pessoas que você conhece estão nesse lugar! Infelizmente, todas estão marchando pelo deserto aos tropeços, conduzidas por um exército de criaturas aterrorizantes que lembram formigas. Quando você se junta ao cortejo cambaleante, não demora muito para a sua expressão se igualar ao horror vazio que vê em todos os rostos ao seu redor. Seus novos mestres insetos às vezes rastejam, às vezes caminham eretos como seres humanos. Eles são negros e vermelho-sangue, têm mandíbulas que rangem e olhos cruéis, mas obviamente inteligentes. Quando alguém cai, eles punem a pessoa com mordidas que doem, mas não sangram.

Acima desse reino de carnificina, o que à primeira vista parecem estrelas no céu noturno são, na verdade, buracos. A luz que irradia deles é um vislumbre do poder por trás do firmamento: deuses antigos e malévolos chamados Os Grandes. Como você vai servi-los para sempre (sem morte, sem luz, sem descanso), é certo que um dia vai vê-los. O céu vai rasgar como um papel preto, revelando luzes insanas e cheias de vida, que jamais deveriam ser vistas por olhos mortais. Se o deus que emergir for chamado de Mãe, ela terá pernas negras imensas com tufos espinhosos. O corpo dela é uma garra enorme feita de rostos humanos gritando. Não é exatamente o Deus que você imaginou na escola dominical.

Agora você é um escravo permanente desse tirano e será atormentado por seus soldados-formiga gigantescos pela eternidade. Acomode-se e prepare-se para marchar! Afinal, a Mãe sabe das coisas mais do que ninguém.

Melhor Reinar no Inferno do que Servir no Céu

PANDEMÔNIO

PARAÍSO PERDIDO

O livro *Paraíso Perdido,* de John Milton, é o avô das fanfics e o modelo de todos os *best-sellers* subsequentes que recontam um clássico amado, do ponto de vista de um personagem secundário, desde a peça teatral *Rosencrantz e Guildenstern Estão Mortos* até o musical da Broadway *Wicked.* E se a Bíblia fosse recontada, imaginou Milton... mas do ponto de vista de Satanás?

Paraíso Perdido começa com uma das descrições mais vívidas do Inferno que você encontra na literatura universal. Satanás e seus seguidores, depois de serem expulsos do Céu, se encontram acorrentados num lago de fogo e enxofre. O lago queima para sempre, mas nunca é consumido, e suas chamas de algum modo emitem escuridão em vez de luz. Eles se arrastam até a margem seca desse horrível calabouço, uma terra erma que brilha como lava. O ar é fétido e poluído, e enxurradas e redemoinhos de fogo varrem a paisagem.

Só falta ao Inferno de Milton um elemento importante: pecadores condenados. Na época em que se passa o *Paraíso Perdido,* a queda do homem e a expulsão do Éden ainda não tinham ocorrido, e, portanto, ninguém havia morrido e ido para o Inferno. Mas, se você escolher esse abismo estígio como seu destino final, é provável que se depare com muitas das visões do Inferno que Milton descreveu, em seus dias de glória. O Inferno provavelmente não passou por muitas melhorias desde então.

A principal mudança no Inferno de hoje é o acesso mais fácil. Quando Deus criou o Inferno, ele estava cercado por um vazio escuro, mas agora uma via larga e calçada conecta o reino de Satanás à Terra. (Ela é pavimentada com pedras adamantinas, não com boas intenções.) Originalmente, o Inferno era guardado pela prole de Satanás,

Pecado e Morte, e sua própria descendência, uma matilha de cães do Inferno. Pecado é uma monstruosa mulher serpente e Morte é um feroz ser esquelético, que usa uma coroa e carrega dardos de fogo. Mas, quando Adão e Eva foram expulsos do Paraíso, Pecado e Morte deixaram seus postos, erigiram essa ponte arqueada até o Éden e subiram para causar estragos em nosso mundo.

Portanto, é provável que, ao chegar ao Inferno, você encontre sua entrada desprotegida. Os portões abertos têm nove camadas: três de latão, três de ferro e três de pedra adamantina. Seu intricado mecanismo de ferrolhos e trancas estará destrancado, com a chave do Inferno ainda na fechadura onde Pecado a deixou quando partiu para tentar a humanidade.

Desvie-se das chamas sibilantes e entre no mundo infernal. Você atravessará uma paisagem desolada de rochas, pântanos, charcos, cavernas – um "universo de morte" inteiro. Não deixe de visitar os quatro rios: do ódio, da tristeza, do choro e da raiva. Um pouco mais além, o labirinto aquoso do Lete é guardado por górgonas horríveis, para que os mortos não possam usar seu dom de esquecimento para escapar do seu tormento. Além desses rios, há um continente congelado de neve e gelo, para chocar os condenados com o contraste de calor e frio.

Grandes vulcões jorram ouro derretido por uma série de canais e fundições. Quando eles chegaram pela primeira vez, os asseclas de Satanás usaram esse minério para construir um grande templo de colunas dóricas e ornamentos dourados, tão espalhafatoso que até mesmo Babilônia empalideceria em comparação. Essa é a capital do Inferno: Pandemônio, que significa "todos os demônios".

CURIOSIDADES HISTÓRICAS

Pandemônio foi projetado pelo anjo arquiteto caído Mulciber, que também projetou os grandes palácios do Céu de Milton (veja a página 117). E sua construção foi sugerida por Mammon, o mais ganancioso dos seguidores de Satanás. Mammon tem a pior postura do Inferno; se você der de encontro com um demônio com as costas curvadas e os olhos fixos no chão, esse é Mammon, obcecado como sempre em encontrar qualquer objeto de valor, enquanto anda.

Dentro de Pandemônio, você verá um vasto espaço abobadado e adornado com as flâmulas cravejadas de joias da campanha militar (fracassada) de Satanás e iluminado por fileiras de lâmpadas mágicas flutuantes, alimentadas com nafta e asfalto do próprio Inferno. Há espaço aqui para Belzebu, Moloch, Belial e todos os milhões de outros príncipes do Inferno se reunirem em conclaves escuros, mas apenas se, num passe de mágica, eles se transformarem em minidemônios ao entrar. Quando Pandemônio está cheio, ele emite um zumbido semelhante ao de uma colmeia, enquanto os pequenos seres infernais tomam seus assentos dourados.

No final do salão plutoniano, está o trono mais elevado de Satanás, sob um régio dossel. Quando o temível imperador do Inferno chegou ali pela primeira vez, sua cabeça ainda brilhava com um falso fulgor, mas, depois da Queda, Deus transformou todas as hostes do Inferno em monstros serpentinos intrincados (cobras cornudas, serpentes de duas cabeças, seres metade serpente e metade escorpião). Satanás agora é um dragão gigante e sinuoso. Você pode ver alguns desses monstros do lado de fora, retorcendo-se nos galhos da única árvore do Inferno, plantada por Deus do lado de fora de Pandemônio para punir os pecadores ali. É uma paródia da árvore que Satanás usou para tentar Adão e Eva no Jardim do Éden, mas eu ficaria longe do fruto. Assim como o próprio pecado, parece delicioso por fora, mas tem o gosto amargo de cinzas.

O Topo do Mundo

PARADISO

A DIVINA COMÉDIA

Assim como nos dois primeiros livros de sua *Commedia*, o *Paradiso* de Dante representa o Céu como uma jornada de nove níveis. Infelizmente para o turista, todos no céu são tão puros e bons que os nove níveis são praticamente iguais. Paradiso pode não ser uma terra de contrastes, mas certamente há muita luz e cantoria!

Em vez de subir pelas escadas com a língua de fora, como no Purgatório (veja a página 152), os visitantes do Paraíso são "disparados" para cima, na direção do céu, como a seta de uma besta. (Presume-se que esse seja o objeto mais rápido que alguém poderia imaginar na época de Dante.) Cada esfera é representada por um corpo celeste diferente, cada um mais brilhante e bonito do que o anterior. Numa cosmologia um tanto duvidosa, essas estrelas e planetas orbitam a Terra abaixo. O primeiro nível é a Lua, uma densa nuvem perolada onde habitam os justos que não foram totalmente perfeitos em seus votos (a inconstância deles é simbolizada pelas manchas claras e escuras na superfície da Lua). Acima dos justos, em Mercúrio, as almas dos ambiciosos brilham e dançam como centelhas (eles tinham sonhos grandiosos, por isso ficaram com o menor planeta). Mas ninguém se importa de estar nas acomodações mais simples do Céu: eles ainda estão felizes cumprindo a vontade de Deus!

Vênus é o céu dos amantes, e as almas desses casais giram pelo espaço como tochas flamejantes. Acima deles está o sol, onde você pode travar uma boa conversa com todos os grandes teólogos da história, chamas deslumbrantes que flutuarão ao seu redor na forma de uma coroa. Mas *todos* os níveis da jornada de Dante estão repletos de longos monólogos teológicos, por isso, se você gosta de argumentos pedantes sobre anjos, predestinação e coisas assim, não poderia estar num lugar melhor. Paradiso é o céu para você!

AVISTAMENTO DE CELEBRIDADES

Embora muitos dos grandes nomes (a Virgem Maria e os Apóstolos) estejam à frente nos níveis superiores do Paraíso, há um número surpreendente de celebridades na Quarta Esfera também. Fique de olho em São Tomás de Aquino, no Venerável Beda e no próprio Rei Salomão!

O brilho vermelho acima de você é o ardente planeta Marte, o quinto céu, onde as almas dos guerreiros justos são joias resplandecentes na forma de uma cruz. Acima de Marte, em Júpiter, você encontrará as almas dos governantes justos, como Constantino e o Rei Davi, e até mesmo o imperador romano Trajano! (Dante descobre que alguns pagãos justos ainda estavam predestinados a ir para o Céu mesmo sem nunca terem se convertido ao Cristianismo.) Essas almas são como uma grande banda marcial universitária, voando para formar palavras em letras douradas contra a superfície prateada de Júpiter. Elas podem até compor a forma de uma águia gigante e falar com você coletivamente a partir do bico do pássaro.

Saturno é um imenso cristal dourado e um reino de contemplação, onde canções de louvor às vezes são interrompidas por um grito trovejante, enquanto os abençoados pensam brevemente sobre o pecado ou algo igualmente perturbador. Uma escada infinita se estende para cima, com almas subindo em direção aos dois céus mais elevados. O oitavo céu é a esfera das estrelas, uma deslumbrante festa em que você pode socializar com Pedro, Tiago, João e outros apóstolos de Cristo. O nono céu é o Primum Mobile, a esfera mais exterior, regida apenas por Deus. Aqui, as nove ordens de anjos podem ser vistas como anéis de fogo circundando a própria essência divina, que aparecerá como um único ponto de luz brilhante.

Fora do universo geocêntrico, só existe o Empíreo: a mente de Deus, cheia de luz pura, amor e alegria transcendentes. À primeira vista, ela pode parecer, aos seus olhos, um rio de luz fluindo entre margens floridas. As flores de rubi e topázio que você verá são as almas dos abençoados, enquanto as centelhas que saltam do rio são anjos. Olhe mais de perto e o plano se transformará numa vasta arena onde os rostos dos justos formam as pétalas de uma rosa branca radiante. Num eixo, a rosa é dividida em homens e mulheres; no outro, em judeus e cristãos. Os níveis inferiores são preenchidos com crianças não batizadas, salvas pela predestinação. Os tronos mais altos são reservados para João Batista, de um lado, e a Virgem Maria, do outro.

Quando Dante contemplou a luz do Empíreo e finalmente viu o rosto de Deus, as palavras lhe faltaram. O melhor que ele pôde fazer foi compará-Lo a três círculos, cada um de uma cor diferente, mas de alguma forma ocupando o mesmo espaço. Sem dúvida, Deus é misterioso e difícil de descrever sob as melhores condições, mas, se Dante estiver correto, você ainda pode se surpreender ao ver que a aparência Dele é tanto de uma gravura de M. C. Escher como de uma demonstração de computação gráfica dos anos 1980.

O Ciclo da Vida e da Morte

A PARÓQUIA

O TERCEIRO TIRA

Se você foi um ávido ciclista durante a vida, terá poucas opções para continuar a praticar o seu hobby após a morte. Apenas o escritor irlandês Brian O'Nolan ousou imaginar uma vida após a morte baseada em bicicletas; mas, para chegar lá, você terá que conviver com um cenário que sofreu a influência de Lewis Carroll e um pouco mais de Franz Kafka, tudo filtrado através de muita conversa fiada à *la* James Joyce.

Ao morrer, em 1966, O'Nolan nos deixou sua obra-prima inédita, um pequeno romance chamado *The Third Policeman* [O Terceiro Tira], que ele escreveu em 1939 sob o pseudônimo de Flann O'Brien. O livro é sobre um homem que mata seu vizinho por dinheiro e depois, ao tentar recuperar seus ganhos ilícitos, encontra-se num condado estranho, patrulhado por três policiais obcecados por bicicletas. "Quando você chega ao final", explicou O'Nolan numa carta para William Saroyan, "percebe que o herói [...] estava morto durante todo o livro e que todas as coisas estranhas e horripilantes que aconteceram com ele ocorrem numa espécie de Inferno."

A princípio, o pós-morte de O'Nolan se parece muito com uma paisagem idílica irlandesa: belos prados pantanosos sob céus serenos, agricultores conduzindo carros de bois e arando campos, ovelhas, urzes, vacas. Você apreciará o cheiro de feno e o zumbido das abelhas. Mas esta Paróquia, como é chamado esse lugar no livro, pode parecer um pouco perfeita *demais*: os campos mais verdes de que você se lembra, o ar mais inebriante, os bosques um pouco pitorescos demais.

Não se alarme se você não se lembrar de nada quando chegar à paróquia; suas lembranças (com exceção da memória do seu próprio nome) voltarão com o tempo.

Você também descobrirá que agora pode conversar com a voz da sua alma, que o orientará gentilmente na sua nova vida.

Esse distrito paroquial aparentemente é administrado por um Conselho, mas as únicas autoridades que você provavelmente encontrará são os policiais que moram mais adiante, na estrada. A delegacia onde ficam vai parecer falsa e plana para você, com sua frente e parte de trás de alguma forma visíveis ao mesmo tempo; evidentemente, está faltando alguma dimensão que os edifícios do nosso mundo possuem. Os policiais ali (um sargento grandalhão chamado Pluck e seu subordinado, MacCruiskeen) têm o hábito de dizer coisas absurdas de maneira muito séria e cautelosa. "É uma panqueca daquelas", eles costumam comentar sobre um caso que está intrigando os dois.

A maior parte da conversa enigmática desses dois gira em torno de bicicletas, acessórios de bicicleta e crimes relacionados a bicicletas. Eles costumam esconder bicicletas de cidadãos e as "pistas" relacionadas a isso para que tenham novos crimes de bicicleta para investigar. Para ser franco, as bicicletas sob a jurisdição deles são praticamente "pessoas". Graças a um efeito bizarro da física, os átomos (e, portanto, a alma) das bicicletas e dos ciclistas estão sempre se misturando. Um morador da Paróquia, cujo corpo é em sua maior parte uma bicicleta, caminha com rigidez, se apoia nas paredes e tomba se estiver se movendo muito devagar.

Os policiais também são fãs de dispositivos estranhos e teorias científicas baseadas numa substância chamada "omnium", a energia fundamental que compõe o universo. Você provavelmente nunca se encontrará com o terceiro policial invisível, uma figura misteriosa chamada Fox, que vive nas paredes das casas de outras pessoas. Ele acumulou mais de um quilo de omnium, que usa secretamente para exercer um poder divino sobre toda a Paróquia.

Esconda-se no pequeno cômodo dos fundos da delegacia e olhe para cima. As rachaduras que você vê no teto são, na verdade, um mapa que revela a rua secreta que leva à "eternidade", um lugar estranho protegido pelos policiais. Se você usar o mapa para seguir a trilha escondida em meio ao matagal, chegará a uma antiga igreja coberta de musgo, em cujo interior há um elevador de aço que leva a um reino subterrâneo. Ali, corredores blindados se estendem por quilômetros, alinhados com pequenos armários e um maquinário misterioso. Enquanto você está lá embaixo, o tempo não avança. Os relógios param, as barbas não crescem e você não sentirá fome. As máquinas ali podem produzir qualquer objeto que você desejar: ouro, bananas, roupas íntimas ou até mesmo coisas impossíveis, como uma lupa que aumenta a tal ponto os objetos que eles se tornam invisíveis ou uma arma que reduz as pessoas a um pó roxo.

COMPRA DE SOUVENIRS

Aviso: Não tente levar com você nenhum souvenir da eternidade! O assoalho do elevador se abrirá como uma escotilha se você estiver mais pesado ao sair do que estava ao entrar.

Presume-se que você tenha feito algo para merecer esse destino eterno bizarro, por isso não poderá reclamar se for inexplicavelmente condenado à morte (mais uma vez) e retornar à Terra como um espírito irritado ou até mesmo ser colocado num *looping* temporal sem fim. Você girará em círculos, como a roda de uma bicicleta. Em suma, uma "panqueca" praticamente insolúvel.

Purificação nos Mares do Sul

O PURGATÓRIO

A DIVINA COMÉDIA

Há muito tempo que as confissões feitas no leito de morte têm deixado pessoas que acreditam na vida além-túmulo perplexas. Será mesmo possível viver uma vida de depravação e se arrepender quando seu relógio biológico estiver prestes a parar? Em seu *Purgatório*, a resposta de Dante é um retumbante "sim", mas ainda será necessário pagar por todos os pecados antes de ir para o Céu. E que lugar pode ser melhor para a purificação do que uma montanha gigantesca na Polinésia?

Em vez de acompanhar Caronte pelo rio Aqueronte até o Inferno, os pecadores "salvos" embarcam a toda velocidade para o Purgatório, num cruzeiro que parte regularmente da foz do rio Tibre, perto de Roma. (Você quer saber o que acontece se você não estiver perto da região central da Itália quando morrer? Dante parece não ter considerado essa remota possibilidade.) Você entoará hinos enquanto seu barco, impulsionado pelas asas de um barqueiro angelical, o leva para o hemisfério sul, onde fica o Purgatório.

A ilha do Purgatório fica exatamente do lado oposto à cidade santa de Jerusalém, ou seja, para chegar à ilha basta seguir direto através do centro da Terra, a partir da Palestina, e sair do outro lado. Isso a colocaria a cerca de 1.600 quilômetros ao sul do Taiti, no Pacífico Sul. Trata-se de uma montanha imponente que se ergueu do mar quando Satanás sofreu sua queda; o mesmo impacto que criou o abismo do *Inferno* de Dante, lá do outro lado do planeta. Enquanto você purga seus pecados ali, sobe pelas encostas da montanha em direção a Deus, tanto metafórica quanto literalmente.

As encostas inferiores da montanha são o "Antepurgatório", onde sua jornada começa. Aqueles que se arrependeram tarde demais precisam aguardar ali pelo mesmo período que adiaram seu arrependimento, enquanto as almas excomungadas vagam pela região por um tempo *trinta vezes* maior do que o tempo em que ficaram longe da Igreja.

DICA PARA O VIAJANTE ESPERTO

Se você estiver ansioso para subir mais rápido para o restante do Purgatório, saiba que as penas podem ser abreviadas por meio das orações de intercessão dos seus entes queridos.

Enquanto você espera, não deixe de visitar o Vale dos Príncipes, uma bela região montanhosa onde governantes não tão virtuosos repousam em campos verdejantes, cobertos de flores. É a prisão de segurança mínima do Purgatório, para criminosos de colarinho branco bem relacionados.

Quando estiver pronto para seguir em frente, suba os três degraus de mármore branco, pedra preta e pórfiro vermelho, que levam à porta do Purgatório. O anjo ali vai abrir o portal usando suas chaves de prata e ouro, mas também pode utilizar sua espada para marcar de uma a sete vezes a letra *P* em sua testa (a letra inicial da palavra *peccata*, ou "pecado"). Após desfrutar desse adorável costume local, suba por um sulco em zigue-zague talhado na rocha até o Purgatório propriamente dito.

O Purgatório consiste em sete círculos, cada um com cerca de 4,5 a 6 metros de largura, que circundam a montanha e são ligados por escadas estreitas. Cada nível representa um dos sete pecados capitais, que são purgados ali. No primeiro deles, os soberbos caminham em círculos, com o corpo deformado pelas enormes pedras que carregam. Se você conseguir olhar para cima, aprecie as esculturas incrivelmente realistas na encosta do penhasco, retratando cenas bíblicas e clássicas de grande humildade. (Se não conseguir, saiba que cenas semelhantes relacionadas ao orgulho estão gravadas no pavimento sob seus pés.)

Cada vez que você sobe um nível do Purgatório, a subida fica mais fácil e as asas dos anjos apagam uma das cicatrizes na sua testa. No segundo círculo, os invejosos se agrupam contra o penhasco e passam quase despercebidos por causa das suas túnicas feitas com pelos cor de terra. Suas pálpebras estão fechadas, costuradas com arame, para manter a tentação sob controle. Acima deles, no terceiro círculo, os acometidos pela ira vagam em meio a uma fumaça espessa e acre. O quarto círculo é uma corrida sem fim, já que os preguiçosos correm pelo anel na maior velocidade possível. Eles não podem parar, pois isso atrapalharia sua rotina de treinos!

O quinto círculo purifica a avareza, e os gananciosos jazem de bruços, chorando e rezando o dia inteiro. Eles estão olhando para o chão, assim como estavam excessivamente focados nas coisas terrenas em vida. Um nível acima, os gulosos, agora pálidos e emagrecidos, correm em bando como os preguiçosos, mas sua fome e sede aumentam a cada volta, à medida que passam por árvores frutíferas perfumadas e riachos montanhosos cristalinos, que simplesmente não conseguem alcançar. No sétimo círculo, o caminho é cercado por uma muralha de fogo, da qual os luxuriosos se encolhem de medo. Ao se cruzarem, cada um anuncia seus pecados sexuais com uma pequena frase. Os homossexuais têm que gritar "Sodoma e Gomorra!", enquanto os heterossexuais dizem "Pasífae", o nome de uma rainha da mitologia grega. (O que é meio estranho, porque o pecado de Pasífae foi, na verdade, uma relação imprópria com um animal!)

O fogo ali é tão quente que você pularia sobre vidro derretido para escapar dele, mas é preciso cruzá-lo se você quiser chegar à escada final, que leva ao Paraíso Terrestre, no topo da montanha. Esse era o Éden antes da queda do homem. É uma floresta divina, onde o chão é pontilhado de flores do campo amarelas e vermelhas. Se tiver sorte, você verá a procissão mística que vaga por essas matas. Sete candelabros vão na frente, deixando um rastro de cores atrás deles. Em seguida, você verá 24 anciãos enfeitados com lírios (representando os livros do Antigo Testamento), depois quatro animais celestiais (os Evangelhos), depois mais anciãos enfeitados com rosas (os livros do Novo Testamento). No centro, um grifo puxa uma carruagem (representando Cristo), cercado por ninfas dançarinas (as Virtudes).

PARA POUPAR TEMPO!

Assim que os participantes desse desfile estranho pararem na Árvore da Lei, realizarão um longo espetáculo representando a história da igreja medieval. Você pode querer sair antes do término; é um pouco entediante se você não se importa com heresias e antipapas.

Procure por dois rios cristalinos que ondulam a relva das margens enquanto passam por você. Ambos surgem da mesma fonte: um é o Lete, que apaga as lembranças dos pecados, e o outro é Eunoé, que restaura as lembranças das boas ações. Batize-se nessas águas e beba profusamente. Você saberá quando sua alma estiver pronta para seguir para o Paraíso – e todas as outras pessoas também saberão, porque o Purgatório é sacudido por um grande terremoto *toda vez* que alguém ascende (isso deve ficar chato com o passar do tempo).

RIVERWORLD

TO YOUR SCATTERED BODIES GO

Imagine que não exista um céu, nem um inferno abaixo de nós. Em vez disso, todas as pessoas que já viveram são ressuscitadas de uma só vez, dispersas nas margens de um rio com milhões de quilômetros de extensão. Como isso foi feito, e por quê? Essa é a irresistível premissa do romance vencedor do Prêmio Hugo de 1971, de Philip José Farmer, *To Your Scattered Bodies Go* e suas quatro sequências.

No dia da ressurreição, você estará deitado na grama de Riverworld [Mundo do Rio], de volta ao seu corpo, assim como era quando tinha cerca de 25 anos. Você estará nu e tão sem pelos quanto um bebê, mas seus pelos corporais crescerão com o tempo (exceto a barba). As mulheres têm sua virgindade "restaurada"; os homens, curiosamente, são todos circuncidados.

VIAJANDO COM CRIANÇAS

Aqueles que morreram antes de completarem 25 anos são ressuscitados em Riverworld com a idade que tinham ao morrer. Essas pessoas, chamadas *Rivertads*, param de envelhecer por volta dos 25 anos e todos em Riverworld permanecem com essa mesma idade para sempre.

Seus companheiros humanos (todos os 36.006.000.637) estão acordando ao seu redor, chocados ao perceber que todas as suas crenças sobre a vida após a morte estavam equivocadas. Num planeta tão vasto, a probabilidade de encontrar alguém que você conheceu em vida é extremamente pequena, mas todos eles estão lá, em algum lugar, se morreram entre 97.000 a.C. e 1983 d.C. (Uma segunda fase do projeto está planejada para os *baby boomers* e outros que nasceram posteriormente.) As únicas pessoas ausentes são aquelas que morreram antes dos 5 anos de idade ou tiveram sérios problemas mentais; descobriu-se que um outro pós-morte, o Gardenworld, foi preparado para elas.

O rio mencionado no título da obra serpenteia por esse novo planeta, atravessando um vale coberto de relva. Acima do prado onde você acordou, há colinas cobertas por uma vegetação familiar, contendo bambus, bem como plantas estranhas, como a árvore de ferro indestrutível, coberta por trepadeiras. Quando você se afasta um pouco mais de três quilômetros do rio, as colinas se tornam montanhas intransponíveis, com mais de três mil metros de altura, com encostas que partem do vale quase verticalmente. As estrelas à noite são estranhas e iluminadas com nebulosas coloridas brilhantes. O clima geralmente é ensolarado e quente, com um breve aguaceiro uma vez por dia (à tarde nas zonas temperadas, tarde da noite nos trópicos). Não há estações, não há insetos; na verdade, não há vida animal de nenhuma espécie além das minhocas e peixes do rio, necessários para manter o ecossistema (leia-se: evitar que o planeta fique cheio de fezes humanas).

Preso ao seu pulso, você encontrará um recipiente metálico leve, que os ressuscitados (ou "*lazari*") passam a chamar de Gral. Essa é uma marmita do Além, que pode ser encaixada num buraco cilíndrico em Grailstones, estranhas pedras em forma de cogumelo, que ficam em ambas as margens do rio, a cada um quilômetro e meio ou mais. Três vezes por dia, as Grailstones se acendem com uma descarga elétrica, e os Grals que estão encaixados nelas se enchem miraculosamente com alimento suficiente para uma refeição. Os Grals também fornecem peças de tecido com abas magnéticas que podem ser encaixadas para formar roupas, itens pessoais como pentes e cosméticos, e várias substâncias viciantes que evidenciam as origens do livro nos anos 1970: cigarros, bebidas alcoólicas, café instantâneo, maconha.

CULINÁRIA DA REGIÃO

Na maior parte dos dias, as refeições do seu Gral serão retiradas do seu ambiente terreno, então tenha cuidado para morrer em algum lugar com uma comida boa, como o Vietnã ou Portland. Mas cuidado com o chiclete que vem com o jantar: é o "*dreamgum*", um poderoso alucinógeno que pode proporcionar experiências espirituais intensas, sexuais ou até violentas.

Aproximadamente dois terços das pessoas ressuscitadas em sua região virão da mesma época e do mesmo lugar da Terra que você, com uma minoria vindo de alguma segunda era e uma fração minúscula espalhada por todos os lugares. Neandertais almoçarão ao lado de conquistadores espanhóis, camponeses chineses e mercadores do antigo Egito e americanos suburbanos dos anos 1950. Nesse ambiente de diversidade, novas línguas *pidgins*[7] surgirão e, por fim, o esperanto, uma língua artificial fracassada criada no século XIX, se popularizará em todo o planeta. Assim como novas religiões, na ausência de todas as antigas, aparentemente invalidadas. A Igreja da Segunda Chance é composta de pacifistas gentis que acreditam que o Riverworld é um estado temporário, propiciado para o avanço ético da humanidade.

Por fim, surgirão assentamentos e cidades, num estilo primitivo que passa a ser chamado de Polinésia Fluvial. Estados e governos se formarão e muitos entrarão em guerra (lembre-se: todos os senhores da guerra e ditadores que já viveram também estão aqui, consolidando seu poder). No início, aqueles que são mortos são ressuscitados na manhã seguinte, em algum outro local aleatório do Rio, mas essas "translações" terminam cerca de trinta anos A.R. (Após a Ressurreição). A vida ribeirinha se torna muito mais pacífica depois que todos os potenciais conquistadores matam uns aos outros.

O rio flui do norte de Riverworld, serpenteia por milhões de quilômetros (auxiliado em muitos lugares pela gravidade artificial) e, por fim, retorna ao mesmo mar polar enevoado. Esse mar esconde uma enorme torre, a morada dos "Éticos", os seres misteriosos que ressuscitaram a humanidade.

7. Línguas *pidgins* são formas simplificadas de comunicação que surgem quando diferentes grupos linguísticos entram em contato e não têm uma língua comum para se comunicar. (N. da T.)

Como foi realizada a ressurreição em massa? Por meio de clichês da ficção científica, é claro! Acontece que nenhum ser vivo no universo era realmente autoconsciente até que alienígenas antigos criaram campos de energia sintéticos chamados "*wathans*", que se ligam à vida inteligente e lhes dão suas "almas". Esses alienígenas e seus descendentes em seguida semearam planetas bebês com vastas máquinas subterrâneas, que podiam gerar e coletar *wathans*. A Terra foi semeada na época paleolítica, e é por isso que você nasceu com um *wathan* (e, portanto, com consciência). Quando você morreu, seu *wathan* guardou suas memórias e sua consciência, que então poderiam ser implantadas num corpo recém-clonado no século XXIII, num exoplaneta chamado Riverworld.

Então é isso: não existe nenhum Deus e as almas são artificiais. Mas os Éticos que projetaram o Riverworld estão observando seu *wathan* para acompanhar seu progresso moral e espiritual. Após um século de observação, àqueles que se destacaram em sua segunda vida será concedida a imortalidade *permanente*. Cerca de 40% da raça humana terá permissão para voltar à Terra, ou seja, uma Terra futura que foi purificada após as guerras com bombas de nêutrons do século XXI. Portanto, seja gentil com seus companheiros *lazari* no Riverworld e compartilhe seus cigarros do Gral com seu vizinho necessitado (quer ele seja Átila, o Huno, ou Mahatma Gandhi).

Que os Sonhos Venham Quando Partirmos Desta Espiral Mortal

A TERCEIRA ESFERA

AMOR ALÉM DA VIDA

O escritor de ficção científica Richard Matheson sonhou com alguns dos cenários de fantasia mais vívidos do século XX, desde o deserto urbano de zumbis do livro *I Am Legend* [Eu Sou a Lenda] até a cabine claustrofóbica de um avião no episódio "Pesadelo a 20.000 Pés", de *Além da Imaginação*. Mas somente sua aventura de 1978, que trata do pós-morte, *What Dreams May Come* [Amor Além da Vida], vem com uma séria promessa de que a história é completamente factual; nas palavras em itálico de Matheson, "*derivada exclusivamente de pesquisas*".

No livro, Matheson descreve a morte e o pós-morte do roteirista de TV Chris Nielsen, um relato que supostamente veio à luz quando uma médium entregou um conveniente manuscrito póstumo ao primo de Nielsen. Isso nunca aconteceu na realidade, é claro. Quando Matheson se gaba da sua pesquisa, isso não significa que ele realmente tivesse *morrido*. Ele apenas estudou Teosofia a fundo e leu muitos livros de bolso dos anos 1970 sobre paranormalidade e experiências de quase-morte.

A obra adverte que se tornar um "desencarnado" (o eufemismo preferido do livro para "morto") é uma transição difícil. Algumas pessoas passam anos ou até mesmo séculos na fronteira obscura entre a vida e a morte antes de seu eu astral finalmente se libertar dos seus corpos físico e etérico. A melhor maneira de "se elevar" é visualizar um lugar ideal em sua memória. No caso de Nielsen, uma tranquila clareira entre as sequoias da Califórnia faz a mágica acontecer.

Nesse ponto, você se encontrará num local ideal *de verdade*: a Terceira Esfera, uma das sete esferas concêntricas que se irradiam a partir da nossa realidade terrena. Os residentes a chamam de Céu, Terra Natal, Terra do Verão ou (porque você colhe os resultados da vida terrena) Colheita. A Colheita será sua própria concepção de felicidade perfeita; para Nielsen, se parece muito com a Nova Inglaterra no início do verão. Um guia (seu anjo da guarda lá da terra) mostrará as instalações. Tudo aqui é um pouco melhor do que no plano físico: o sol não projeta sombras, os prados não têm ervas daninhas, os oceanos são de água doce e não têm marés, as noites são fracamente iluminadas e repousantes, mas não escuras. Em *Amor Além da Vida*, adaptação cinematográfica de 1998 do livro, com Robin Williams, a esposa falecida é uma pintora, então os tons vibrantes do além-morte são feitos para parecer uma de suas paisagens impressionistas. Tudo ao seu redor brilha com uma energia revigorante.

Você também estará brilhando, com uma aura colorida visível para todos os outros "desencarnados", mas não para você mesmo. Os materialistas têm uma aura vermelha; aqueles que estão de luto têm uma aura num tom amarelo-pálido. (Aposte no tom lilás, a cor da iluminação espiritual.) O estado da sua aura também determina seu novo guarda-roupa; normalmente um conjunto de túnica e faixa na cintura, num estilo que reflete seu próprio avanço espiritual. Seu corpo astral pode ter a aparência de qualquer idade que você escolher, mas a maioria prefere parecer ter cerca de 25 anos, por motivos óbvios.

CUIDADO, VIAJANTE!

Não fique muito convencido com seu novo corpo sarado. Não há sexo no Céu, então seus órgãos genitais uma hora vão desaparecer do seu corpo astral. Espero que você não esteja muito apegado a eles! Seu corpo astral também não precisa de comida, então sua casa de sonho celestial, que você criará mentalmente a partir de uma "matriz" de matéria astral, não terá cozinha nem banheiro.

Você pode localizar seus companheiros desencarnados com seus novos poderes de telepatia e visão telescópica, mas, para se comunicar com eles cara a cara, dirija-se à imponente cidade de alabastro. Na adaptação cinematográfica, a cidade parece o pintor Maxfield Parrish descobrindo o Cirque du Soleil, mas na versão de Matheson ela é muito mais entediante: é uma versão livre de poluição de uma cidade grande cenográfica, com avenidas largas, prédios de mármore, gramados e fontes. Visite o eficiente Escritório de Registros, para verificar as datas de chegada de seus entes queridos terrenos, ou explore o Salão da Literatura para encontrar livros de história que são mais corretos, para variar, além de livros que ainda não foram escritos na Terra. O Salão da Música oferece performances de obras póstumas como a Décima Primeira Sinfonia de Beethoven, acompanhadas por espetáculos de luzes vívidas que traduzem a música em arquitetura visual.

Abaixo da Terceira Esfera, existem outras mais sombrias, povoadas por aqueles cujas ilusões terrenas ainda os fazem pensar que nenhum céu é possível para eles. Todos eles um dia irão para o Céu, mas alguns sofrerão por milênios. Chris Nielsen desce para esse mundo etérico, no estilo Orfeu, a fim de salvar a alma de sua esposa, que se suicidou depois da morte dele. Se você seguir os passos dele além das fronteiras da Colheita, verá que o Inferno é uma vasta e escura cratera de quilômetros de largura, cercada por glutões insensatos e multidões violentas. Você descerá até o abismo infernal por uma fissura fedorenta e em decomposição, abarrotada de criaturas de muitas pernas, e entrará num monte de corpos esqueléticos retorcidos, cobertos de moscas. Até que percebam que estão impondo esse castigo a si mesmos, os condenados têm que ficar em seu próprio limbo personalizado, mas esperamos que você consiga escapar e voltar para uma esfera superior. Por que não se recuperar da sua má experiência com uma curta estadia no Salão do Descanso da cidade, com seus tetos abobadados azuis, sofás para relaxar e tapetes felpudos (lembre-se de que o romance é de 1978).

Há muito para ver na Terceira Esfera, mas tente pensar nela apenas como uma escala. Existem esferas mais elevadas, afinal, que terminam com a reunificação da alma com a essência de ela onde veio: Deus, na verdade. Mas a Terra é o melhor campo de testes para obter esse tipo de avanço, então todos na Terceira Esfera um dia decidem renascer no mundo físico. O que equivale a um serviço de namoro virtual celestial que combina cada alma com seu novo corpo de bebê (antes, durante ou após o parto) e um "médico" espiritual que supervisiona o renascimento a partir do plano astral. Você pode até fazer um esboço da sua nova vida com antecedência, planejando toda a sua educação e carreira como um estudante do ensino médio muito esforçado. Se você e seu parceiro de vida têm auras que ressoam na mesma frequência, vocês podem ser "almas gêmeas", destinadas a estar ligadas por toda a eternidade. A maioria dos relacionamentos terrenos não dura até o plano astral, mas, se você tiver uma alma gêmea, com certeza a encontrará novamente, tanto na Terceira Esfera quanto fora dela.

Preso Num Momento do Qual Você Não Pode Escapar

A BOLHA TEMPORAL

ANTES QUE EU VÁ

Before I Fall [Antes Que Eu Vá], *best-seller* de Lauren Oliver para jovens adultos, publicado em 2010, é a história de Sam Kingston, uma estudante do ensino médio em Connecticut, que morre num acidente de carro a caminho de casa depois de uma festa... e então ela acorda. Ela está de volta à sua cama em casa e é 12 de fevereiro novamente, a manhã do dia em que ela morreu. Ela passa o livro todo vivendo o último dia da sua vida repetidas vezes. "Talvez, quando você morre, o tempo se dobre e você fique girando eternamente dentro dessa pequena bolha. Como o equivalente pós-morte do filme *Feitiço do Tempo*", Sam conclui, concedendo um generoso crédito ao filme de Bill Murray do qual o romance tirou sua premissa.

Se, após a morte, você entrar numa bolha temporal como a de Sam Kingston, você se verá num estado onírico de queda interminável, no frio e na escuridão. De repente, você acorda e tudo está exatamente como estava na manhã do dia em que você morreu (isso deve ser frustrante para pessoas que morreram, digamos, às dez da manhã, que caem num ciclo muito curto e repetitivo).

Você manterá todas as suas memórias de ter vivido esse dia antes, mas ninguém mais as terá. A repetição constante (de acontecimentos, diálogos, até mesmo do clima) pode parecer claustrofóbica, mas também é uma oportunidade! Sinta-se à vontade para experimentar várias filosofias de vida em sucessão: niilismo, hedonismo, escapismo, altruísmo. As pequenas escolhas que você faz podem, como o bater das asas de uma borboleta, desencadear novas cadeias de eventos naquele único dia. Observe que, se você conseguir evitar sua própria morte, isso não importará nem um pouco. Se conseguir sobreviver até o fim do seu último dia na Terra, você simplesmente acordará novamente naquela mesma manhã.

A repetição pode ajudá-lo a começar a apreciar os pequenos prazeres da vida cotidiana e se tornar a pessoa completa que você estava destinado a ser. No caso de Sam Kingston, ela percebe que ela própria e seu grupo de amigas populares foram as típicas "garotas más" durante anos, os terrores da escola de ensino médio que frequentam, mas que ainda não é tarde demais para uma redenção.

Quando você está prestes a finalmente "corrigir" seu último dia, as coisas vão mudar. O sonho de queda que precede cada reinício será substituído por um sonho de flutuação e, por fim, você sonhará que está voando acima de nuvens cor-de-rosa e campinas ensolaradas, cercadas por um arco-íris de borboletas. Da última vez que você morrer, os melhores momentos de sua vida passarão diante dos seus olhos, mas serão principalmente momentos tranquilos e reconfortantes, não grandes momentos capazes de transformar uma vida. Sua constatação final será a de que o tempo não importa, porque esses momentos duram para sempre. Você estará cercado por som, calor e luz, enquanto entra num túnel, e sua última sensação será a de música e risos, de ascender em direção ao que vem a seguir. Pelo menos será algo diferente!

AS TERRAS IMORTAIS

TERRA-MÉDIA

Quando Frodo e Bilbo embarcaram no navio branco, no final da trilogia *O Senhor dos Anéis,* e Annie Lennox cantarolava enquanto todos navegavam dos Portos Cinzentos até o Extremo Oeste, você provavelmente presumiu que estavam indo para a vida eterna, no Céu de Tolkien. (O mesmo vale para Samwise e Gimli, os outros mortais que, de acordo com os extensos apêndices de J. R. R. Tolkien, também foram autorizados a fazer a jornada através dos mares que separam as terras). Afinal, a Terra Abençoada, do outro lado do oceano, o continente de Aman e a Ilha Solitária de Tol Eressëa, são com frequência chamados de "as Terras Imortais". Então poderíamos imaginar que ninguém morre por lá.

Mas essa é a mesma ilusão que Sauron incutiu em Ar-Pharazôn, o Dourado, rei de Númenor, quando ele buscava a imortalidade no fim da Segunda Era! (Você se lembra de *O Silmarillion,* certo?). As Terras Imortais têm esse nome porque a maioria dos que vivem lá são criaturas imortais, que não envelhecem. Mas uma viagem para as Terras Imortais não confere automaticamente a imortalidade aos mortais. "Lá você apenas definharia e se cansaria mais rápido", explicou Tolkien. Ele chamou a viagem de Frodo para lá de "apenas uma recompensa temporária: uma cura e reparação do sofrimento".

O continente de Aman é de fato um lugar celestial para os Elfos e Ainur (os Valar e Maiar, o panteão de deuses de Tolkien) que deixaram a Terra-Média. Em Valinor, o país dos deuses, você encontrará lugares que valem a pena visitar, como Valmar, a cidade dos muitos sinos e telhados dourados, e os Jardins de Lorien, onde salgueiros prateados e pinheiros sonolentos se debruçam sobre campos de papoulas e lagoas cobertas de vaga-lumes. Faça uma caminhada ali ao entardecer para apreciar a canção repousante dos rouxinóis nas árvores.

CURIOSIDADES HISTÓRICAS

Do lado de fora do portão oeste de Valmar, procure um monte de relva verdejante. É Ezellohar, onde estavam, antes de Melkor destruí-las, as Duas Árvores de Valinor, uma dourada e outra prateada. A árvore prateada, Telperion, que emanava uma luz sagrada por sete horas todos os dias, é a ancestral da icônica Árvore Branca de Gondor.

Um lugar específico em Aman é menos idílico, mas todos os viajantes precisam passar por lá em seu itinerário. Os salões de Mandos estão localizados nas margens ocidentais de Valinor, à beira do Mar Exterior. Mandos é o Juiz dos Valar, e seus vastos e ecoantes salões se estendem até os Mares Sombrios. Eles são o domínio dos espíritos que partiram há pouco tempo.

Mandos reina com sua consorte Vairë, a Tecelã, num salão do trono com colunas de ébano, iluminado apenas por algumas gotas de orvalho de Telperion. Os salões sombrios do seu reino são adornados com as teias lendárias de Vairë, que registram todos os eventos da história na forma de tapeçarias.

Isso pode parecer problemático hoje em dia, mas o estado da sua *fëa*, ou espírito, nas Casas dos Mortos dependerá de sua origem racial. Os Elfos não envelhecem como os Homens, mas podem ser mortos em batalha ou morrer de tristeza. Se isso acontecer, sua *fëa* passará um tempo de espera no reino de Mandos, onde socializam pouco, mas passam por qualquer correção ou conforto de que precisem antes de renascerem como um bebê élfico de orelhas pontudas. Alguns espíritos élficos obstinados podem escolher evitar a reencarnação e permanecer com Mandos para sempre.

Se você é um Anão, fica num salão separado em Mandos, onde espera pacientemente pelo fim do mundo. Depois disso, você acredita que será chamado por Aule, o Criador, para ajudar a reconstruir a terra.

Se você pertence à raça dos Homens, seu itinerário é um pouco mais vago. Aqueles que morrem sob alguma grande maldição podem viver por um tempo como fantasmas, assombrando o local de sua vergonha ou arrependimento final, como ficamos sabendo quando Aragorn viaja pelos Caminhos dos Mortos em *O Retorno do Rei*. Como as almas dos Homens passam por Mandos, Tolkien originalmente imaginou a rainha dos mortos julgando-os num salão de basalto e asas de morcego, mantendo alguns com ela, condenando outros aos Infernos de Ferro em Angamandi, e colocando mais alguns no navio negro *Mornië*, que navega para as planícies crepusculares de Arvalin. Alguns poucos embarcam em carruagens para festejar com os deuses em Valmar.

Tolkien, porém, decidiu posteriormente ser mais ambíguo sobre o que acontece com as almas dos Homens quando deixam Mandos. Ele sempre quis ter dois caminhos em sua cosmologia: há o panteão politeísta de Ainur, como nos contos nórdicos que ele amava, mas todos são governados por Eru Ilúvatar, um único ser supremo onisciente coerente com as crenças católicas de Tolkien. Segundo *O Silmarillion*, Eru quis que os Elfos permanecessem num ciclo interminável de reencarnação, mas que os Homens tivessem que "buscar além do mundo e não encontrar repouso nele". Qualquer destino que os aguarde quando deixam seu purgatório nos salões de Mandos está além da Música dos Ainur e é desconhecido.

Se você for um Hobbit, a mitologia de Tolkien não diz absolutamente nada sobre seu destino. Talvez seu destino seja apenas um paraíso aconchegante, cheio de coletes, lareiras, tabaco para cachimbo, cogumelos salteados e músicas de flauta irritantemente fofas.

Deixe Ir

O VALE DAS SOMBRAS DA VIDA

O GRANDE ABISMO

O autor C. S. Lewis intitulou sua visão onírica do pós-morte, de 1945, como *The Great Divorce* [O Grande Abismo], como uma homenagem a *The Marriage of Heaven and Hell* [O Casamento do Céu e do Inferno], de William Blake. Na mente de Lewis, o Céu e o Inferno representam duas perspectivas muito diferentes da vida, as quais nunca, nunca, nunca se reconciliarão.

Sua jornada para esse céu provavelmente começará com sua chegada ao centro cívico da Cidade Cinza, um lugar sombrio e chuvoso, repleto de lojas sujas e pensões escuras. Bilhões vivem nesse crepúsculo interminável, mas você raramente os verá. Nesse lugar, você pode criar seu próprio bairro, sua própria rua, sua própria casa, com apenas um pensamento, então as luzes da cidade se estendem por milhões e milhões de quilômetros. Todos aqui são tensos e briguentos, mas felizmente ninguém tem vizinhos próximos.

A única maneira de sair da cidade é de ônibus, mas muitos arranjam desculpas para não fazer a viagem. Se você for um dos poucos a embarcar, terá uma surpresa: o ônibus vai decolar e voar sobre os telhados da Cidade Cinza. Logo você estará flutuando sobre um abismo perolado e uma luz cruel e desfavorável começará a brilhar à frente. O ônibus subirá pela encosta de um penhasco tão alto que você não conseguirá mais ver a base da montanha, mais abaixo.

Você chegará a uma vasta campina, pontilhada de florestas e cortada por um rio largo, como uma manhã de verão na Terra. A paisagem e o céu parecerão se estender até o infinito, de um jeito que você nunca viu na vida. Mas a grande diferença é que tudo aqui é eterno, enquanto você ainda é impermanente e fantasmagórico. Tente andar na grama e suas lâminas de diamante imóveis vão ferir dolorosamente seus pés. Tente examinar uma folha ou pétala e ela será tão pesada que você mal conseguirá levantá-la.

Sendo assim, como você atravessa a campina e chega às montanhas ao longe? Procure pelos ajudantes! As Pessoas Brilhantes são espíritos luminosos que adiaram sua jornada no Céu para ajudá-lo a começar a sua própria jornada. O tempo ali os tornou tão sólidos e substanciais quanto a grama e as árvores, e você pode contar com a ajuda deles enquanto aos poucos se fortalece e se torna eterno também. Com esse apoio, você pode desfrutar dos destaques dos arredores do Céu, que eles chamam de Vale das Sombras da Vida. Se tiver sorte, poderá avistar leões brincando na grama, manadas de unicórnios com olhos vermelhos cintilantes e chifres índigo, e uma árvore de maçãs douradas, umedecida pelos borrifos de uma caudalosa cachoeira (que não é apenas uma cachoeira normal, mas também um gigante risonho e angelical).

Olhe para trás, *muito* de perto, e você poderá ver uma pequena rachadura no solo. É o "penhasco" que você viu quando chegou aqui! O céu não está apenas "acima" da Cidade Cinza. Ele também é infinitamente maior.

Sim, a Cidade Cinza é o Inferno... ou pelo menos o Purgatório, já que muitos de seus moradores um dia conseguem sair dali e seguir em frente. A única coisa que os impede, você descobrirá, são eles mesmos. Eles precisam mudar, abandonar preocupações terrenas e fraquezas, e a maioria de nós resiste a abandonar nossas muletas. Talvez você sinta falta demais da vida mortal ou queira garantias de que suas antigas habilidades e prioridades ainda terão importância agora. Talvez você se sinta indigno do Céu ou desconfie dele, ou queira "melhorá-lo" à sua própria imagem. Talvez você gostasse mais de brincar de fazer perguntas do que de ouvir respostas. Sejam quais forem as deficiências que o impedem de entrar no Céu, provavelmente não são aquelas que os religiosos previram. Ídolos falsos como a arte ou o patriotismo ou até mesmo o amor pela família podem ser mais perigosos do que a luxúria ou a raiva, porque nem sempre *parecem* pecados.

Algumas dessas fraquezas podem até assumir uma forma física, como um pequeno lagarto agarrado ao seu ombro. Mas você precisa concordar em queimar seu lagarto e seguir em frente. Quando você avançar pelo Céu Profundo com os celestiais, encontrará uma fonte semelhante ao rio Lete, cuja água o ajudará a perder todo o sentimento de orgulho e posse com relação às suas próprias obras. Então você pode *realmente* começar a se tornar uma pessoa, deixando tudo para trás e dizendo a Deus: "Que seja feita a tua vontade". Como os celestiais lhe dirão, *todos* são surpreendidos pelo Céu e percebem que estavam errados a respeito de tudo desde o início. O segredo é parar de fingir que você estava certo.

FILMES

DOIS LOUCOS NO TEMPO

BILL & TED

B*ill & Ted: Uma Aventura Fantástica* é um clássico da comédia *cult*, mas sua sequência de 1991 é ainda mais ambiciosa. Em *Bill & Ted: Dois Loucos no Tempo*, os preguiçosos do título fazem um grande *tour* pelo pós-morte, incluindo visitas a um Paraíso muito louco e um Inferno mais louco ainda.

Quando chegar a sua hora, esperamos que você não seja empurrado das Rochas Vasquez do Condado de Los Angeles por uma versão robô maligna de você mesmo, vindo do futuro, como acontece com Bill e Ted no filme. Mas seja qual a maneira pela qual você morra, será uma grande mudança. Seu entorno estará tingido de azul, sua pele pálida, sua voz filtrada por um efeito de eco reverso estranho, suas roupas de repente ficarão monocromáticas e sem vida. (Você será invisível e intangível, por isso, quando alguém passar através de você, você se esticará e pulará de um lado para o outro como uma gelatina. A única maneira de se comunicar será possuir os vivos, entrando no corpo deles pelos ouvidos.)

Mas o sinal revelador, por assim dizer, será o homem que se aproxima de você com uma túnica preta e uma foice. "Vocês virão comigo", comandará a Morte num tom de voz profundo e ecoante.

Como Bill e Ted dizem, existem duas maneiras de "driblar" o Ceifador. Você pode detê-lo temporariamente puxando sua roupa de baixo para cima e dando-lhe um "*melvin*", que é o tipo mais extremo ou vergonhoso desse tipo de brincadeira. Mas para uma fuga permanente, você precisará desafiar a Morte para uma disputa, como o jogo de xadrez do filme *O Sétimo Selo*, de Ingmar Bergman... e vencer. Aviso que a Morte só foi derrotada uma vez e ela mostrou ser uma péssima perdedora. No filme,

Bill e Ted a vencem em quatro desafios diferentes (Batalha Naval, Detetive, Electric Football e Twister), até que ela finalmente os deixa voltar para o mundo dos vivos.

Se você perder o desafio, a Morte o sentenciará a uma das duas opções de destino final, dependendo do quanto você foi falso ou espetacular durante sua jornada terrena. Bill e Ted visitam brevemente esses dois destinos antes da sua partida final de Twister com a Morte. O Inferno que visitam é um abismo tão profundo que você cairá por minutos a fio antes de aterrissar numa caverna escura e enfumaçada. Uma constelação de grandes rochas flutua no vazio, amarrada por correntes à maquinaria infernal maciça. Cuidado com a enorme cabeça de dragão de metal cuspindo fogo!

Um gigantesco Belzebu chifrudo abrirá a porta que o joga num labirinto de túneis subterrâneos. Cada porta leva a um novo tormento, todos filtrados por uma lente de pesadelo do expressionismo alemão e cada um feito sob medida para você. Existe uma memória de infância específica que o tenha traumatizado ou um medo secreto que o assombra em seus sonhos? Eles estão todos aqui! Escolha sua eternidade!

O Céu, por outro lado, é uma cidade reluzente no estilo *art déco,* num vazio branco, cercada por discos flutuantes irradiando tons de verde e roxo neon. Os filmes *Bill & Ted* querem nos convencer de que o futuro seria uma utopia perfeita dos anos 1980 – por que o Céu não deveria ser também?

Caminhe pelas fileiras de esplêndidos pilares brancos junto com seus colegas santos. Todos vocês estarão vestidos com versões brancas e lilás de suas roupas terrenas. Uma fila de recepcionistas em uniformes de comissários de bordo lhe entregará um folheto avisando que apenas as almas mais serenas e iluminadas podem entrar. Na frente de um portão gigante, você verá uma sentinela que se parece muito com o lendário músico de blues Taj Mahal, com sua pena branca pairando sobre um livro dourado. Esse é o anjo encarregado de decidir quem merece o Céu.

COSTUMES LOCAIS

Se o porteiro lhe fizer uma pergunta complicada do tipo "Qual é o sentido da vida?", não se preocupe. Bill e Ted se saem muito bem citando letras de músicas da banda *Poison.*

No grande átrio à frente, você pode ver um animado jogo de charadas entre Albert Einstein e Benjamin Franklin. A ampla escadaria branca à sua frente leva até uma luz ofuscante, mais acima. Dê uma olhada: é totalmente resplandecente. É o trono de Deus, e você descobrirá que Ele é uma divindade muito excelente.

Deixando o Mundo Materi-au!

CÉU CANINO

TODOS OS CÃES MERECEM O CÉU

Como vimos, o universo está repleto de pós-mortes complicados, mas este aqui é bem objetivo. Se você é um cachorro, vai para o Céu. Ponto-final. Está lá no título do desenho animado de 1989 de Don Bluth e na sua sequência de baixo orçamento!

Se você tem a sorte de ser um cachorro, então, ao contrário dos seres humanos, você é naturalmente bom, leal e gentil. Quando você morre (ou é "enviado para um sítio no interior", se seus donos preferirem), verá a si mesmo passando por um túnel de estrelas e bolhas antes de chegar a uma nuvem em tons pastéis, adornada com joias e contas no céu noturno. Um toque da Trombeta de Gabriel materializará um conjunto de portões dourados pelos quais você entrará.

DICAS PARA VIAJANTES ESPERTOS

Se você estiver trazendo consigo o objeto que provocou a sua morte (o osso de frango com o qual você se engasgou ou o fio do eletrodoméstico que roeu), esteja ciente de que ele será gentilmente confiscado neste momento. Você não poderá levá-lo!

Este é o Grande Salão do Julgamento, mas o "julgamento" é apenas uma formalidade. Você colocará uma pegada no seu registro do Livro dos Recordes, exibido numa mesa de mármore, e então um anjo do alto escalão o conduzirá ao Céu, entregando-lhe sua túnica, asas e auréola. Talvez você seja designado para Annabelle, a fofíssima galgo dançarina!

Depois disso, você pode fazer o que quiser, para sempre. Embora vejamos brevemente leões descansando com cordeiros nas nuvens, parece ser principalmente um paraíso só para filhotes. Faça um tour seguindo a rede infinita de calçadas e rampas douradas. Você verá cachorros tomando sol e recebendo massagens, mas nunca se coçando (as pulgas vão para o outro lugar). Existem campos cheios de tigelas com comida e, se você cavar um buraco nas nuvens, um gêiser de ossos deliciosos vai jorrar. Durante o dia, há muitas pequenas cerimônias nas quais os falecidos recebem alfinetes com joias por serem tão bonzinhos. À noite, estranhamente, há shows de fogos de artifício. Mas os cachorros não odeiam fogos de artifício?

Para a maioria dos cachorros, essa é uma vida boa. Mas alguns acham que logo ela fica entediante. O lugar é perfeito demais, tranquilo demais. Se você estiver entediado, há duas opções. Primeiro, você pode retornar à Terra. Perto da entrada do Céu Canino, há um mar de relógios flutuantes, todos parados. Cada um representa a vida de um cachorro falecido. Encontre o relógio de parede ou de pulso com o seu nome (você é um cachorro que sabe ler, certo?) e dê corda nele. Você será levado de volta à Terra quando ele começar a funcionar, mas é bem possível que não possa retornar.

E a segunda opção? Apesar do título da franquia, parece haver também um Inferno Canino: uma fossa de lava sob uma planície vulcânica devastada, embora sua teologia seja obscura. Em algumas cenas de pesadelo no primeiro filme, um cachorro-dragão com asas de morcego navega com sua balsa de ossos num lago de fogo ali. Mas, no segundo filme, o Inferno parece ser comandado por gatos (o que faria muito mais sentido para os amantes de cachorros). O demônio-chefe, especificamente, é um tipo de pantera chamado Red, que comanda uma legião de pequenos duendes esqueléticos com orelhas de roedor. Seja lá o que aconteça lá embaixo, o Inferno está conectado ao Céu por um conveniente telefone público. Talvez você consiga arquitetar sua saída do Céu fazendo literalmente um acordo com o diabo.

Mas cuidado! O primeiro filme termina com o vilão Cicatriz (um pitbull mestiço que fuma charuto e não é *nem* bom, *nem* leal, *nem* gentil) entrando no Céu, como o resto da sua espécie. Mas, quando seus planos não dão certo na sequência, Cicatriz é arrastado para o Inferno! Lá se vai o título e a premissa do filme. *Hashtag* nem todos os cachorros.

Reviravolta do Destino

NEGAÇÃO

O SEXTO SENTIDO

Como veremos na página 185, em alguns filmes, os mortos vão para o Iowa. Mas o estado de Iowa não é o único que tem o seu próprio Outro Mundo; há também o estado de negação. Se você teme que a parte mais difícil do pós-morte seja a deprimente constatação de que você está morto, por que não pular essa etapa completamente? Um total esquecimento é o destino para você!

Contos sobre fantasmas que acham que ainda estão vivos remontam pelo menos aos contos populares chineses do século XVII de Pu Songling. Autores posteriores como H. P. Lovecraft (em "The Outsider") e Ambrose Bierce (em "An Inhabitant of Corcosa") usaram essa ideia pelo mesmo motivo que Pu: ela proporciona um final surpreendente quando seu protagonista percebe que é o fantasma, não o assombrado. Em 1999, um jovem diretor desconhecido chamado M. Night Shyamalan fez quase 700 milhões de dólares nas bilheteiras com (ALERTA DE SPOILER!) exatamente o mesmo roteiro em seu filme *O Sexto Sentido.*

Se no seu pós-morte você optar por ser um tipo de assombração no estilo de *O Sexto Sentido*, provavelmente se verá orbitando em torno das mesmas pessoas e lugares que conhecia quando estava vivo. Eles não vão prestar muita atenção em você, é claro, já que agora você está invisível, mas você encontrará maneiras de explicar isso a si mesmo. Isso não será difícil porque os mortos só veem o que querem ver. Você não verá outros fantasmas, por exemplo. Isso acabaria com a ilusão ocasionada pela sua descrença. Sua forma espiritual ainda pode mostrar as marcas da doença ou do incidente que o matou (queimaduras, um laço em volta do pescoço, vômito incontrolável), mas você nem vai notar.

A ignorância é tão cômoda que a racionalização se tornará algo natural para você. Família e amigos não falam mais com você? É só um período difícil em seus relacionamentos. (Isso dá um novo significado à expressão "perdendo a identidade".) Todas as suas coisas agora estão encaixotadas no porão? Você mesmo deve ter feito isso por algum motivo. Não tem mais as chaves de casa? Você deve tê-las esquecido em algum lugar. Basta se materializar do outro lado da porta trancada ou bloqueada e fingir que não há nada de estranho nisso.

TRAJE TÍPICO

Enquanto você segue sua rotina diária, se verá usando um traje comum da sua vida terrena, provavelmente uma variação do que usava quando morreu. Você imaginará que tem acesso aos seus pertences pessoais, então poderá mexer numa maleta ou algo do tipo. A única exceção pode ser um acessório de valor sentimental, como uma aliança de casamento; isso não é possível fazer aparecer. Ela se foi para sempre.

Com algum esforço, você poderá segurar e mover objetos, mas não enquanto alguém estiver olhando diretamente para você. Sua voz pode ser gravada numa fita, mas num volume tão baixo que ninguém provavelmente ouvirá. As pessoas podem conversar com você se estiverem levemente adormecidas, mas não se lembrarão depois. Um pequeno número de pessoas *consegue* ver os mortos e você se sentirá atraído por elas. (Tente resistir à tentação de agredir essas almas sensíveis, como muitos fantasmas fazem. Mas, se você for gentil com elas, podem ser de grande ajuda.) Em relação ao restante dos vivos, porém, o máximo que você pode fazer é convencê-los a colocar uma blusa. As temperaturas cairão abruptamente quando você estiver por perto, até quinze ou vinte graus, especialmente se você ficar agitado.

E você provavelmente ficará agitado com frequência. As pessoas que acabam nesse limbo do pós-morte têm negócios inacabados; elas apenas não estão admitindo isso para si mesmas. Assim que você cumprir sua missão, provavelmente ajudando alguém, será tomado por uma sensação palpável de libertação e estará pronto para partir em direção à luz. Para onde você está indo? Quem sabe? Mas pelo menos você não estará mais perambulando pelo porão.

Uma Lembrança do Passado

A ESTAÇÃO

DEPOIS DA VIDA

Você só pode levar uma memória consigo para a próxima vida. Qual será? No filme de 1998 de Hirokazu Kore-eda, *Depois da Vida*, os mortos emergem de uma névoa branca e entram num complexo de prédios baixos de concreto, um tanto deteriorados, enquanto um sino toca ao longe. Dê seu nome ao funcionário no guichê e siga para a sala de espera. Você será conduzido a uma sala de conferências com um dos três orientadores da instalação, que confirmará seu nome e data de nascimento. "Você morreu ontem", dirá o orientador. "Sinto muito pela sua perda."

Desfrute da sua estadia de uma semana nesse ponto de passagem, com cerca de outras vinte pessoas, relaxando em seu dormitório e passeando pelos terrenos arborizados. A estação que vemos no filme tem uma equipe e clientela totalmente japonesas, mas deve haver muitos outros lugares assim espalhados pelas fronteiras entre o nosso mundo e o outro. Não está claro quem administra essa organização, mas seu logotipo corporativo, que vemos em bandeiras e documentos, é um redemoinho branco de dois discos entrelaçados num fundo azul. À primeira vista, parece um pouco com uma bolha ou nuvem.

Você terá três dias nessa semana, de segunda a quarta-feira, para refletir sobre sua vida e escolher apenas uma lembrança, a mais significativa e preciosa, para levar como seu único souvenir do mundo dos vivos. É uma tarefa desafiadora! Muitos recém-chegados sentem que têm boas lembranças demais para escolher só uma; outros dizem que não têm nenhuma. Se você está tendo dificuldade para reduzir sua escolha, seu orientador pode trazer uma caixa de fitas VHS (uma fita para cada ano de sua vida), para ajudá-lo a revisar todos os pontos altos da sua existência mortal.

CUIDADO, VIAJANTE!

Escolher uma lembrança é uma decisão importante, portanto, pense bem em vez de escolher a primeira que lhe vem à mente. No posto de parada do filme, onde todas as placas estão em japonês, cerca de trinta pessoas todos os anos (na maioria adolescentes) escolhem a lembrança de uma visita à Disneyland da cidade de Tóquio.

É importante selecionar sua lembrança até a metade da semana, porque a equipe passará toda a quinta-feira e sexta-feira recriando fisicamente sua experiência para você, por meio da magia do cinema! Isso mesmo: um prédio no complexo é um pequeno estúdio lotado, onde uma equipe de filmagem ensaiará e gravará um curta-metragem da sua lembrança favorita. (Por que os arquivos em vídeo da sua vida não são suficientes para esse processo? Isso não está claro. Simplesmente não são.) A equipe leva seu trabalho a sério, passando um dia inteiro fazendo pesquisas de locação para fotos de referência no mundo dos vivos, construindo cenários, montando adereços e figurinos e até mesmo escalando atores.

No entanto, não espere um grande orçamento de Hollywood. Essas pessoas trabalhadoras não têm recursos ilimitados. O modelo de carro ou avião em sua gravação pode não ser exatamente preciso para a época. Vasos de plantas e um fundo pintado podem substituir uma paisagem bonita, e as nuvens talvez sejam grandes pedaços de algodão. Você levará para a eternidade uma versão muito Wes Anderson da sua vida.

No sábado, você e seus companheiros de viagem entrarão numa sala de exibição com sete fileiras de assentos laranja confortáveis, e as cenas de todos serão reproduzidas sequencialmente. Na escuridão, você entrará literalmente em sua lembrança, assim como os espectadores de cinema só podem fazer de maneira metafórica na Terra. Quando as luzes se acenderem, todos os falecidos terão ido embora. Para onde você vai? Para um lugar "onde você pode ter certeza de que passará a eternidade com essa lembrança".

A menos que você não tenha escolhido lembrança nenhuma! Se você não fizer um filme, ficará na instalação como membro da equipe ou orientador assistente. Agora você será um dos funcionários silenciosos que arquivam documentos, limpam os pisos de madeira rangentes, ensaiam na hora do almoço com a banda da empresa. Parabéns por ter conseguido um emprego estável no governo.

A Última Parada

FORT MORGAN

A BALADA DE BUSTER SCRUGGS

A noção da morte como uma carruagem puxada por cavalos é conhecida em nossa cultura, desde o "Cóiste Bodhar" da lenda irlandesa, até o passeio de carruagem tranquilo além do pôr do sol no poema "Porque não pude parar para a Morte", de Emily Dickinson. Mas a carruagem da morte de "Os Restos Mortais", a última história da antologia faroeste de 2018 *A Balada de Buster Scruggs,* dos irmãos Coen, é muito mais eficiente: é uma espaçosa diligência do Velho Oeste, que acomoda confortavelmente cinco ou seis pessoas. Mas elas não parecem saber que estão mortas.

Se você, em algum momento, se encontrar a bordo da diligência dos Coen em direção a Fort Morgan, provavelmente estará cercado por uma mistura variada de seres humanos, porque é assim que a morte é. Em *A Balada de Buster Scruggs,* dois caçadores de recompensas se sentam de frente para três passageiros mais idosos: um caçador grisalho, um jogador de pôquer francês risonho e uma formidável senhora da igreja viajando para encontrar o marido, um palestrante do movimento Chautauqua. Os três debatem sobre a natureza do amor, da vida e do pecado. Baladas fúnebres irlandesas melancólicas são cantadas, histórias de fantasmas são contadas e os caçadores de recompensas descrevem seu ofício violento. A "carga" que eles estão levando para Fort Morgan no teto da diligência, como se revela, é o corpo de um homem procurado que eles mataram, um tal de sr. Thorpe. Pode ser que alguns de seus companheiros em sua última viagem de carruagem não sejam seus colegas falecidos, mas "ceifadores" e "coletores de almas" como esses dois.

Enquanto você viaja, a noite cairá e a lua surgirá no céu, mas o cocheiro encapuzado, sem rosto sob um chapéu de aba larga, não vai parar os cavalos. Ele nunca para.

("São as regras", explica um dos caçadores de recompensas.) Mais tarde, naquela noite, você finalmente chegará a Fort Morgan, um pequeno agrupamento de edifícios escuros de madeira. A diligência o deixará na frente do Hotel Fort Morgan, um sombrio estabelecimento com iluminação a gás e uma fachada vitoriana verde-escura. Ao subir os degraus da frente, faça uma pausa para admirar os dois símbolos acima das portas duplas: um querubim celestial do lado esquerdo e uma cabeça de bode demoníaca do lado direito.

A sala de estar estará escura, com móveis pesados de veludo e alguns abajures no estilo Tiffany. Não há recepção visível, apenas uma escadaria no fundo do saguão levando para cima, em direção a uma luz etérea. Se você nesse momento estiver reconsiderando o local da sua estadia, saiba que é tarde demais. Você ouvirá a diligência se afastando ao longe, enquanto você se dirige para o seu destino final.

Meu Paraíso do Blues

HOTEL HADES

UMA CABANA NO CÉU

As vidas após a morte, no cinema moderno, geralmente ostentam uma diversidade bem estudada, mas um céu integrado nem sempre foi uma opção palatável para os frequentadores dos cinemas americanos. Em nossa defesa, posso dizer que isso ocorria apenas porque éramos muito, mas *muito* racistas.

Nos primórdios de Hollywood, os estúdios estavam ansiosos para aderir a gêneros musicais que vinham ganhado popularidade, como o jazz e o blues, e por isso deram carta branca a meia dúzia de musicais com elencos totalmente negros. As trilhas sonoras eram sempre compostas por músicos brancos, é claro. Por um lado, todos eles compunham com evidente respeito pela "música negra" que amavam e finalmente proporcionaram bons papéis a dezenas de artistas talentosos que mereciam mais do que seu papel usual em Hollywood. Por outro lado, é impossível assistir a esses filmes hoje (e para o público negro, até na época) sem sentir desconforto com a linguagem afetada e os estereótipos.

Talvez o melhor exemplo de todos seja *Uma Cabana no Céu*, de 1943, no qual Eddie Anderson, mais conhecido por seu papel como Rochester, o mordomo de Jack Benny, interpreta Little Joe, um marido amoroso que tem dificuldade para se manter na linha. Sua esposa, Petunia (Ethel Waters), tenta levá-lo à igreja aos domingos, mas nunca sabe quando ele pode escapar pela porta dos fundos, para uma rápida partida de dados. Quando Little Joe é baleado numa briga de bar, sua alma fica entre o Céu e o Inferno (ou pelo menos o Céu e o Inferno que os escritores brancos imaginaram adequados para uma audiência negra em 1943.)

O Inferno é o "Hotel Hades", onde trabalham diabretes que fumam charutos, vestem uniformes de recepcionistas de hotel e usam cabelos esculpidos em chifres diabólicos. O pequeno Lúcifer empunha um tridente e dirige o Departamento de Ideias do hotel, um escritório com ar-condicionado onde a equipe veste roupões de banho brancos. Uma posição muito mais confortável do que carregar carvão nas caldeiras abaixo! Mas os homens de ideias (incluindo Louis Armstrong!) já estão vivendo dos tormentos que sonharam há muito tempo, como moscas ou as crueldades do faraó bíblico. Lúcifer Jr. está preocupado que seu "Papai" invisível não ficará feliz se sua carruagem de amianto perder mais uma alma.

Também nunca vemos "o Senhor", mas seu exército de anjos dignificados veste uniformes militares brancos, com muitos galões e dragonas. Eles podem ler pensamentos, invocar ajuda miraculosa e voar até o céu e de volta em questão de minutos... se o vento estiver favorável.

Se você merecer o Céu do coral gospel de *Uma Cabana no Céu*, uma escadaria infinita o levará para cima a partir do local da sua morte. Você passará por muitos querubins nus, apoiados em pilares. Eles se parecem com aqueles das pinturas renascentistas, exceto pelo fato de que são todos negros. *Será que acabamos de surpreender vocês, brancos de 1943?*

Little Joe acorda em seu leito de morte antes de entrar nos portões celestiais; tudo não passou de um sonho! (Ele provavelmente deveria ter percebido isso quando viu que o General do Senhor tinha a mesma aparência do seu pastor, e Lúcifer Jr. era a cara do seu colega jogador Lucius, no estilo *O Mágico de Oz*!). Assim, nossas únicas pistas sobre o que acontece dentro do Céu vêm de *Uma Cabana no Céu*, a música-título que Petunia canta para Joe no início do filme. Ela imagina uma pequena propriedade celestial com "um acre ou dois de azul-celeste para cultivar". Não é ótimo que cineastas brancos tenham imaginado pessoas negras como trabalhadores humildes, *mesmo no Céu*, mas pelo menos a letra foi alterada para deixar claro que Petunia planeja "cantar e orar" em sua cabana. Na Broadway, ela prometeu "comer frango frito todos os dias". O que seria delicioso, obviamente, mas não exatamente uma vitória para os direitos civis.

IOWA

CAMPO DOS SONHOS

Assim como acontece com os cães em *Todos os Cães Merecem o Céu,* seu destino após a morte é fácil e garantido caso você seja um jogador de beisebol profissional falecido no início do século XX. Nesse caso, há um céu muito exclusivo esperando por você aqui na Terra: o campo de beisebol que dá nome ao filme *Campo dos Sonhos,* de 1989.

Saia do milharal dessa cidade, que é uma atração turística da vida real no condado de Dubuque, em Iowa, e pise no gramado bem cuidado de um campo de beisebol. Milagrosamente, você estará vestido com seu uniforme e luva originais. Tudo ainda servirá, pois seu corpo foi restaurado para o auge da sua carreira no time de beisebol profissional St. Louis Brown Stockings. Não se assuste com as grandes torres de luz! Muita coisa aconteceu enquanto você estava no limbo do milho. As ligas principais agora têm jogos noturnos.

Treine jogadas, pegue algumas bolas rebatidas ou até participe de uma partida casual com outros astros do passado que ficaram esperando por décadas pela chance de jogar novamente. Você pode encontrar velhos rivais ou seus *verdadeiros* inimigos: os árbitros, que também podem emergir da vida após a morte e serem os juízes do seu jogo. Sempre haverá mais jogadores de beisebol mortos do que vagas no time, então você pode ter que esperar sua vez. E se você foi um idiota na vida real (como, digamos, Ty Cobb), os caras talvez nunca lhe deem uma chance.

Nem todos os vivos poderão ver suas proezas atléticas no campo, porque nem todos acreditam na magia do beisebol, na "emoção do gramado". Mas muitos acreditarão! As arquibancadas provavelmente estarão cheias de turistas que responderam a um chamado silencioso para irem ao Iowa e tiveram a chance de ver seus heróis jogar mais uma vez. Será uma tarde feliz para eles; como diz James Earl Jones no filme, "como se tivessem mergulhado em águas mágicas".

VIAJANTE, CUIDADO!

Não confraternize muito com os vivos. Eles podem cruzar a fronteira de cascalho na borda do campo, mas você não pode. Se você sair do gramado perderá sua juventude e a vaga no time. Você desaparecerá, assim como os jogadores que voltam para o meio do milharal no fim de cada treino, mas você não poderá retornar.

Em raras ocasiões, até mesmo amantes do beisebol que nunca chegaram às grandes ligas são autorizados a se juntar às equipes para uma partida. Ray Kinsella, o fazendeiro de Iowa que arou seu milharal para construir o campo, descobre no final do filme que o universo realmente só queria que ele jogasse beisebol uma vez mais com seu pai distante, momento em que todo homem emocionalmente reprimido que está assistindo ao filme derrama algumas lágrimas do seu jeito másculo dentro do balde de pipocas.

"Para mim, é como um sonho que se tornou realidade", diz seu pai, observando o campo do filho. "Isso é o Céu?"

"É Iowa!", responde Ray.

"Eu poderia jurar que é o Céu."

CIDADE DO JULGAMENTO

UM VISTO PARA O CÉU

E se o Juízo Final não fosse realmente final? E se você pudesse simplesmente fazer o teste repetidamente até passar? Na comédia romântica de Albert Brooks de 1991, *Um Visto para o Céu,* a vida após a morte começa com uma eficiente estadia de cinco dias na Cidade do Julgamento, onde se determina se cada alma deve retornar à Terra para reencarnar ou se já está avançada o suficiente para seguir "adiante".

Após sua morte, você se verá sentado numa cadeira de rodas, vestindo uma camisola de hospital. As cadeiras são empurradas em fileiras de três por auxiliares de enfermagem, por uma série longa de rampas até uma frota de bondes brancos. Você ainda estará um pouco atordoado pela sua jornada, então não se assuste com seu semblante sem vida ou sua incapacidade de sequer levantar os braços. Funcionários prestativos o guiarão para o bonde correto e depois para o seu quarto de hotel.

A Cidade do Julgamento provavelmente parecerá familiar para você. É um lugar genérico, projetado para lembrá-lo de sua vida terrena e fornecer uma transição sem estresse. O personagem de Albert Brooks é um executivo do ramo da publicidade de Los Angeles, então sua cidade é a que processa chegadas de todo o oeste dos Estados Unidos: 2.500 pessoas por dia. Parece exatamente com uma cidade americana de médio porte, embora lembre muito uma comunidade de aposentados. A maior parte das pessoas que chegam são idosos, é claro. (Crianças que morrem não precisam ser julgadas e os adolescentes são tão barulhentos que têm seu próprio destino.) Você verá outdoors de campos de golfe, passeios a cavalo e pontos de encontro como o restaurante Sid's Steakhouse, o clube de comédia Bomb Shelter e a pista de boliche

Judgment Lanes. Não perca o Pavilhão das Vidas Passadas, onde sua anfitriã, uma holográfica Shirley MacLaine, dará uma espiada em suas encarnações anteriores na Terra.

Ao voltar para o seu quarto de hotel, aproveite os cinco canais de TV transmitindo novelas póstumas, programas de entrevista, programas de jogos e previsão do tempo (está sempre fazendo 23 graus e o dia está sempre ensolarado na Cidade do Julgamento... todos os dias). Que tal pedir algo ao serviço de quarto? Pela primeira vez, você pode comer o que quiser sem ganhar um grama.

TRAJE TÍPICO

O armário do seu quarto estará cheio de túnicas brancas idênticas, chamadas tupas. Elas servem para todos! Você nunca terá que se preocupar com o que vestir aqui.

Você não está na Cidade do Julgamento para relaxar, no entanto. No seu primeiro dia completo lá, pegue um bonde da Cidade Interna para o Círculo dos Defensores, e tenha uma reunião com seu advogado. Esse é o conselheiro jurídico que o defenderá no seu julgamento, afirmando que você merece "avançar plenamente" para se tornar um cidadão do universo. Esse período de exame acontece após cada vida, e as pessoas que se desenvolveram o suficiente na Terra (aprenderam coisas, superaram seus medos) conseguem avançar para destinos mais emocionantes. Os administradores do pós-morte, os "residentes" da Cidade do Julgamento, são ex-seres humanos como nós, mas eles nos chamam de "Pequenos Cérebros", porque usam uma porcentagem muito maior da mente do que nós. Eles são tão avançados que comem coisas marrons muito pouco apetitosas achando que é comida e se comunicam em dígitos binários.

Seu julgamento acontecerá num grande prédio de escritórios chamado Centro do Julgamento, onde seu advogado e um promotor se revezarão apresentando cenas da sua vida. Os *flashbacks* aparecem numa tela tão realista que você será sugado de volta ao seu passado. Após quatro dias, um painel judicial de duas pessoas emitirá seu julgamento em trinta minutos ou menos, e você saberá para onde está indo.

Volte para a estação de trânsito, onde uma fila de bondes estará indo em direção a oito túneis em penhascos rochosos. Os dois túneis à direita levam "adiante", enquanto os seis à esquerda o levam de volta para renascer na Terra. Se você ainda é um Pequeno Cérebro, não se preocupe. Algumas pessoas retornam à Cidade do Julgamento quase cem vezes antes de acertar.

Lembre de mim, hoje eu tenho que partir,
Lembre de mim, se esforce pra sorrir.
– Héctor Rivera

A TERRA DOS MORTOS

VIVA – A VIDA É UMA FESTA

Já faz muito tempo que a Pixar cria filmes animados não para inspirar a admiração das crianças, mas para agradar aos pais sentimentais. As crianças não querem filmes sobre brinquedos que ficaram obsoletos, robôs solitários, pais palhaços superprotetores, viúvos enlutados, ex-super-heróis em crise de meia-idade ou a Route 66. As crianças assistirão a qualquer coisa! Essas histórias são iscas para os pais; sinceras, mas com uma nostalgia *boomer* maldisfarçada. E em 2017, a Pixar deu o próximo passo lógico, avançando de desenhos animados infantis sobre pessoas idosas para desenhos animados infantis sobre pessoas mortas.

Viva – A Vida é uma Festa começa numa pequena cidade mexicana no Día de los Muertos, o Dia dos Mortos. Enquanto os vivos honram seus ancestrais, uma série de acontecimentos improváveis leva o jovem Miguel à Terra dos Mortos, onde ele descobre que seus antepassados vivem e esperam ansiosamente o ano todo para visitar o mundo dos vivos em seu dia especial.

Essa Terra dos Mortos é uma metrópole colorida de casas construídas umas sobre as outras, que se espiralam até alturas vertiginosas e são ligadas por uma teia de colunatas, trilhos de bonde e gôndolas. À sombra dessas torres, há um labirinto de ruas de paralelepípedos, onde você pode passear por arcos pitorescos ou relaxar em bares.

Você e as outras almas aqui são esqueletos, mas esqueletos divertidos da Pixar, não aqueles assustadores! As órbitas oculares têm olhos, você pode usar perucas e seu crânio até imitará o abaulamento carnudo das bochechas e do queixo que você tinha em vida. Você controla cada um de seus ossos, por isso é capaz de se reconstituir e se desmontar, ou até enviar sua cabeça ou um braço numa missão, separada do seu corpo.

CURIOSIDADES HISTÓRICAS

A Terra dos Mortos foi construída aos poucos, ao longo dos séculos, para acomodar a crescente população do pós-morte. Como resultado, um simples passeio pela cidade pode ser uma fascinante expedição arqueológica. Os níveis mais baixos da cidade são pirâmides de pedra antigas, com camadas de edifícios sucessivamente mais modernos construídos sobre elas, à medida que mais e mais gerações de defuntos chegavam.

ATRAÇÕES PRINCIPAIS

O ESPETÁCULO DO NASCER DO SOL – No Dia dos Mortos, o ingresso mais concorrido é para esse acontecimento incrível no estádio central da cidade, em forma de arena. Chegue cedo para pegar um *elote* e se maravilhar com os fogos de artifício em forma de crânio.

BAIRRO DAS ARTES – Aventure-se neste bairro boêmio de galpões de tijolos, convertidos em vastos estúdios, e você pode ser recompensado com um vislumbre dos seus artistas favoritos em plena atividade. A falecida Frida Kahlo tem um *loft* aqui, onde ela prepara novas exposições, uma mais inovadora do que a outra. Confira o mamoeiro de quase dez metros no qual ela está trabalhando!

ALEBRIJES – Esses animais de cores neon se parecem com as criaturas fantásticas da arte popular mexicana. Seu *alebrije* pessoal pode ser um besouro ou borboleta pequenos ou um *fennec fox*, ou uma variedade mais exótica: uma cobra alada, um coelho-sapo, um jaguar gigante com chifres de carneiro. Esses guias espirituais têm poderes úteis e inesperados, como cuspir fogo ou rastrear pegadas. Mas cuidado por onde anda, porque eles deixam montinhos de cocô espalhados *em todo lugar*.

ONDE FICAR

É melhor ficar no centro lotado e relativamente seguro, onde lanternas são penduradas em cada parapeito e velas brilham em recessos nas paredes de pedra. Não siga a cidade morro abaixo até as cabanas escuras junto à água. Lá moram "os esquecidos". Veja, todo esse reino é alimentado pela memória dos vivos. Enquanto seus descendentes se lembrarem de você, você pode desfrutar de uma animada vida após a morte. Mas, à medida que as lembranças que eles têm de você vão se apagando, seus velhos ossos vão enfraquecendo, até você finalmente brilhar num tom laranja e se desvanecer. Nesse "último suspiro", seu espírito se move como uma nuvem. Ninguém sabe para onde.

COMO SE LOCOMOVER

Você pode ir a qualquer lugar da cidade a partir da Estação Central de Marigold, onde diferentes formas de transporte público se encontram e se conectam. A estação é uma atração arquitetônica em si, uma obra-prima da *art nouveau* em ferro fundido e vitrais coloridos. Mas, para visitar seus parentes vivos, você precisará passar por um elaborado processo de alfândega administrado pelo Departamento de Reuniões Familiares. Se o sistema de reconhecimento facial da alfândega revelar que seus familiares sobreviventes colocaram sua foto na *ofrenda* (altar doméstico) do Dia dos Mortos, você terá permissão para cruzar as grandes passarelas de pétalas de calêndula que se arqueiam até as nuvens. A única condição é que você volte antes do amanhecer! Mas, se seus descendentes não se lembraram de você este ano, você será impedido de fazer a travessia ou afundará nas pétalas alaranjadas da ponte. Esse não é um bom pós-morte para os que não têm filhos.

ONDE COMER E BEBER

PLAZA DE LA CRUZ – Esta praça movimentada, que recebeu esse nome em homenagem ao lendário cantor e ator mexicano Ernesto de la Cruz, é cercada por vendedores de comida de rua durante o dia e fica lotada de gente festeira à noite. Se você tiver a sorte de estar na praça no Dia dos Mortos, reserve um lugar na frente para o show de talentos anual, uma batalha de bandas.

COBERTURA DE ERNESTO – Se você conseguir um convite, pegue um funicular até o arranha-céu iluminado de De la Cruz e maravilhe-se com sua piscina em forma de guitarra. Pilhas de guitarras, produtos de confeitaria e garrafas de bebidas (oferendas de seus fãs no mundo dos vivos) se erguem até o céu. Coma à vontade e saia antes que Ernesto revele suas verdadeiras intenções. Como a maioria das estrelas de cinema, ele é malvadíssimo!

O ARREPENDIMENTO

A DESCOBERTA

E se você pudesse corrigir aquilo de que mais se arrependeu durante a vida? Não seria essa a maior dádiva que você poderia receber?

Não necessariamente. No filme de ficção científica de 2017, *A Descoberta*, Robert Redford interpreta o dr. Thomas Harbor, um cientista que conseguiu provar que existe vida após a morte. Ou seja, ele inventou uma máquina que pode detectar as ondas cerebrais "num nível subatômico", deixando o corpo após a morte. (Eu sei que parece estranho, mas acompanhe o raciocínio.) Ele não sabe dizer para onde essas ondas vão, mas isso parece não importar. Sua descoberta leva a uma onda global de suicídios, à medida que quatro milhões de pessoas (desde doentes terminais até pessoas meramente curiosas) se matam, ansiosas para "chegar lá", onde quer que seja esse "lá".

O dr. Harbor por fim consegue ajustar sua máquina para que ele possa ver o que as pessoas veem quando passam para o outro lado. (Será que ele foi inspirado pelo *Além da Morte?*) Em vídeos em preto e branco que tremulam e piscam, vemos trechos da perspectiva em primeira pessoa dessa "nova dimensão da existência", para onde os mortos vão. Todos parecem estar na Terra, num passado relativamente recente, mas com algumas mudanças.

De acordo com a pesquisa do médico, quando morrer, você vai reviver algum momento passado da sua vida, o momento que se tornou seu maior arrependimento. Pode haver pequenas diferenças em você ou no lugar onde está (como uma tatuagem nova, por exemplo), refletindo uma concepção de si mesmo agora alterada. Mas, em geral, a vida após a morte é uma reconstituição precisa, uma segunda chance para corrigir algo que deu errado. Em *A Descoberta*, todos os três arrependimentos após a morte que vemos envolvem a morte: ou evitar uma morte ou decepcionar um ente querido moribundo. Presume-se que haja pessoas com arrependimentos menos melodramáticos (um vestido de baile infeliz, um erro de digitação no Twitter[8]), mas esse é um sombrio drama independente com uma estética visual que usa cores azuladas e frias, então não vemos nenhum arrependimento divertido. Depois de corrigir seu maior erro, você está pronto para seguir em frente, rumo a um destino final não especificado.

Talvez esse tipo de redenção pareça ideal, mas há uma pegadinha: na vida após a morte, você não se lembrará de ter feito tudo isso antes. Você pode ter *flashes* momentâneos de *déjà-vu* quando uma pessoa ou situação parece familiar, mas é só isso. Se você falhar em sua tentativa de mudar o passado, o tempo voltará e você terá uma terceira chance. E uma quarta. E assim por diante.

Em outras palavras, não importa o que você tenha realizado ou amado na sua vida, você pode passar a vida após a morte fixado no pior momento dela, talvez até mesmo revivendo-o repetidamente para sempre. *A Descoberta* não é a descoberta do Paraíso, afinal. É o mais puro Inferno.

8. "O Twitter agora chama-se X". (N. da T.)

SATURNO

OS FANTASMAS SE DIVERTEM

A ideia de que os mortos podem não seguir para a luz, mas simplesmente ficar por aqui mesmo, em seu último endereço terreno, remonta a dois mil anos, época do filósofo grego antigo Atenodoro. Mas essas histórias geralmente pressupõem que os mortos não querem ficar por aqui; algo ruim aconteceu a eles e os espíritos infelizes precisam ser "libertados". O filme *Os Fantasmas se Divertem*, de Tim Burton, de 1988, é mais prático. Sua cosmologia é construída com base em duas suposições: primeiro, que os mortos são *mais felizes* ficando em suas antigas casas terrenas, e segundo, que os vivos e os mortos devem procurar ter uma convivência pacífica.

Os Fantasmas se Divertem começa com um casal interpretado por Geena Davis e Alec Baldwin morrendo num acidente de carro e retornando para sua casa no campo, reformada com capricho, em Winter River, Connecticut. Se o seu pós-morte for um assombro no estilo de *Os Fantasmas se Divertem*, você entrará pela sua própria porta da frente sem nenhuma lembrança do trauma da morte ou de como chegou em casa. As coisas parecerão normais no início, mas você pode aos poucos entender que não tem mais uma forma corpórea. Você sentirá frio, e nem mesmo o fogo o aquecerá (ou queimará). Você não terá reflexo nos espelhos. Você se encontrará levitando do chão sem nem perceber.

APRENDA O IDIOMA

Como você não tem mais um corpo de verdade, o termo correto para o seu eu físico agora é "manifestação".

De modo mais dramático, você descobrirá que sua aparência é agora totalmente maleável. Estique seu rosto, transformando-a numa máscara horrorosa, coloque seus olhos nos dedos, corte sua própria cabeça. Você pode ser tentado a usar essa habilidade para criar quadros assustadores para os inevitáveis novos moradores da sua casa, mas isso talvez não funcione. É improvável que eles vejam você e, se por acaso virem, podem ficar mais fascinados do que aterrorizados.

Eles provavelmente não se mudarão da casa, mas você também não pode fazer isso. O "perímetro funcional" da sua manifestação provavelmente o confinará às paredes da sua casa. Dê apenas um passo para fora e você será transportado para um deserto de dunas amareladas e formações rochosas estranhas e vermelhas. Enormes e horripilantes vermes listrados com duas fileiras de mandíbulas deslizam pela areia. Os mortos chamam esse lugar de Saturno, mas como sabemos, o verdadeiro Saturno é um planeta gasoso gigantesco que nem mesmo tem uma superfície, quanto mais vermes na areia. Talvez isso seja na verdade uma das luas de Saturno, ou um lugar não inteiramente dentro de nossa dimensão. A vista de planetas estranhos pairando acima pode ser tentadora, mas não se demore! Para cada segundo que você passa em Saturno, horas se passarão na Terra.

Se você ficar frustrado com seu novo estado, consulte o *Manual para os Recém--Falecidos,* que foi enviado para a sua residência. Claro, ele é mal organizado e tão fácil de ler quanto o manual de um aparelho de som, mas há muitas informações úteis ali. Por exemplo, você descobrirá que tem um orientador pós-morte à sua disposição (mas você só tem direito a três intercessões ao longo de um século ou mais, então pense bem antes de recorrer a elas). De qualquer forma, seu orientador provavelmente será um burocrata sobrecarregado com uma sala de espera cheia de candidatos bizarros. (Aqui, nesta parte nebulosa da vida após a morte, os espíritos refletem todas as indignidades sofridas por seus corpos desfigurados, então espere algumas cicatrizes e amputações macabras.) Se a fila estiver longa, a senha que você pega ao chegar na recepção pode chegar à casa dos milhões. Ainda assim, mesmo que seu fantasma esteja indo mal, é melhor agir de acordo com o sistema. *Não* caia na besteira de recorrer aos anúncios de um "bioexorcista" autônomo chamado Betelgeuse.

Ele é desprezível, irritante e faz a encenação mais exagerada de filmes dos anos 1980, desde Al Pacino em *Scarface*.

De algum modo, você precisará reivindicar seu próprio espaço sem que a notícia da vida após a morte se espalhe entre os vivos, por isso sutileza e negação plausível devem ser suas palavras de ordem. Se você deixar os vivos muito irritados (interrompendo um jantar importante com uma elaborada coreografia de Calypso, por exemplo), eles podem chamar um exorcista. E quando os mortos enfrentam o exorcismo, tornam-se espectros miseráveis, eternamente presos à sala das Almas Perdidas. Você não vai querer isso. Apenas fique no sótão, evite a nova família o máximo possível e espere que um dos filhos deles cresça e se torne gótico.

O LENÇOL

SOMBRAS DA VIDA

Os Fantasmas se Divertem segue a tradição da Mansão Assombrada na Disneyland, retratando uma casa assombrada não como um lugar escuro e assustador, mas como um parquinho de fantasmas, animado e amigável, uma espécie de Chuck E. Cheese[9] para os mortos. Mas não espere ter essa *vibe* na sua própria morte! Se você se sente tão conectado aos lugares que ama que planeja permanecer neles depois da morte, deixe o filme independente de 2017, *Sombras da Vida*, lhe servir como advertência.

Em *Sombras da Vida*, um músico interpretado por Casey Affleck morre num acidente de carro repentino, deixando para trás uma viúva enlutada, interpretada por Rooney Mara. Ele amava a tal ponto a casinha alugada onde tinham começado a vida juntos que chegava a ficar emburrado quando a esposa tentava conversar sobre a possibilidade de se mudarem. Após sua morte, ele se levanta na funerária, levando seu lençol branco com ele, e segue a mulher de volta para casa.

Isso mesmo: de acordo com *Sombras da Vida*, você passará a vida após a morte envolto num lençol da época da sua morte, com buracos nos olhos recortados como uma fantasia improvisada de Halloween. Claro, ninguém pode vê-lo. (Talvez crianças, muito ocasionalmente.) Você poderá tocar e até mover objetos durante momentos

9. Cadeia de restaurantes e centros de entretenimento voltados principalmente para crianças nos Estados Unidos. Uma combinação de comida, jogos eletrônicos e atrações interativas num ambiente divertido e colorido. (N. da T.)

de grande emoção, mas sua coordenação não será muito boa (provavelmente porque você está tentando pegar as coisas através de uma camada de lençol).

Você também está confinado às paredes da sua antiga casa, e aí é que está o problema. Ao escolher essa vida após a morte, você não levou em consideração o tempo. Haverá horas em que você ficará imóvel na sala, assistindo seus entes queridos chorarem a sua morte e depois tocarem a vida em frente, e esses momentos serão dolorosos. Mas também haverá horas intermináveis olhando pela janela, como um cachorro esperando seu dono voltar do trabalho. Você não terá ninguém com quem falar, exceto outros fantasmas em casas próximas, com os quais poderá trocar cumprimentos se avistá-los nas janelas. Suas únicas formas de afetar os vivos (fazer lâmpadas piscarem ou livros voarem das prateleiras) rapidamente perderão a graça.

O tempo se tornará fluido; semanas e meses passarão enquanto você mantém sua silenciosa vigília. Em algum momento, seu parente mais próximo se mudará e você ainda estará muito apegado ao espaço para sair. Você pode se perder em tarefas repetitivas tentando desenterrar alguma relíquia da época em que seus entes queridos estiveram lá, ou até esquecer completamente o que está fazendo ali. Se a casa for demolida, você ficará em meio aos destroços. Se uma nova construção a substituir, você ficará vagando pelos corredores.

Mesmo que você se arrependa da decisão de ficar por perto da sua antiga moradia, não pode simplesmente partir. Você pode tentar escapar, pulando de uma parte alta da casa, por exemplo, mas os mortos não morrem. Você apenas voltará no tempo, ainda preso ao mesmo local. Você pode até ser obrigado a reviver séculos do passado da sua casa, enquanto ela foi um local habitado. A única maneira de partir é deixar o passado para trás. Você precisa chegar à constatação de que esperar foi inútil, que seus entes queridos não voltarão, que você nunca poderá voltar ao passado. Então seu lençol cairá no chão, vazio, e sua provação finalmente chegará ao fim.

Portanto, se, após a morte, você vir um quadrado branco se abrir no ar como uma antiga tela de televisão, talvez seja melhor entrar nele. É hora de seguir em frente... não importa o quanto você goste do seu apartamento.

Ávidos por Tecnicolor

ESCADA PARA O CÉU

NESTE MUNDO E NO OUTRO

No cinema, a dura realidade é, por tradição, mostrada em preto e branco, enquanto a fantasia (seja um melodrama de Douglas Sirk ou a Cidade Esmeralda de Oz) é mostrada num tecnicolor exuberante. Mas o que este pós-morte pressupõe é... será que é mesmo assim?

Entre 1941 e 1951, Michael Powell e Emeric Pressburger escreveram e dirigiram juntos uma série de filmes britânicos estranhos e notáveis. *Neste mundo e no outro* (de 1946, que recebeu o título de *Stairway to Heaven* [Escada para o Céu] em seu lançamento americano) é a história do líder de esquadrão Peter Carter, um aviador britânico que salta do seu avião em chamas sobre o Canal da Mancha sem paraquedas. De algum modo, ele sobrevive e se apaixona pela operadora de rádio americana que recebeu o que ele pensava ser sua última transmissão. Mas há um porém: no outro mundo, alarmes foram acionados. Carter deveria morrer naquele acidente de avião e agora sua própria vida está suspensa entre duas forças poderosas: o verdadeiro amor e as leis eternas do universo. O Outro Mundo, filmado em preto e branco, nunca é chamado de Céu, mas é um reino nacarado que irradia uma luz celestial e os falecidos recebem asas. "Qualquer semelhança com qualquer outro mundo conhecido ou desconhecido é pura coincidência", pisca um intertítulo.

O filme tem o cuidado de fornecer uma explicação puramente racional para a existência desse "não céu". Os médicos informam ao nosso herói que ele está sofrendo de "aderências meníngeas vasculares" no cérebro, causando alucinações e convulsões complexas. A luta entre a vida e a morte que ele enfrenta é real, mas suas particularidades cósmicas podem ser muito bem um produto da sua imaginação.

Chega-se a esse reino eterno (quer esteja tudo ocorrendo na mente dele ou não) por meio de uma longa escada de mármore, que sobe como uma escada rolante pelo espaço. Você passará por esculturas dos grandes gênios e legisladores da história: César, Shakespeare, Platão, Maomé, Lincoln, Salomão, Chopin. No topo, os recém-chegados se registram num "centro de treinamento". Após pegar suas asas no cabide, use a porta de vidro sob o estranho relógio com três ponteiros para seguir para as "Instruções".

CULINÁRIA DA REGIÃO

Durante a Segunda Guerra Mundial, a divisão responsável por coordenar as atividades da tripulação aérea recebia um fluxo constante de pilotos de várias nacionalidades; os aviadores americanos no filme ficam animados ao ver uma máquina de Coca-Cola ao chegar. (O filme evita a complicada questão de saber se alguns pilotos do Eixo também estão lá.)

Não se preocupe se o processo parecer complicado; esta é uma vida após a morte organizada. Como se pode ver através das portas giratórias de uma sala de espera, um enorme escritório de registros que se estende por mais de um quilômetro atribui um número a cada recém-chegado e garante que todos cheguem onde precisam. A cada mil anos, ou mais, os registros não batem (talvez, como no caso de Peter Carter, um anjo da guarda, ou "condutor", tenha perdido a sua carona). Nesse caso, um tribunal pode ser convocado para resolver a questão. Reuniões como essas são realizadas num enorme anfiteatro esculpido na reentrância de penhascos. De cima, o tribunal se parece com o centro de uma galáxia em espiral.

As almas dos falecidos que vemos em *Neste Mundo e no Outro* estão todas vestidas com o traje de sua época e lugar na Terra, por isso essa eternidade se parece muito com algum tipo de convenção de *cosplay* ou feira de história de uma escola secundária. O anjo da guarda de Peter Carter é o Condutor 71, um aristocrata do século XVIII que morreu na guilhotina durante a Revolução Francesa. Quando ele visita a Terra, é evidente o quanto ele sente falta da paleta de cores completa da vida no mundo físico. "Estamos ávidos por tecnicolor lá em cima", ele suspira, admirando uma rosa vermelha perfeita.

AS ESTRELAS

A FELICIDADE NÃO SE COMPRA

Nesta versão um tanto deprimente do Paraíso, localizada no céu acima de Bedford Falls, Nova York, você pode estar morto há bem mais de duzentos anos e ainda ser um "AS2", um anjo de segunda classe desprovido de asas. Você está à mercê de superiores arrogantes, sem mencionar os caprichos dos vivos na Terra abaixo.

No clássico natalino de 1946 de Frank Capra, *A Felicidade Não se Compra,* um homem chamado George Bailey sofre um revés nos negócios, após uma vida enfadonha, aparentemente sem propósito e cheia de decepção e sacrifício, e decide se jogar de uma ponte. Veja bem, seu distraído sócio nos negócios, o tio Billy, tinha perdido a quantia de 8 mil dólares em fundos da empresa. Você tem que admirar um filme de Natal que começa com o espetáculo festivo de um fracassado falido e bêbado contemplando o suicídio na véspera de Natal.

Mas o anjo da guarda de George (um ex-relojoeiro chamado Clarence Odbody, nascido em 1653) é enviado no momento certo, por dois anjos sêniores fofoqueiros chamados Joseph e Franklin. O céu deles é um firmamento brilhante no qual Joseph e Franklin aparecem como majestosas galáxias espirais, enquanto Clarence é um pontinho branco cujo movimento é acompanhado pelos acordes de *Brilha, Brilha, Estrelinha.*

AVISTAMENTO DE CELEBRIDADES

"Franklin" não é chamado pelo nome no filme, mas, num rascunho inicial do roteiro, ele é identificado como Benjamin Franklin, ainda trabalhando em suas invenções na vida após a morte.

No Céu de Capra, você desfrutará de amplos poderes sobre o tempo e o espaço. Clarence convence George Bailey de que sua vida tem um propósito ao enviá-lo para um universo paralelo no qual George nunca existiu, sua cidade é uma favela e uma de suas amigas é uma prostituta. (Mais alegria natalina!) Não está claro por que Clarence não conta simplesmente a George o que o tio Billy fez com os 8 mil dólares desaparecidos. Parece que seria muito mais simples.

Durante seu tempo livre como anjo da guarda, você ainda poderá desfrutar de atividades terrenas. Mark Twain, descobrimos, está no Céu escrevendo incessantemente, e Clarence possui uma cópia de *Tom Sawyer*, de Twain, apesar de ter morrido mais de um século antes da sua publicação. Você até mantém, pela eternidade, a roupa com a qual morreu. (Tente não morrer nu.) Dinheiro e álcool, no entanto, são proibidos.

Os anjos nesse Céu podem voar, mas apenas os de alto escalão. As asas são conferidas apenas por serviços meritórios, e Clarence aparentemente viu muitos suicídios em sua vigilância antes de evitar com sucesso o de George. Ele finalmente "ganha suas asas" no final do filme. Um anjo ganhando suas asas é marcado pelo som de um sino na Terra abaixo. Dada a frequência dos sinos tocando na Terra, o Céu de Capra deve estar produzindo centenas de milhares de novos anjos todos os dias (talvez mais, se os toques de celular contarem).

SUICIDIOLÂNDIA

PAIXÃO SUICIDA

Dante imaginava que os suicidas tinham seu próprio mundo pós-morte melancólico, uma floresta cheia de Harpias, onde os mortos eram torturados para sempre presos em troncos de árvores. O filme independente de ficção fantástica de 2006, *Paixão Suicida*, imagina um além-morte mais prosaico para os suicidas: um mundo onde, em grande parte, nada é muito diferente da vida anterior. Apenas um pouco pior.

O suicídio *nunca* é a resposta, é claro, mas, se você entrar no além-morte dessa maneira, carregará as cicatrizes da sua morte autoinfligida para sempre (em alguns casos, literalmente). Cicatrizes nos pulsos e ferimentos visíveis na cabeça não são incomuns aqui. Vítimas de afogamento tendem a arrotar muito, enquanto os que se suicidaram inalando gás muitas vezes têm um tom azulado no rosto. Adivinhar como seus companheiros de suicídio "se foram", como diz a gíria local, é um passatempo social popular.

Você encontrará um lugar para viver numa cidade decadente, cercada por desertos e montanhas áridas e cobertas de arbustos. Na vida real, as taxas de suicídio são realmente mais altas entre pessoas na faixa dos 50 anos, mas *Paixão Suicida* representa um pós-morte suicida habitado principalmente por jovens de vinte e poucos anos, vindos do mundo todo. A vida diária desses jovens é uma extensão da existência tediosa de jovens de todo lugar: dormir em sofás, empregos ruins, cerveja barata, carros velhos.

Algumas mudanças em relação à vida na matéria ficam evidentes de imediato e, por causa disso, os primeiros meses de adaptação à sua nova casa podem ser mais difíceis. O céu noturno não tem estrelas. Ninguém sorri nem participa de bate-papos bem-humorados. Essa melancolia geral não parece ser um *castigo* para os suicidas. É apenas uma consequência natural de se viver numa sociedade organizada e povoada inteiramente por pessoas cuja vida deu muito errado. "Se alguém aqui tivesse alguma pista de como seria", observa um personagem no filme, "pra começar, nem estaríamos aqui."

Só porque seu mundo é um limbo monótono isso não significa que não haja bons lugares para se visitar. Vale a pena ir até a cidade ferroviária chamada Kneller's Camp, mesmo que seja apenas para testemunhar os pequenos milagres que podem acontecer lá quando você não está tentando provocá-los. (Nada de mais: breves levitações, objetos mudando de cor.) Nas proximidades está a mansão, semelhante a um castelo, do Rei Messias, um líder de culto determinado a escapar deste mundo com um *segundo* suicídio.

MELHOR EVITAR

Pense duas vezes antes de viajar para muito longe da cidade, porque a fachada de civilização desaparece rapidamente. A terra desolada está cheia de lixo: metal enferrujado, pneus, velhos contêineres de transporte. Os carros não têm placas de identificação; as empresas pintam suas placas à mão. Parece que os policiais tomaram para si a tarefa de patrulhar o local, com uniformes que eles mesmos arranjaram em brechós.

Esse mundo tem uma classe de pessoas chamada PIC, ou "People in Charge" [Pessoas no Comando], que oferece uma enganosa autoridade. Elas usam roupas brancas com bonés pretos e podem ser vistas em raras emergências, chegando de van ou até mesmo de paraquedas. (Seus agentes também se disfarçam para não serem detectados entre os habitantes locais.) Os PICs têm um arquivo sobre você em seu imenso depósito em ordem alfabética e, em casos muito raros, podem até carimbar um visto de volta à Terra, mas não tenha muitas esperanças. Na verdade, essa é uma regra geral muito útil por aqui.

TELEVISÃO

Você é básico. E está tudo bem.
– Eleanor Shellstrop

O LUGAR RUIM

THE GOOD PLACE

Nenhuma religião descreveu com precisão a vida após a morte, mas todas acertaram cerca de 5%. Doug Forcett, um maconheiro de Calgary, Alberta, que fez uma viagem alucinógena com cogumelos em outubro de 1972, foi o único que previu corretamente o que acontece quando morremos.

Quando os seres humanos avançam para sua próxima fase de existência no universo, eles têm duas alternativas: ir para um "Lugar Bom" ou para um "Lugar Ruim". Em ambos os reinos, você será levado, por seres imortais nonadimensionais, para um "bairro" com 322 residentes. Mas enfrentará torturas ou bem-aventurança eterna? Seu destino depende da soma de suas ações durante a vida. Veja bem, tudo o que você fez na Terra tem um valor ético positivo ou negativo. Quando ajuda um pai idoso a configurar uma impressora ou distribui barras de chocolate grandes no Halloween, sua pontuação aumenta. Quando torce pelos Yankees ou pede para uma mulher sorrir, sua pontuação diminui.

A vida, portanto, é um grande *videogame* e apenas os melhores pontuadores (digamos, aqueles com um milhão de pontos ou algo assim) entram no Lugar Bom. Infelizmente, a modernidade tornou tão difícil fazer o bem real e puro que ninguém ganha uma passagem para o Lugar Bom desde o fim do século XV. O sistema de pontos praticamente garante que você seja um dos trinta bilhões de seres humanos que serão atirados no Lugar Ruim, e é estranho pra caramba ali.

ATRAÇÕES PRINCIPAIS

DEMÔNIOS – É um pouco preconceituoso chamá-los de "demônios", mas esse é o termo tradicionalmente usado para se referir aos monstros de lava, cobras ácidas e lulas de fogo com dois mil metros de altura que circulam pelo Lugar Ruim. Você não verá todo o ciclo de vida deles (larva, lesma monstruosa, garotinha assustadora, garoto adolescente, bola gigante de línguas até CEO de mídia social e, finalmente, demônio), e, na verdade, você pode nem vê-los em suas formas finais. Isso porque o Escritório de Assuntos Humanos do Lugar Ruim muitas vezes disfarça os demônios em corpos humanos ("ternos de pele"), para melhor entender e planejar as torturas. Em resultado, seus torturadores podem parecer, à primeira vista, seres humanos comuns chamados Trent ou Lance: idiotas desprezíveis, que vestem camisetas com estampas gráficas e amam *The Bachelor*, Red Hot Chili Peppers, bastões de selfie e pizzas com abacaxi. Eles têm um cheiro estranho de desodorante Axe, cujo perfume lembra muito o jeito como os filmes *Transformers* fazem você se sentir, e você pode esperar ouvir Richard Marx, Puddle of Mudd, a canção natalina "A Vovó Foi Atropelada por uma Rena", além do jingle do 877-Kars-for-Kids repetidamente em suas listas de reprodução. Eles bebem urina de porco e inalam o conceito de tempo como se fosse cocaína. São abomináveis.

TORTURA SEM FIM – Aqui está a lista de torturas que, segundo *The Good Place*, atormentarão basicamente toda a raça humana pela eternidade: choques elétricos, evisceração, poços de ácido, ter as unhas arrancadas, ser torcido ao meio, o velho achatador de pênis, piranhas voadoras, karaokê universitário, comida que se transforma em aranhas na boca, ursos voadores de quatro cabeças, ursos com serras elétricas no lugar de garras, abelhas de lava, abelhas com dentes, tratamentos dentários dolorosos, raios que arrancam a pele, três a quatro dias com pulgas na boca, aranhas enormes que entram em orifícios, vulcões cheios de escorpiões, fraldas com escorpiões, semana de promoções em lojas de departamento, saca-rolhas de olhos, ter o cérebro usado como bola de praia, ter os braços descascados como bananas, ser espancado como uma pinhata para que os demônios possam comer sua gosma, ser virado do avesso por um demônio que enfia a mão na sua garganta e agarra seu traseiro de dentro para fora, e apresentações de dança infantil.

JANET – A assistente virtual do seu bairro será uma Janet, um receptáculo antropomorfizado de conhecimento, que aparecerá ao som de um "ping", sempre que necessário. No Lugar Bom, Janet é uma assistente animada que pode fornecer qualquer resposta ou item que você queira a qualquer momento. No Lugar Ruim, ela veste roupas de couro, faz insultos num tom entediado enquanto consulta o celular, e solta muitos gases.

OUTRAS ATRAÇÕES IMPERDÍVEIS

A SEDE DO LUGAR RUIM – Se você tiver permissão para fazer um tour pelo centro administrativo do Lugar Ruim, fique no Museu da Infelicidade Humana, que celebra nossas muitas loucuras (e torturas resultantes). O destaque é a sala menos perturbadora do Lugar Ruim: o Salão da Porcaria da Pior Qualidade. Aqui você verá homenagens animatrônicas aos humanos pioneiros que inventaram novos delitos irritantes: enviar fotos de pênis, passar fio dental num escritório com várias mesas próximas, e chamar o Frisbee definitivo de "definitivo".

ONDE FICAR

O LUGAR MÉDIO – Se o Lugar Bom estiver fora do seu alcance, a melhor opção de acomodação pós-morte é, de longe, a Mindy St. Claire, uma casa de fazenda solitária localizada num vasto deserto entre os dois reinos. Mindy era uma advogada corporativa dos anos 1980 que fez uma boa ação significativa no dia em que morreu: ela iniciou o que se tornou a maior organização humanitária do mundo. Em resultado da sua atitude ética incomum, Mindy foi designada para um Lugar nem Bom nem Ruim. No Lugar Médio, você pode beber sua cerveja favorita, mas ela estará sempre morna. Você pode ouvir as suas músicas favoritas, mas apenas na forma de covers ao vivo dos Eagles. Os livros são todos de Anne Rice com manchas de água, e à noite você pode relaxar assistindo a *Um Rally Muito Louco II*, em fita VHS. É eterna mediocridade, mas pelo menos não há ursos com serras elétricas no lugar de garras.

BAIRRO 12358W – Não faz muito tempo, um "arquiteto" do Lugar Ruim chamado Michael decidiu experimentar um novo tipo de tortura no Lugar Ruim. Ele roubou uma Janet do Lugar Bom e a usou para criar um simulacro de um bairro do

Lugar Bom: uma cidade à beira de um lago, com ruas de paralelepípedos, no sopé de montanhas pitorescas. Ali ele colocou quatro seres humanos, cercou-os com 318 demônios disfarçados, disse a eles que estavam no Lugar Bom e tentou criar condições perfeitas para que o quarteto se torturasse mutuamente. Mas tudo deu errado quando os seres humanos, apesar de suas falhas, começaram a evoluir individualmente e ajudar *uns aos outros*. Não importa quantas vezes ele "reiniciasse" o bairro, os seres humanos continuaram descobrindo o engano e, por fim, convenceram Michael e seus supervisores de que o sistema de pontuação existente era antiético. (Veja "Passeios de um Dia", página 212).

COMO SE LOCOMOVER

No Lugar Ruim, o transporte é feito por meio da réplica de um charmoso (mas muito abafado) trem a vapor, na chamada Ferrovia Trans-Eterna. Você pode fazer baldeação de um trem para outro entre os bairros ou permanecer a bordo de um deles por quilômetros, atravessar uma escuridão vazia e chegar ao terminal, a sede do Lugar Ruim. Mas, para sair do Lugar Ruim, você precisará passar por um Portal, que são grandes portas como as de cofre de banco, que levam a uma viagem nauseante entre os reinos. (Para passar pela porta, você precisará de um distintivo oficial do Lugar Ruim, com aquele logotipo clássico de polegares para baixo.)

DICA PARA VIAJANTES ESPERTOS

Na estação central do pós-morte, há uma porta de volta à Terra, mas ela é guardada por Jeff, o Porteiro. A chave é feita a partir dos primeiros átomos do Big Bang, e Jeff pode fingir que não está vendo você e deixar que a use, caso encontre e dê a ele uma lembrancinha de sapo. Jeff ama sapos.

ONDE COMER E BEBER

Quando você deixa de lado todos os saca-rolhas e achatadores de pênis, grande parte do sofrimento no Lugar Ruim passa a ser banalidade e uma gradual decepção. Infinitas sequências de *Piratas do Caribe* são exibidas nas telas de cinema. Nas festas, é servida uma culinária regional problemática: comida *soul* do Maine, *bagels* do Arkansas, salada de ovo de máquinas automáticas de hospitais. Para infligir o mesmo sofrimento, os seres humanos do Lugar Ruim são torturados com fileiras de restaurantes com nomes compostos de trocadilhos, todos com o mesmo item decepcionante no cardápio, geralmente frozen yogurt. *Muito* frozen yogurt.

PASSEIOS DE UM DIA

TERRITÓRIO NEUTRO – A zona neutra abriga funções administrativas para ambos os reinos após a morte: a contabilidade, um armazém onde são estocadas as Janets e assim por diante. A grande atração aqui é uma visita à Juíza do Além. Ela é um ser imortal poderoso, quase tão antigo quanto o universo; na verdade, seu nome é Gen, abreviação de "hidrogênio", a única coisa que existia quando ela nasceu. Em suas elegantes salas em estilo *art déco*, feitas de madeira e granito, ela julga casos envolvendo o destino das almas humanas. Ela também come burritos e faz *muitas* maratonas de séries de TV.

IHOP – A zona neutra possui uma filial da casa de panquecas IHOP, mas este IHOP é um Interdimensional Hole of Pancakes [Buraco Interdimensional de Panquecas], uma encruzilhada espaçotemporal constituída de dez dimensões. Se você entrar, se sentirá desnorteado com o que parece ser um mar de discos azuis flutuantes, cujo tamanho e direção estão sempre mudando. Se possível, mantenha-se longe dos Niednagels (coisas verdes brilhantes semelhantes a lesmas) e da Faca do Tempo (que espero que seja autoexplicativa).

O VAZIO DE JANET – Alguns viajantes sortudos podem conseguir visitar o vazio ilimitado onde cada Janet "vive": uma subdimensão fora do espaço-tempo, no nexo da consciência e da matéria. As Janets Boas têm vazios brancos; Janets Neutras têm vazios bege. Mas, se você avistar um vazio aqui no Lugar Ruim, provavelmente pertencerá a uma Janet Ruim e, portanto, estará cheio de lixo e pneus pegando fogo.

O LUGAR BOM – Graças a uma decisão da Juíza do Além a favor de Michael e seus súditos humanos, o sistema de pontuação do pós-morte foi recentemente revisado. O Lugar Ruim aboliu a tortura e agora se utiliza uma série de testes projetados por arquitetos do Lugar Bom e do Lugar Ruim para ajudá-lo a ver e resolver suas deficiências na vida. O teste é "reiniciado" à medida que você avança, até você finalmente ouvir o tranquilizante repicar de sinos que autoriza sua entrada no Lugar Bom. Nesse dia, você entrará nos jardins bem cuidados do Centro de Boas-Vindas, que se parece um pouco com o campus de uma faculdade pública ou um condomínio de aposentados. O Lugar Bom lhe fornecerá uma interminável sucessão de recompensas: ele sempre tem o cheiro do seu aroma favorito, qualquer item que você queira aparece instantaneamente (homens com mais de 50 anos sempre pedem uma guitarra mágica que toca sozinha), o xixi evapora assim que sai do seu corpo e você pode passar por portas verdes cintilantes para visitar qualquer momento ou lugar, real ou imaginário. Os pratos oferecem delícias metafísicas como "a energia que você tinha aos 12 anos de idade, "um abraço da vovó" e "a capacidade de entender o seriado *Twin Peaks*". Você ficará ali por milênios, mas em algum momento perceberá que até a perfeição eterna pode perder a graça depois de algum tempo, e você desejará colocar um fim na sua jornada. Nesse dia, você poderá caminhar até uma bela floresta, onde um arco de galhos retorcidos entre duas árvores o levará à paz final. Sente-se e espere por um sentimento de quietude, depois passe pela última porta.

QUANDO IR

Ao agendar qualquer coisa neste pós-morte, lembre-se de que o tempo não é linear aqui em relação à Terra. Por alguma razão, ele segue um padrão que se parece com as palavras "Jeremy Bearimy" escritas em letras cursivas.

Let's Rock!

O SALÃO NEGRO

TWIN PEAKS

Para muitas pessoas, a esperança no mundo vindouro é a promessa de respostas: finalmente, uma explicação definitiva para todos os mistérios e incertezas da vida. Mas esse tipo de vida após a morte não faz a cabeça do excêntrico escritor e diretor David Lynch. Seu pós-morte é exatamente como seus filmes: perfeito para pessoas que gostam de não ter a mínima ideia do que está acontecendo.

Twin Peaks, criado por Lynch e seu parceiro Mark Frost, conquistou o mundo em 1990. A série se passava numa pequena cidade madeireira do estado de Washington, e nada parecido com sua mistura de novela mexicana e surrealismo de alta cultura jamais tinha sido visto no horário nobre. A audiência começou a cair muito antes de a série resolver seu intrigante mistério central ("Quem matou Laura Palmer?"), mas sua mitologia desde então se expandiu para incluir um filme com uma história anterior à da série original, vários livros que foram sucesso de vendas e uma reprise, em 2017.

Na segunda temporada, na NBC, *Twin Peaks* mergulhou em lendas sobre dois domínios sobrenaturais: o Salão Negro e o Salão Branco. Segundo as tribos nativas do nordeste de Washington (no mundo de *Twin Peaks*, pelo menos), esses eram dois lugares situados em pontos opostos, pelos quais a alma humana viajava em seu caminho para a perfeição. O Salão Branco era um lugar de bondade e amor, onde néctar caía do céu e cervos brincavam felizes. Mas sua sombra, o Salão Negro, era um lugar de escuridão e pesadelo. Enquanto os habitantes do Salão Branco eram benevolentes e ajudavam a humanidade, o Salão Negro era habitado por espíritos coléricos e malignos, propensos ao terror e à violência. No Salão Negro, os viajantes encontravam o Habitante no Limiar, uma personificação de seus próprios impulsos mais sombrios. A alma só pode seguir em frente após confrontar esse clone, com coragem.

Para chegar à entrada do Salão Negro, é preciso passar por uma espécie de "sala de espera". Os vivos podem vislumbrar esse lugar em sonhos ou passando por portais místicos, como o que fica atrás dos plátanos de Glastonbury Grove, na floresta que margeia Twin Peaks. É um lugar estranho e mutante, com cortinas de veludo vermelho em vez de muros e aquele típico piso com desenhos de ziguezague. Os cômodos e corredores são decorados com poltronas, lâmpadas e estátuas gregas. Sombras estranhas passam por trás das cortinas. Sob o chão há água; além das cortinas, há um vazio negro e interminável.

COMPRA DE SOUVENIRS

Se você se deparar com um anel dourado e verde numa mesa da sala de espera, pegue-o. É um poderoso talismã que permite a passagem entre os mundos.

O tempo tem pouco significado aqui. Você pode encontrar outros que entraram no Salão Negro muito antes ou muito depois de você, e as vozes que você ouve soarão estranhas e distorcidas, como as mensagens "satanistas" invertidas de alguns álbuns de *heavy metal*. Alguns dos espíritos que falam com você (um gigante magro chamado Bombeiro, um anão dançarino chamado O Braço) podem oferecer uma sabedoria útil a respeito do futuro na forma de enigmas crípticos sobre corujas e chicletes. Mas cuidado com seus duplos, gêmeos malévolos iluminados por estroboscópio com olhos brancos opacos.

Seu encontro com o duplo que guarda o limiar será crucial, pois a derrota nesse purgatório significa a aniquilação da sua alma. Mas também poderia colocar em perigo o mundo dos vivos! Os espíritos do salão podem implantar uma semente dourada e em forma de orbe numa nuvem do seu material orgânico e criar uma *tulpa*, uma duplicata vazia de você que vagará de volta ao mundo com suas lembranças. Ou um deles pode possuir seu corpo, trazê-lo de volta à vida e cometer crimes indescritíveis.

Tudo isso é bem angustiante. Mas, olhando pelo lado positivo, pelo menos o chiclete de que você gosta está prestes a entrar na moda outra vez.

Tabula Rasa

REALIDADES PARALELAS

LOST

Horas após a estreia de *Lost* na rede de TV americana ABC, em 2004, os telespectadores começaram a criar teorias para explicar os mistérios da série. Por que o voo 815 da Oceanic Airlines caiu numa ilha deserta do Pacífico? Por que havia um urso-polar nos trópicos? Qual é a história daquele monstro feito de fumaça preta? Isso continuou por seis anos, mesmo depois que os telespectadores começaram a se dar conta de que J. J. Abrams e seus colaboradores gostavam de criar quebra-cabeças, mas não haviam pensado em nenhuma resposta para as perguntas que propunham.

Desde o início, muitos telespectadores sugeriram que os sobreviventes do voo 815 da Oceanic tinham, na verdade, morrido, e que a ilha era seu purgatório. Os produtores da série logo colocaram abaixo essa teoria em entrevistas e por fim estabeleceram que a misteriosa ilha era uma espécie de anomalia geomagnética com poderes místicos sobre o bem e o mal, localizada em nossa realidade.

Mas, finalmente, a última temporada de *Lost* foi ao ar, em 2010. Os característicos *flashbacks* (quem são essas pessoas e como elas chegaram à ilha?) e *flash-forwards* (o que acontecerá quando forem resgatados?), com seu conhecido som de "*whoosh*", foram substituídos por interlúdios que os fãs passaram a chamar de "*flash-sideways*"[10]. A última temporada saltou para trás e para frente entre os últimos dias dos nossos

10. *Flash-sideways* seriam algo como "flashes laterais" ou "flashes paralelos". Essa técnica envolve a apresentação de cenas ou sequências que ocorrem em uma linha temporal alternativa ou paralela à linha temporal principal da história. (N. da T.)

heróis na ilha e uma linha do tempo alternativa, na qual o voo 815 da Oceanic nunca caiu. Nessa linha do tempo, todos no voo condenado chegaram em segurança em Los Angeles e seguiram com suas vidas.

Lost insinuou de forma astuta que os "*flash-sideways*" poderiam ser realidades paralelas causadas pela detonação de um dispositivo nuclear, mas o final revelou a verdade: o mundo dos "*flash-sideways*" era, na verdade, o purgatório após a morte que os telespectadores havia muito suspeitavam que a ilha fosse! O tempo dos sobreviventes na ilha foi tão importante para a vida deles, mesmo na morte, que seus espíritos criaram uma maneira de ficarem juntos novamente.

Isso não fazia sentido nenhum, é claro, e o final não é lembrado com carinho como um dos melhores momentos dos programas de TV do início dos anos 2000. Porém, é uma visão intrigante do pós-morte: será que a sua alma e a alma dos seus entes queridos poderiam colaborar mentalmente para criar uma realidade compartilhada que lhes apaga as lembranças, faz perguntas intrigantes sobre seu tempo na Terra e permite que atores convidados do passado façam participações especiais atrevidas que agradam aos fãs?

No seu purgatório "*flash-sideways*", não espere uma reencenação direta da sua vida com um único ponto de divergência. Como num sonho, você não ficará nem um pouco surpreso se seu passado, sua família ou sua carreira profissional tiverem mudado substancialmente. (*WHOOSH*! Jack era casado com Juliet? Jin e Sun têm um caso secreto? O fora da lei Sawyer é um policial?) Antigos inimigos agora podem ser amigos. (*WHOOSH*! Locke ama seu pai? Desmond está trabalhando para Widmore?) O tempo não é linear aqui, então você estará convivendo com pessoas que morreram antes de você e algumas que morreram muito depois (há também uma população, nesse pequeno mundo, que não está realmente ali em espírito e pode nunca ter existido). Mas sua mente e seu "corpo" ilusório sabem, em algum nível, que isso não é real. Você pode ser perturbado por *déjà-vus* ou até mesmo manifestações físicas daquilo que acabou matando você, como o incômodo pescoço sangrando de Jack Shephard.

Você permanecerá nesse purgatório até todos vocês "acordarem" e perceberem onde estão. Isso geralmente acontece quando você é reunido com um dos seus entes queridos da Terra. As lembranças voltarão e então todos vocês se reunirão num grande encontro e seguirão em frente (a menos que você seja uma das almas que não pode "fazer a passagem" e ainda ficar presa na ilha, sussurrando misteriosamente na selva).

No final de *Lost*, as engrenagens do enredo conseguem reunir todos os personagens "*flash-sideways*" num concerto beneficente num museu, e depois todos eles se reúnem numa igreja ao lado. A igreja é aparentemente católica, mas seu interior foi meticulosamente redesenhado com o universalismo religioso em mente. A Virgem Maria fica entre uma estátua de Buda e uma pintura de Vishnu; um vitral exibe diversos símbolos religiosos de todo o mundo.

O pai falecido de Jack explica que um pós-morte colaborativo é importante porque "ninguém faz isso sozinho. Vocês precisavam de todos eles e eles precisam de vocês (...) para lembrar e deixar tudo para trás". Depois disso uma luz brilhante transfigura a sala e os sobreviventes do acidente seguem em frente juntos, embora não saibam para onde estão indo. Assim como a equipe de roteiristas de *Lost*.

Submetido a Vossa Aprovação

O ALÉM

ALÉM DA IMAGINAÇÃO

A clássica antologia de TV de Rod Serling, *Além da Imaginação*, levava os telespectadores, segundo a narração de abertura, para "outra dimensão; uma dimensão não apenas da visão e do som, mas da mente". As fronteiras dessa vasta dimensão sempre foram um pouco turvas, visto que os pequenos dramas morais do programa cobriam uma ampla gama de fantasia, ficção científica, horror e comentários sociais. Mas sempre foi claro que o *Além da Imaginação* de Serling, seja lá o que fosse, englobava a vida após a morte em seu reino metafísico. Pelo menos uma dezena de episódios da série original tratam do mistério da morte... e do que está além dela.

Além da Imaginação postula que seu repouso imortal será personalizado, provavelmente apresentará uma reviravolta irônica e a reviravolta será explicada pelo próprio Rod Serling, espreitando em algum lugar nas proximidades, com um terno bem cortado e falando para a câmera entre dentes cerrados. Mas, além disso, não há praticamente limite para o que lhe aguarda nesta "dimensão da imaginação".

Muitas das histórias da série *Além da Imaginação* concordam que a morte chegará como um emissário pessoal que explica sua nova situação e o conduz para a vida após a morte. Em "A Morte Pedia Carona ", o Sr. Morte é um homem lacônico e discreto, que assombra o acostamento de uma rodovia nos Estados Unidos. Em "Nada no Escuro", ele é um belo policial interpretado por um jovem Robert Redford! Em "Um Negócio para os Anjos", é um burocrata com um pequeno bloco de notas, irritado com possíveis atrasos em suas rondas. Em todos os casos, fica claro que ninguém além do falecido pode ver o Sr. Morte, e ele deve entrar em contato com cada pessoa diretamente (usando truques se necessário), para conduzi-la adiante. Em "Um Negócio para os Anjos", o Sr. Morte explica que as prorrogações são raras, mas podem ser concedidas em casos de dificuldades familiares, negócios inacabados ou realizações iminentes na ciência ou na política. Mas, se o falecido estiver relutante, a Morte pode reivindicar uma alma substituta, apenas para manter o equilíbrio do seu livro-caixa.

Em casos raros, viajantes idosos podem iniciar por conta própria sua viagem. Em "Passagem para o *Lady Anne*", um grupo de idosos freta um luxuoso transatlântico prestes a ser desmantelado, o mesmo em que todos fizeram sua lua de mel, para levá-los para a vida após a morte. Um jovem casal é autorizado por engano a reservar passagem também, mas é abandonado num bote salva-vidas no Atlântico Norte, antes que o *Lady Anne* desapareça na névoa.

Em casos mais violentos, em que a morte chega de forma inesperada, você pode nem perceber que está morto (pelo menos não inicialmente). Em "A Morte Disse Não", os mortos habitam um simulacro da sua vida na cidade em que moravam na Terra, cumprindo silenciosamente seu expediente de trabalho das nove às cinco. Se você for muito teimoso ou se sentir culpado, esse limbo pode durar para sempre. Em "A Nave da Morte", um trio de astronautas continua pousando no mesmo planeta alienígena, incapazes de aceitar que agora são fantasmas interestelares. E em "O Julgamento", o capitão de um submarino nazista passa a eternidade revivendo a noite de 1942, em que afundou um navio mercante britânico (mas desta vez como um passageiro indefeso a bordo do navio).

Outros infernos individuais são entregues pelo próprio diabo, que é um personagem presente em muitos episódios. Mas fique atento em suas viagens ou você pode acabar numa daquelas "zonas crepusculares" onde o Céu e o Inferno ironicamente se confundem. Em "Um Bom Lugar para Visitar", um ladrãozinho de baixa categoria é baleado pela polícia e se vê numa cidade resplandecente, onde mora num apartamento luxuoso, conquista todas as mulheres bonitas e nunca perde suas apostas no cassino. Seu guia, Pip, rapidamente corrige seu mal-entendido: esta existência monótona não é o Paraíso, é claro, mas um inferno personalizado. E em "A Caçada", um caipira se recusa a entrar no Céu quando o porteiro lhe diz que seu leal cão farejador não pode acompanhá-lo. Acontece que esse portão na verdade leva ao Inferno, onde os cães são proibidos, para que não sintam o cheiro de enxofre e não alertem o dono.

Os anjos, porém, também são reais em *Além da Imaginação*. O próprio anjo Gabriel dá ao trompetista Jack Klugman uma segunda chance em "A Morte Disse Não", e geralmente fica subentendido que a maioria dos "viajantes" recebe na vida após a morte uma recompensa pacífica. A morte não é "levar um choque, ser engolido pela terra, se partir em dois", explica o Sr. Morte, na figura de Robert Redford, a uma velha senhora. "O que você pensou que era o fim era só o início." Se você merecer o Céu, pode esperar um céu individualmente adaptado a você: o caipira de "A Caçada" recebe uma eternidade de caça aos guaxinins e danças típicas de comunidades rurais, enquanto o publicitário sobrecarregado de trabalho em "Uma Parada em Willoughby" aterrissa numa tranquila cidade americana por volta de 1888, com um coreto, um lago de pesca, vizinhos amigáveis e algumas dessas bicicletas com uma roda grande e outra pequena.

Em *Além da Imaginação,* porém, a tênue barreira entre a vida e a morte significa que, mesmo no Céu, você pode não conhecer a paz permanente. O episódio clássico "Tranquilo Jogo de Sinuca" mostra a vida e a morte de um jogador de sinuca interpretado por Jack Klugman.

CURIOSIDADES SOBRE A VIAGEM

Sim, Jack Klugman de novo! Empatando com a atriz Gladys Cooper, o ator aparece em nada menos do que três episódios ambientados no pós-morte de *Além da Imaginação.*

Klugman derrota seu ídolo, um campeão de sinuca interpretado por Jonathan Winters, num duelo tenso num salão de bilhar. Mas, depois que ele toma de Winters o título de campeão, passa uma eternidade jogando sinuca no Céu e é enviado para a Terra (através de um anúncio no sistema de som público do Paraíso) toda vez que algum trapaceiro de segunda categoria desafia suas habilidades. A ironia sempre supera a teologia... em *Além das Imaginação* (deixa para a música-tema assustadora.)

Sua Carreira Executiva no Céu

CÉU S.A.

MIRACLE WORKERS

O Céu S.A. não é o melhor local de trabalho no omniverso. Cada galáxia tem sua própria corporação pós-morte, encarregada de administrar a vida nos planetas abaixo, e algumas fazem um ótimo trabalho. Mas não a organização que gerencia a Terra. O Céu S.A. é um ambiente industrial decadente, com um CEO divino desinteressado, uma equipe de RH apática, anjos sindicalizados no chão da fábrica e um Departamento de Controle de Pragas que nunca conseguiu controlar uma única praga. Mas, se você for designado aleatoriamente para lá, é melhor tirar o melhor proveito disso.

Na primeira temporada da série de comédia de TV *Miracle Workers*, estrelada por Daniel Radcliffe e Steve Buscemi, o Céu se parece com uma refinaria, com a Terra surgindo de forma absurdamente grande no céu azul acima. Após a morte, você se encontrará nu e na meia-idade, espremido com outras almas num elevador de 1,5 m por 1,2 m. Quando chegar ao térreo, ganhará um agasalho cinza e uma pasta azul, e receberá as boas-vindas no Céu S.A. Você é agora um anjo e sua função é manter o bom funcionamento da Terra.

Em breve, você será designado para um dos muitos departamentos do Céu S.A., cada um supervisionando uma pequena parte da criação, de acordo com prateleiras de manuais e guias corporativos. Há um Departamento de Nuvens, um Departamento de Odor Corporal, um Departamento da Sujeira, um Departamento de Segurança de Vulcões, até mesmo um Departamento de Mamilos Masculinos. (Os mamilos masculinos deveriam originalmente produzir suco de laranja, mas já se passaram milênios e a equipe ainda não conseguiu resolver o problema.)

Nas suas pausas, que tal evitar a lanchonete dos funcionários e explorar um pouco o lugar? Você não tem nada além de tempo. Os porões empoeirados estão cheios de surpresas. O Departamento de Mamutes está fechado há séculos, mas você ainda pode ligar a máquina de análise de presas para ver se funciona. Nas proximidades está o Departamento de Orações Atendidas, onde um único funcionário recebe dois milhões de petições da Terra todos os dias e geralmente consegue resolver três ou quatro delas (ele escolhe problemas fáceis, como chaves de carro perdidas, mesmo que a maioria das orações seja por coisas impossíveis como a paz mundial ou um Wi-Fi confiável). Até a Morte em pessoa está por aqui, na forma de um quadro de disjuntores de onde saem faíscas roxas.

Não perca nenhuma oportunidade de visitar os escritórios executivos lá em cima! Esses palácios brancos e retangulares flutuam acima da fábrica, ligados apenas por poços de elevador. Você emergirá em algo que parece um saguão de hotel resplandecente, onde os arcanjos executivos e seus assistentes trabalham.

É surpreendentemente fácil dar uma olhada no escritório do CEO. (Sua relapsa assistente, Rosie, provavelmente estará distraída com um sudoku.) O piano de cauda e os vitrais abobadados são impressionantes, mas você imediatamente verá por que o Céu S.A. está em estado de abandono: Deus já se desinteressou do nosso planeta há muito tempo. Ele fica o dia todo num sofá branco, de camiseta regata e pijama, assistindo à Terra numa parede infinitamente alta de TVs e pegando balinhas de uma tigela de cristal. Ele é apenas um desleixado como qualquer um de nós.

GUIA DOS DEUSES

Aqui está o problema do Ser Supremo: ele é uma ovelha negra. Quando a família de Deus se reúne em sua mansão numa ilha flutuante no céu, eles comparam o sucesso de suas respectivas galáxias, mas a criação de nosso Deus fica para trás quando comparada às de seus parentes. Ele só conseguiu fazer um planeta em nosso sistema solar funcionar, a maior parte dos outros planetas é muito quente ou sempre está congelada, e Ele se esqueceu de terminar o centro de tudo, que por isso está apenas cheio de fogo. A família *definitivamente* não entende por que Ele deu livre-arbítrio às Suas criações. Erro de principiante!

Saddam e Gomorra

CÉU VS. INFERNO

SOUTH PARK

Como se pode esperar de uma série de TV que matou um de seus personagens principais 98 vezes, *South Park* visita o Além com frequência. Este é um desenho animado que investe muito mais tempo e reflexão em sua teologia do que em sua animação.

Você provavelmente está mais familiarizado com a versão do Inferno da série, visto que ela teve muito destaque no filme *South Park*, de 1999. O Inferno é uma caverna esfumaçada e cheia de lava, repleta de picos rochosos, onde você precisará estar sempre atento às fezes ardentes dos dragões que voam mais acima. Os demônios que espetam você com lanças pontiagudas ou o assam num espeto variam de híbridos horríveis de animais a pequenos duendes escuros com olhos vazios. Mas não perca os eventos especiais que ocorrem esporadicamente, como o Luau de Domingo! O próprio Satanás poderá fornecer seu bufê de peixes, lançando redes numa piscina de lava próxima.

O Senhor das Trevas é um tipo que lembra a figura paterna, com pele vermelha e peito largo, pernas peludas de bode preto e um cinto com fivela de caveira, típico de metaleiro. Ele costumava viver nos Condomínios River Styx, na parte rica do Inferno, onde teve um caso tumultuado com Saddam Hussein. Não deu certo: Saddam era um sádico cruel, enquanto Satanás acabou mostrando que é um grandalhão doce, dono de uma coleção de bonecas de porcelana e extremamente carente de cuidado e carinho.

Hoje, Satanás vive num castelo de pedra mais convencional, cercado por fontes de lava e caveiras branqueadas. Seus auxiliares incluem seu assistente Demonius;

a rainha da beleza infantil assassinada JonBenét Ramsey, que o aconselha em assuntos do coração; e o trio de assassinos em série Jeffrey Dahmer, John Wayne Gacy e Ted Bundy, uma combinação de violência depravada e muitas risadas. Na verdade, os moradores do Inferno de South Park são sempre um desfile de nomes famosos, desde escolhas óbvias (Hitler, Kim Il-sung) até celebridades que por acaso morreram um pouco antes de um episódio específico ir ao ar (Lady Di, Michael Landon, Gene Siskel).

É por isso que, na escatologia de *South Park*, praticamente todo mundo vai para o Inferno. Depois das Planícies do Limbo, atrás de um portão dourado guardado por São Pedro, ergue-se o Céu, uma cidade abobadada de ouro e mármore, no topo de nuvens brilhantes. Em termos de *design*, trata-se de uma mistura de basílica e mosteiro de lamas tibetanos. Durante a maior parte da série de *South Park*, seus únicos habitantes eram mórmons animados, todos usando blusas brancas de mangas curtas ou camisas sociais. Se você tiver a sorte de passar a eternidade em atividades saudáveis com eles, nunca haverá um momento de monotonia: você vai brincar de charadas, fazer artesanato com caixas de ovos, cantar as músicas favoritas da sua família enquanto alguém dedilha um violão. E sempre há biscoitos e ponche depois.

Você pode se surpreender ao descobrir que Deus é uma criatura esquálida com dentes salientes, parecida com um hipopótamo; orelhas de gato, patas de esquilo e pés de elefante – ou pelo menos é assim que os seres humanos percebem Sua natureza inefável. Nas últimas décadas, Deus decidiu permitir que aqueles que não fossem mórmons entrassem no Céu, a fim de fortalecer seu exército. Especificamente, Ele inventou o console Sony PSP e um videogame chamado *Céu vs. Inferno* para descobrir quais seres humanos seriam os mais taticamente habilidosos contra os exércitos de Satanás, formados por Ceifadores de Almas, Cavaleiros Negros e Dragões Demoníacos. Quando Kenny McCormick foi colocado no comando dos anjos do Céu, essa estratégia inspirada em *O Último Guerreiro das Estrelas* se mostrou bem-sucedida, e Kenny ganhou o maior prêmio do Céu: uma estátua de Keanu Reeves, em tamanho real e feita de ouro.

AVISTAMENTO DE CELEBRIDADES

O Além de South Park também oferece uma opção de Purgatório, mas, assim como o Inferno, sua clientela está repleta de celebridades falecidas recentemente. Num episódio de 2009, fantasmas de celebridades começam a assombrar South Park porque estão presos num plano temporário de existência. Na verdade, esse plano se parece com um avião *literal*, que foi afastado do portão de embarque, mas não pode decolar. Você ficará em fileiras de assentos num terreno enevoado durante meses enquanto uma comissária de bordo continua anunciando atrasos. Você não receberá nenhuma informação dos pilotos, não poderá usar o banheiro, nem tomará nenhuma bebida. A única bagagem a bordo é a sua bagagem emocional (em 2009, o atraso ocorreu porque o fantasma de Michael Jackson se recusava a admitir que estava morto, então fique de olho no culpado que está impedindo seu voo).

A ressurreição também pode ser uma opção, mas, se o estranho caso de Kenny McCormick servir de indicação, ninguém sequer se lembrará de que você já bateu as botas.

LAKEVIEW, POR HORIZEN

UPLOAD

O ano é 2033, e os melhores dias da sua vida podem vir depois que ela chegou ao fim. Bem-vindo a *Upload*!

Em *Upload*, uma série de comédia lançada pela Amazon em 2020, as corporações dos Estados Unidos, um país agora em declínio, estabeleceram uma nova arena para controlar o consumidor: o pós-morte. Hospitais possuem salas de *Upload*, as "URs" [*Upload Rooms*], ao lado do pronto-socorro. Entre numa delas antes do seu último suspiro e sua consciência será transferida para o paraíso virtual que você puder pagar. Sua cabeça será vaporizada no processo, mas esse é o preço da imortalidade.

Se você optar pelo *Upload*, sua primeira sensação pós-morte será um mundo se formando ao seu redor em macropixels monocromáticos. Você sentirá formigamento nas extremidades enquanto o programa encontra suas terminações nervosas. Concentre-se na realidade da sua própria consciência, o que deve ajudá-lo. Você acordará no pós-morte que você ou seu parente mais próximo compraram. Com um pouco de sorte, você poderá pagar um local luxuoso como o Lakeview, o pós-morte no qual *Upload* se passa.

Lakeview é um resort de montanha parecido com os grandiosos hotéis vitorianos da América do Norte. Esse paraíso digital ganha milhares de novos andares a cada ano, mas você só verá os hóspedes do seu próprio conjunto de cinco andares, por isso o hotel nunca parece lotado. Um representante de atendimento ao cliente, ou "anjo", lhe dará as boas-vindas personalizadas e fica à sua disposição para atendê-lo (ou a qualquer um dos seus outros 47 clientes) a qualquer momento. Se seu avatar parecer um pouco estranho (devido a uma franja inesperada ou um sotaque australiano), a culpa é do seu anjo.

Esse paraíso de férias chiquérrimo tem as melhores acomodações da Terra e muito mais: rosquinhas de bacon no café da manhã, um termostato que permite ajustar a vista de cada janela, salas da memória onde você pode assistir a qualquer coisa que já tenha acontecido na sua vida, terapias com animais de estimação nas quais os animais falam e oferecem conselhos. Os gases intestinais têm um cheiro bom aqui e, não importa o quanto você tente, seu xixi nunca erra o vaso sanitário. Na verdade, a vida é tão monotonamente perfeita que alguns moradores pagam a mais por inconveniências realistas como resfriados.

CURIOSIDADES HISTÓRICAS

Lakeview avançou muito desde sua primeira versão primitiva, na qual os *uploads* não podiam comer, defecar ou piscar. Hoje em dia, atualizações regulares introduzem acréscimos programados como baleias, unicórnios e papilas gustativas para o sabor umami.

Sim, esse é o segredo nem tão escondido de Lakeview: nem tudo está incluído no pacote. Há muitas atividades gratuitas, mas a Horizen cobrará um extra de você (ou do seu espólio) se clicar em alguma das atualizações ou "compras no aplicativo", que pairam sobre os minibares e *concierges*. Quer adicionar abacate ao seu café da manhã? Ele será cobrado à parte. Quer lutar contra a equipe do hotel, um exército de irritantes ruivos idênticos, usando o "Modo de Jogo"? Quer limitar os *adbots* (robôs de publicidade), ou manter a Horizen fora do seu caminho com o "Modo de Privacidade"? Isso também terá um preço.

Nunca se esqueça: você vendeu sua consciência para uma grande corporação. Agora, eles têm a eternidade para minerar seus dados ou vender produtos ou serviços para você. Cada folha de cada árvore ali tem um código de barras da Horizen. Se seu pagamento mensal falhar, você rapidamente perderá todos os privilégios do hotel e será rebaixado à vida com "2-Gigs", os *uploads* que você paga conforme usa e que encontra nos corredores de serviço brancos e fluorescentes, nas entranhas do hotel. Ali os quartos estão vazios, o refeitório é patrocinado pela marca de produtos congelados Lean Cuisine, e até os livros estão em branco, exceto por algumas páginas de amostra. Os 2-Gigs sempre exibem acima da cabeça a quantidade de dados que usaram no último ciclo de faturamento e, quando eles se esgotam, seus avatares congelam e se tornam monocromáticos até o mês seguinte. Tente evitar atividades que usem muitos dados, como pensar demais ou ter emoções.

DICAS PARA O VIAJANTE ESPERTO

Existem maneiras de driblar seus novos senhores corporativos. Procure uma brecha com uma luz piscante na cerca que contorna os terrenos de Lakeview. Essa é a entrada para o Grey Market, um silo iluminado por luzes néon, onde você encontrará à venda qualquer mercadoria da *dark web* pós-morte que possa imaginar. Você tem uma hora para comprar qualquer *hack* que quiser (como melhorias para o avatar ou memórias de celebridades contrabandeadas), antes que a Horizen perceba que você está desaparecido e apague seu arquivo.

Os *uploads* ainda podem entrar em contato com os "bios" (os vivos) virtualmente, por meio de videochamadas ou até visitas íntimas, se seu parceiro romântico quiser se inserir no Lakeview por meio de um "traje sensorial" de corpo inteiro. Mas fique longe do Torrent, uma corrente de luz brilhante que conecta o *Upload* ao mundo real. É suicídio. Seu cérebro foi vaporizado quando você morreu e agora você é apenas um arquivo digital. Esse é um caminho sem volta.

Lakeview, evidentemente, é apenas uma das centenas de opções de *Upload*. Se você quiser fazer "compras celestiais", um grande tubo pneumático vai sugá-lo para prévias de outros pós-morte, desde os mais luxuosos (Cove Beach Resort da Apple, Eternity da Disney) até os mais econômicos (Kmart Villa Scape). Quer você prefira uma eternidade de aventura na savana, no Nat Geo Instagram Safari, ou o clamor dos cassinos entorpecedores de alma, no Panera Facebook Aeon, há opções para todos os gostos. Mas fique bem longe da falsa Toscana do Tutti Tempo, o Céu do *Upload* ítalo-americano (a menos que você *realmente* goste de Frank Sinatra, é claro).

Muito, Muito, Muito Bom!

O PARAÍSO DE LARRY

SEGURA A ONDA

Na série da HBO *Segura a Onda*, o comediante Larry David (ou pelo menos seu *alter ego* fictício, Larry David) sofreu todo constrangimento e indignidade possíveis e viveu para se queixar disso. É lógico que, um dia, ele enfrentaria o teste final: a morte e suas consequências.

No episódio de 2005 intitulado "O Fim", Larry doa um rim para seu amigo Richard Lewis, mas tem complicações e morre no hospital. Quando seu coração para, ele sente que está flutuando em direção ao teto, que se rompe e revela um céu de nuvens brilhantes e, depois, um túnel de luz.

Se você chegar ao mesmo paraíso que acolheu Larry David, verá um reino branco e nebuloso, comum nos paraísos da TV, com muita névoa produzida pelas máquinas de gelo-seco para esconder o chão do estúdio. Não é exatamente um paraíso judaico. Pedaços de ruínas de mármore pitorescas podem ser vislumbrados entre as nuvens: colunatas rachadas e cobertas de musgo, estátuas clássicas. Por algum motivo, há uma árvore sem folhas.

A maioria dos espíritos que vagueia pelas nuvens e bate papo por ali veste uma túnica branca com capuz, mas, por ser recém-chegado, você pode estar usando uma versão descorada das suas roupas terrenas. O espírito de Larry David veste um paletó branco sobre uma camisa polo bege. Se, como Larry, você era careca quando morreu, agora terá uma bela cabeleira.

Quem lhe fornecerá orientações são dois sábios guias barbudos que foram seus anjos da guarda em vida e sabem tudo o que você já viu ou fez. Eles vão mostrar a você o lugar. Se você tiver sorte, será apresentado a celebridades da Terra que conhecem e admiram seu trabalho (no caso de Larry: Ponce de León, Marilyn Monroe e o golfista Ben Hogan, que quer jogar algumas partidas com ele num dos muitos campos excelentes do Céu). Se você não tiver tanta sorte, encontrará pessoas do seu passado que você esperava evitar. No caso de Larry, isso inclui sua mãe irritante, interpretada por Bea Arthur em seu papel final.

Muito já foi escrito sobre as alegrias e glórias do Paraíso, mas a primeira coisa que Larry nota é uma espécie de bem-aventurança nunca mencionada nas escrituras sagradas: ele não precisa mais fazer xixi. Na verdade, ele nunca mais fará. Se você foi uma pessoa idosa por algum tempo, sabe que isso é algo realmente digno de nota.

O PORTER 1928

MY MOTHER THE CAR

"Todo mundo sabe que, mais cedo ou mais tarde, todos nós voltamos da Outra Vida." Era assim que começava a canção-tema do programa de TV *My Mother the Car* [Minha Mãe, o Carro], numa ousada afirmação teológica, "no corpo de qualquer coisa, desde um gatinho até um jacaré devorador de homens". Mas na efêmera série de comédia de 1965, a mãe falecida de David Crabtree incluiu um "carro" nesse ciclo de "reencarnações", voltando à vida do seu filho como um carro antigo, um Porter 1928. Trapalhadas acontecem.

Por que um carro? Aparentemente, a crescente complexidade da tecnologia torna as máquinas uma "outra vida" mais plausível nos dias de hoje do que pareceriam para antigos hindus ou budistas, que nunca imaginaram almas retornando à Terra como arados ou cataventos. A mãe diz a Dave que os mortos não têm escolha quanto à forma como vão retornar e, na verdade, a maioria não quer voltar de jeito nenhum – "A caixa onde as inscrições devem ser colocadas geralmente está vazia". Um conhecido dela teve que voltar como um carro da marca Edsel, conta ela, querendo dizer que o setor automobilístico é um destino comum para a reencarnação. Isso significa que as almas reencarnadas de hoje podem escolher máquinas mais modernas como scooters, impressoras a laser e robôs aspiradores de pó? Parece certamente possível.

Se você voltar à Terra como um carro, ainda terá muitas das suas faculdades humanas. Você pode falar com seus ocupantes vivos através do rádio do carro (embora *My Mother the Car* nunca tenha explicado como uma lata velha de 1928 podia ter um rádio) e alertá-los sobre perigos buzinando ou dando ré. Você ainda poderá comer (óleo de motor, não comida) e dormir (na garagem). Você poderá enxergar num ângulo de 360 graus, graças aos seus espelhos. Na verdade, você terá amplos poderes sobre cada parte do seu chassi: poderá abrir e fechar portas, levantar e abaixar o teto, até mesmo esvaziar os próprios pneus. Alguém pode dirigir você normalmente, mas você sempre terá a opção de se sobrepor ao seu motorista e assumir o controle do volante. A mãe era um carro autônomo cinquenta anos antes do Tesla.

Há algumas desvantagens no fato de se viver com a forma de uma máquina metálica de duas toneladas, é claro. Seu radiador pode ferver quando você fica com raiva. Muito anticongelante pode deixá-lo bêbado e, se você for um carro mais antigo, pode ter dificuldade para ganhar velocidade. Até mesmo a mais leve colisão pode causar ferimentos ou até amnésia. Mas a maioria dos seus problemas provavelmente girará em torno de manter em segredo seu retorno na carroceria de um carro. Seu ente querido vai querer que o mundo saiba que as pessoas amadas podem voltar como carros e isso geralmente não é uma boa ideia. Dave Crabtree sempre recebia olhares estranhos por ter longas conversas com seu rádio automotivo, mas pelo menos esse problema foi resolvido pelos carros com viva-voz.

My Mother the Car foi uma série realizada em resposta ao sucesso de *sitcoms* extravagantes como *Mister Ed* ("Se existe uma série de TV com um cavalo falante, por que não com um carro falante?"), mas sua premissa era um tanto confusa. A mãe morreu em 23 de agosto de 1949, mas por que reencarnou num carro fabricado vinte anos antes? E por que ela passou anos num pátio de carros usados com uma placa dizendo "em reforma", na esperança de que seu filho passasse por lá? Não se trata de uma visão muito conclusiva do pós-morte.

Não surpreende que a série *My Mother the Car* tenha sido suspensa pela NBC após uma única temporada e muitas vezes encabece as listas dos piores programas de TV já produzidos. Pelo menos os padrões de transmissão dos anos 1960 nos concederam a graça de nunca sermos obrigados a ver Dave abastecendo o tanque da mãe, o que teria sido uma imagem mental verdadeiramente horrível. Espero que você volte como um carro elétrico!

OCEANSIDE

FOREVER

Até mesmo os crentes mais fiéis às vezes se perguntam se o Paraíso pode ser entediante demais. Você acha os filmes do Tarantino um pouco longos demais? Bem, seja bem-vindo à vida após a morte. Ela literalmente dura para sempre.

Forever, uma série da Netflix de 2018, explorou com astúcia esse tema ao transformar o Outro Mundo numa extensão direta da monótona vida cotidiana (e do casamento, em particular). Fred Armisen e Maya Rudolph interpretam um casal num casamento confortável, mas entediante, que de repente se vê forçado a lidar com o fato de que podem estar presos pela eternidade em seu relacionamento sem paixão. No pós-morte de *Forever*, você acorda num gramado cuidadosamente aparado, num bairro suburbano sem graça. Para Oscar e June Hoffman, eles estão em Riverside, Califórnia, não muito longe de onde moravam quando estavam vivos. Na verdade, trata-se de um bairro real que foi evacuado e fechado devido a mofo ou algo assim. As autoridades que aparentemente providenciaram essas residências vazias para os falecidos nunca são reveladas.

Isso ocorre porque esse é um pós-morte completamente sem Deus, embora tenha uma quadra de *shuffleboard*. É uma vida fácil, se você não se importa com a falta de respostas. Os closets e armários de cozinha da sua casa fornecerão roupas e seus alimentos favoritos todos os dias, e equipamentos para *hobbies* pacíficos de pessoas da meia-idade, como cerâmica e palavras-cruzadas, aparecerão regularmente. As pessoas permanecem com a mesma idade física que tinham quando morreram e aqueles que morreram jovens tendem a ser estranhos e desajustados, como atores infantis. Dias, meses, até anos se passarão. É difícil ter certeza.

Seu bairro terá alguma fonte de água, como um chafariz, que lhe dará energia. Se você se afastar demais da água, se sentirá cada vez mais fraco. Mas é possível se recarregar absorvendo a energia vital dos vivos. Você pode "puxar" uma corrente energética colocando a mão no pescoço da pessoa e concentrando toda a sua energia no pulso dela e na sua própria respiração.

APRENDA O IDIOMA

Os falecidos nesse pós-morte se chamam "*formers*", enquanto os vivos são os "*currents*".

Os Hoffman descobrem que todas as ruas do seu bairro acabam levando a Oceanside, uma mansão enorme no alto de um penhasco com vista para a praia. Os moradores de lá escolheram esquecer sua vida terrena, com todo o medo, a culpa e a "negatividade", e, em vez disso, se concentrar nos prazeres simples e hedonistas da eternidade. Em Oceanside, você pode passar suas noites dançando ao som de música ao vivo entre as colunas rococós do seu impressionante terraço. Em seguida, saia para a estrada com amigos para ter a simples emoção de deixar carros e caminhões passarem pelo seu corpo imaterial. E não perca a "pausa oceânica", a prática calmante de caminhar até o fundo do mar, onde você pode ver os peixes e as algas se movendo silenciosamente ao seu redor. Uma vez por ano, você se junta aos seus vizinhos na "Purificação", uma enorme fogueira na praia em que eles queimam todos os seus pertences. É um "lembrete para sempre se esquecer", eles dizem, mas é claro que suas coisas reaparecerão em seus quartos na manhã seguinte.

Mas e se você achar o glamour de Oceanside tão claustrofóbico e vazio quanto a vida suburbana? Oscar e June descobrem que existem destinos além de Oceanside. Caminhe em direção às ondas como se fosse fazer uma "pausa oceânica", e continue seguindo em frente. Você acabará emergindo numa outra costa distante.

Um Homem com uma Missão

O OUTRO LADO DO MUNDO

THE LEFTOVERS

Se você passou sua vida terrena jogando videogames, pode estar em busca de uma vida após a morte com missões de matar, missões secundárias, um criador de personagens e um nível em que precisa enfrentar o vilão. Se você não se importa com um toque de surrealismo à *la* David Lynch, talvez queira se hospedar no ▲ Hotel & Spa da série da HBO *The Leftovers.*

Baseada no romance homônimo de Tom Perrotta lançado em 2011, *The Leftovers* se passa num mundo onde 5% da humanidade desapareceu de repente num grande evento global semelhante ao Arrebatamento, de algumas crenças cristãs. O personagem de Justin Theroux, Kevin Garvey, tem dificuldade para distinguir a realidade da fantasia após esse trauma, então não temos certeza do que pensar quando, em três ocasiões distintas, ele visita um pós-morte surreal (conseguindo retornar ao seu corpo intacto em todas as oportunidades). *The Leftovers* é uma série que sempre se comprometeu com a ideia de "deixar o mistério no ar", mas há uma forte sugestão de que Kevin está de fato visitando o Outro Mundo nessas pequenas aventuras. "Era real!", ele insiste em dizer depois. "Talvez eu estivesse morto, mas nunca me senti tão vivo!"

Os visitantes do "Outro Lado" renascem da água, rastejando nus de uma violenta arrebentação ou de uma banheira transbordante. Ao se vestir, escolha cuidadosamente suas roupas. O armário de Kevin contém um uniforme de policial, vestimentas sacerdotais, robes de membros de seita e um terno elegante. "Saiba primeiro quem você é e depois se vista de acordo", instrui uma placa. A escolha do terno o transforma num assassino internacional com a alcunha não muito inteligente de Kevin Harvey.

Nas duas primeiras incursões de Kevin pela vida após a morte, seu ambiente é um hotel de negócios anônimo, com corredores intermináveis e um lobby ensolarado. A cada vez, um guia (um deles, inclusive, chamado Virgílio, em referência a Dante) lhe dá uma missão ou desafio. A missão dele pode ser tão simples quanto cantar uma música numa noite de karaokê ou tão perigosa quanto assassinar um candidato à Presidência. Vença o desafio e "você será libertado deste lugar". E pode retornar ao mundo dos vivos.

CURIOSIDADES SOBRE A VIAGEM

O local de filmagem desse pós-morte é, na verdade, o hotel Sheraton, no centro de Austin, Texas, mas foi remodelado com um novo logotipo sem palavras: um triângulo azul num círculo dourado.

Isso mesmo: esse é um hotel, com *hóspedes* passando por lá. Nem todos do outro lado são residentes permanentes. É provável que você encontre alguns conhecidos falecidos que agem como personagens não jogadores (NPCs) em suas missões, mas também vai se deparar com muitas pessoas cumprindo missões malucas por conta própria.

ATENÇÃO, VIAJANTE!

Nunca beba água, não importa quanta sede você tenha. Ela tem propriedades parecidas com as do rio Lete, do Mundo Subterrâneo. Um único gole pode tirar todas as suas lembranças terrenas. Então, você será um NPC para sempre.

O mundo depois da morte é maior do que um hotel e sua geografia parece ser muito semelhante à nossa. Kevin dirige a noite toda pela Interestadual 55 para levar quem ele vai assassinar ao Orphan's Well, em Jarden, Texas, onde o afoga. E em sua terceira visita após a morte, ele acorda na Austrália (literalmente do outro lado do mundo) e assume duas identidades autodestrutivas: agora está disputando o jogo como dois irmãos gêmeos (o assassino internacional Kevin Harvey e o presidente dos Estados Unidos Kevin Garvey), que querem matar um ao outro.

Fique de olho nas superfícies reflexivas em sua jornada (espelhos, lentes de óculos e assim por diante). Elas têm propriedades místicas. Através da tela de TV piscante do hotel, Kevin fala com seu pai ainda vivo, que parece estar vislumbrando o mundo pós-morte num ritual particular de busca de visão à base de drogas. E quando Kevin entra nesse mundo como gêmeos, ele descobre que consegue alternar entre o Jogador 1 e o Jogador 2 olhando para seu próprio rosto refletido no vidro.

No entanto, se você cometer o erro de beber água, provavelmente não se lembrará de nenhum desses conselhos. Você pode nem mesmo saber seu próprio nome. Residentes de longo prazo podem recordar a própria morte através de *flashes* de *déjà-vu* ou cair na ilusão de que sobreviveram, enquanto o restante da família bateu as botas. Sua maior chance de identificar esse pós-morte são provavelmente os agudos ensurdecedores do “Coro dos Escravos Hebreus”, da ópera *Nabucco,* de Verdi, que acompanha todas as fantasias póstumas de *The Leftovers.* Esse é um coro operístico composto por um grupo de exilados que anseia por um lar para o qual sabe que nunca poderá retornar.

PARA-DIDDLI-DARADISE[11]

OS SIMPSONS

Os Simpsons, série que já passou da trigésima quarta temporada, pode ser imortal, mas seu elenco de personagens não é. No Além, foram vistos tanto personagens coadjuvantes falecidos, como Maude Flanders e o Rabino Krustofsky, quanto personagens protagonistas ainda vivos, como Bart e Homer. Mas "*don't have a cow, man*"[12], essas visões do pós-morte geralmente são apresentadas como sonhos, visões, histórias de Halloween e outras fantasias. Mas às vezes são uma parte perfeitamente legítima do universo dos Simpsons.

Num episódio de 2017 em que houve uma mudança no ritmo da série, descobrimos que análogos medievais dos Simpsons acreditavam que as almas iam para os "Campos da Bem-Aventurança", onde os mortos acenam com fitas e desfrutam de divertimentos muito alegres. (Vozes discordantes incluem Duffman, que prefere uma eternidade em que mata seus inimigos e é morto por eles; uma versão *troll* do pai de Milhouse, que planeja passar a vida após a morte contando o dinheiro dos seus senhores goblins; e o velho capitão do mar, que só quer setenta e uma sereias, algumas em que a metade peixe é a superior!) Mas os episódios mais modernos da

11. *Para-Diddly-Daradise* é uma expressão fictícia criada para descrever um lugar paradisíaco ou idealizado, com frequência associada a "*Os Simpsons*", especificamente ao personagem Ned Flanders, conhecido por adicionar o sufixo "-diddly" a muitas de suas palavras. *Para-Diddly-Daradise* é uma brincadeira com a palavra *paradise* [paraíso], sugerindo um lugar extremamente agradável ou perfeito. (N. da T.)
12. Expressão recorrente nos episódios de *Os Simpsons* e que significa "Não perca a cabeça, cara". (N. da T.)

série geralmente retratam os mortos num Céu tradicional, azul e com nuvens fofas, ao lado de Jesus, São Pedro e Deus em pessoa.

GUIA DOS DEUSES

O Deus judaico-cristão é uma figura gigantesca que veste um manto, ostenta uma barba grisalha e tem a mesma pele amarela dos personagens caucasianos de *Os Simpsons.* A principal diferença: ao contrário dos personagens de quatro dedos da série, Deus tem cinco dedos bizarros em cada mão. Homer o descreve como tendo "dentes perfeitos, um cheiro agradável... uma pessoa de classe em todos os sentidos".

Quando Homer se vê entrando no Além num episódio de 2005 sobre o Arrebatamento, descobre que o Paraíso é um hotel de luxo completo, com trilhas em meio à natureza, cabines para fazer pedicure e uma sala de espetáculos de última geração, com artistas adorados como Los Lobos. O café é chamado de O Papa da Vila dos Sanduíches, uma piada que poderia ter sido trabalhada por mais alguns minutos na sala dos roteiristas. Vista um roupão aconchegante e coloque sua TV no canal 23 para ver o que está acontecendo na Terra. Você pode ter todo o conforto que desejar, basta pedir. A única exceção é a entrada no parque aquático, que está fechado até o próximo verão. (Por problemas trabalhistas com os duendes.)

AVISTAMENTO DE CELEBRIDADES

Toda vez que *Os Simpsons* visitam o Céu, ele está repleto de nomes famosos: Jimi Hendrix e Ben Franklin jogando *air hockey*, Leonardo da Vinci pintando o retrato de Dean Martin, Beethoven e Tupac disputando o *Ultimate Def Jam*, o videogame de luta baseado no submundo fictício das brigas ilegais entre grandes artistas do cenário *hip-hop*. Por algum motivo, o comediante Tracy Morgan está por ali também, mesmo não estando morto. O apelo das celebridades falecidas é tão forte que o episódio de Halloween de 2008 de *Os Simpsons* imaginou todo um "Céu das Celebridades", separado por uma cerca do "Céu Comum", bem menos glamoroso. Ali, personalidades que vão de Neil Armstrong a John Lennon e até um Abraham Lincoln homossexual desfrutam de eventos noturnos como torneios de pôquer no centro recreativo. Celebridades de Springfield também estão lá, com Krusty o Palhaço confidenciando a Homer que a única religião verdadeira é "uma mistura de vodu e Igreja Metodista".

Suas chances de entrar no Céu dos *Simpsons* aumentaram bastante recentemente. Percebendo que o local estava povoado apenas por senhorinhas e Promise Keepers[13] (e que um novo complexo para *baby boomers* de ambos os sexos estava ficando vazio), Deus decidiu abrir o Céu para pessoas boas de todas as religiões, incluindo ateus merecedores. Até mesmo o Sr. Burns conseguiu ficar por lá alguns dias, como acompanhante de Smithers.

Isso significa que, em *Os Simpsons,* você tem vários possíveis destinos em sua viagem pós-morte. Você pode acabar no Céu Protestante, cheio de gente chata e conservadora jogando críquete e badminton. Do outro lado, o Céu católico, adornado com luzes e serpentinas, é muito mais animado: italianos compartilhando uma grande macarronada, mexicanos tocando música *mariachi* e golpeando uma *piñata,* irlandeses brigando e dançando sapateado.

No Céu judaico, por outro lado, o comediante Rodney Dangerfield é recebido com muito respeito, Albert Einstein e o célebre ex-ministro da Defesa de Israel Moshe Dayan

13. Os Promise Keepers são um movimento cristão masculino fundado em 1990 nos Estados Unidos. Sua missão é encorajar os homens a serem fiéis seguidores de Jesus Cristo, a liderar suas famílias de acordo com os princípios bíblicos e a influenciar positivamente suas comunidades. (N. da T.)

convidam a atriz Gal Gadot para bater um papo e nem mesmo Portnoy tem do que reclamar[14]. Não perca as atrações principais, que incluem a Floresta de Picles Kosher, a Biblioteca Presidencial Joe Lieberman, uma loja chamada "Oys R Us"[15] e uma recriação do campo de beisebol da equipe Brooklyn Dodgers, onde todos nas arquibancadas recebem de graça *egg cream*, a popular bebida de Nova York. Em outras partes das nuvens, há uma entrada para o paraíso hindu, semelhante a um templo, onde você verá Vishnu segurando uma prancheta com dois dos seus quatro braços. Num futuro alternativo, Homer vai para lá com a intenção de reencarnar e escolhe retornar como uma tartaruga em vez da pior opção possível, "CEO de uma indústria farmacêutica".

E quanto ao Inferno? Num episódio inicial dos *Simpsons*, Bart tem uma visão em que está subindo em direção ao Céu numa escada rolante dourada, passando pelas almas angelicais do seu tataravô e do gato original da família, Snowball [Bola de Neve]. "Por favor, segure no corrimão. Não cuspa", diz uma placa em inglês e espanhol. Bart cospe, é claro, e a escada rolante se transforma numa rampa e o leva para um Inferno ardente baseado na pintura de Hieronymus Bosch, *O Jardim das Delícias Terrenas* (veja a página 285), onde o diabo o lembra de "mentir, trapacear, roubar e ouvir heavy metal!".

Se você tiver a infelicidade de entrar na versão dos *Simpsons* do Inferno, espere ver as torturas dos condenados: esteiras onde os recém-chegados são transformados em salsicha, um churrasco em que servem salada de batata alemã quente e repolho com abacaxi, e uma "Divisão de Punições Irônicas", onde glutões são alimentados à força com rosquinhas. (*D'oh!*) O Sr. Burns estará lá num corpinho que parece o de um sapo; assim como pessoas historicamente terríveis como Benedict Arnold, Barba Negra e John Wayne. Dê uma olhada no cão de guarda Cérbero. Ele terá as cabeças dos três valentões da escola primária Springfield Elementary: Jimbo, Dolph e Kearney. O próprio Satanás pode ser a tradicional figura gigantesca vermelha, com pernas de bode e barbicha, ou pode parecer com Herman (aquele cara de um braço só da loja militar de Springfield) ou até mesmo com o simpático vizinho dos Simpsons, Ned Flanders. Estranhamente, Ned também já apareceu no programa como Deus. Isso é um dilema teológico e tanto!

14. Referência ao livro *Portnoy's Complaint* [O Complexo de Portnoy], romance escrito por Philip Roth, publicado em 1969. O protagonista e narrador do livro é Alexander Portnoy, um judeu nova-iorquino que desabafa suas frustrações, ansiedades e experiências sexuais em sessões fictícias com seu psicanalista. (N. da T.)

15. Piada usando o nome da conhecida rede de lojas de brinquedo Toys R Us e a exclamação em iídiche "oy", que expressa descontentamento ou surpresa. (N. da T.)

OS CEIFADORES

DEAD LIKE ME

A série de TV, *Dead Like Me* foi a resposta do canal Showtime à série *A Sete Palmos*, mas a trágica "dramédia" saturada de morte ficou mais parecida com o livro *My So-Called Afterlife*[16]. Uma adolescente melancólica é morta ao ser atingida por um destroço espacial em queda livre (um vaso sanitário da estação espacial Mir!) e descobre o que acontece após a morte. Infelizmente para ela (e para você, se for escolhido para ter o mesmo destino), a resposta é uma quase eternidade de um entediante trabalho temporário.

Veja bem, alguns mortos permanecem na Terra para se tornar "Ceifadores", funcionários recrutados para coletar as almas dos falecidos. Você não usará uma roupa preta nem uma foice. Em vez disso, terá uma forma corpórea que se parece com você quando estava vivo, embora seu rosto esteja alterado o suficiente para que ninguém o reconheça. Todos os dias, seu supervisor lhe entregará um *post-it* com um nome, um local e um ETD, sigla em inglês para "horário estimado de morte". Você precisa estar presente nos últimos momentos dessa pessoa para confirmar sua identidade e tocá-la, fazendo que, com isso, a alma dela saia do corpo, poupando-a da dor da morte que a espera. Você pode então escoltar a alma do falecido para o Grande Nada,

16. *My So-Called Afterlife* é um romance jovem adulto escrito por Tamsyn Murray, sobre uma adolescente que de repente se vê no limbo após sua morte prematura. Nesse estranho "pós-vida", Lucy se vê presa num colégio interno paranormal, onde é obrigada a enfrentar fantasmas, segredos sombrios e intrigas entre os vivos e os mortos. (N. da T.)

um portal de luz flutuante. As Luzes parecerão conter uma recompensa tentadora pessoal ao falecido, mas tudo continuará sendo um completo mistério para você. Você nunca verá os anjos que compõem o "alto escalão". Você é apenas um serviçal, alguém enviado para "pagar a fiança", digamos assim, e libertar os desencarnados.

A importância do seu desempenho no trabalho é enorme: se você perder uma alma, ela permanecerá presa ao corpo e o falecido não poderá ir para as Luzes. Você e sua equipe são apenas uma das inúmeras células espalhadas por todo o globo, e cada uma é especializada num tipo específico de morte. Existe um Departamento de Causas Naturais, um Departamento de Pragas responsável pelas doenças, um Departamento de Influência Externa responsável pelos assassinatos e acidentes, e assim por diante. Como Ceifador, você verá o que os vivos não podem ver: essas mortes estão sendo organizadas por Gravelings, pequenos *gremlins* com espinhos de ouriço que vivem em cemitérios. Assim como os Ceifadores, os Gravelings são almas (maldosas!) escolhidas para uma nova missão, mas o trabalho deles, na verdade, não é nem melhor nem pior do que o seu. Suas travessuras letais mantêm o universo em equilíbrio.

Para ser absolutamente sincero, ser um Ceifador não é o emprego dos sonhos de ninguém. Para começar, você não recebe salário. Para se virar, terá que arranjar um emprego diurno ou aproveitar os benefícios marginais da vida de Ceifador, pegando dinheiro dos corpos de suas "coletas" ou ocupando os apartamentos deles, recém-desocupados. Agora você vive às margens da sociedade, visando não ser notado por ninguém. Você não pode ter amigos entre os vivos, muito menos relacionamentos. Definitivamente, não assombre sua vida anterior; você pode até começar a perder as lembranças dos seus entes queridos se continuar a rondá-los. Para piorar, eles envelhecerão ao longo das décadas enquanto você permanece com a mesma idade.

Isso mesmo, esse novo trabalho pode durar meio século ou mais. Existe um número definido de "coletas" necessário para sua próxima promoção, mas você não tem ideia de qual é a sua cota. Por outro lado, sua semi-imortalidade faz de você praticamente indestrutível. Feridas cicatrizam instantaneamente; bebidas alcoólicas não vão deixar você de ressaca. Seu novo metabolismo mais rápido permite comer tudo o que quiser e, se você for como muitos Ceifadores, vai abusar de todas as substâncias possíveis.

Existem alguns pontos positivos no seu novo emprego. No Halloween, sua equipe usa máscaras, porque a lenda dos Ceifadores diz que os vivos podem reconhecer sua identidade real naquele dia. Ocasionalmente, você receberá uma coleta VIP, ou "víbora", que vem com dinheiro suficiente para lhe dar acesso à celebridade prestes a morrer. A cada poucos anos, os Gravelings tiram folga e ninguém morre, então você pode relaxar e colocar a papelada em dia. Mas, na maior parte do tempo, é uma rotina diária, e você está de plantão 24 horas por dia, 7 dias por semana. Você vai ficar por aí lendo os obituários como se fossem páginas esportivas, com uma capa de chuva à mão em caso de respingos de sangue, apenas esperando pelo próximo *post-it*. Isso durante décadas. É uma vida inteira!

O INFERNO DOS ROBÔS

FUTURAMA

Os seres humanos têm mil opções quando se trata do pós-morte, mas parece que a vida artificial conta com poucas alternativas. Se você é um robô, o que acontece quando você morre? *Futurama*, de Matt Groening, ambientado em "Nova Nova York" do ano 3000, oferece a cosmologia mais definitiva.

Quando os robôs morrem de maneiras desonrosas, como no caso do suicídio, seu software é exportado para a nuvem digital. Seu limbo é um *looping* infinito que de fato pode durar para sempre. Mas os robôs que fizeram escolhas ainda piores acabam no Inferno dos Robôs. Esse é um mundo subterrâneo literal, localizado nas profundezas do Reckless Ted's Funland, um parque de diversões abandonado em Atlantic City, Nova Jersey.

Atrás de um espelho na casa maluca do parque chamada "Inferno", você encontrará a entrada para o abismo do Inferno dos Robôs. Trata-se de um labirinto ardente de chaminés de dutos e chapas metálicas e serras gigantes, atravessado por escorregadores e trilhos de carrinhos de mina. Torturadores robóticos demoníacos desmembram os robôs amaldiçoados, açoitam-nos com chicotes ardentes, enviam descargas de gosma elétrica e atualizam o mito de Sísifo, forçando-os a empurrar pedras para cima de esteiras rolantes.

Punições agonizantes *e* irônicas esperam por você de todos os lados. No nível um, fumantes podem ser enrolados num charuto gigante e acesos. No nível dois, jogadores são amarrados a uma roda da fortuna gigantesca, que é girada para revelar seu destino: assar, cozinhar, ensopar, saltear, fritar ou receber uma massagem agradável. (Essa última provavelmente não é muito comum.) No nível cinco, robôs que piratearam música têm seus discos rígidos removidos e arranhados, no estilo toca-discos, por cabeças decepadas dos Beastie Boys!

O Inferno dos Robôs é governado por um Diabo dos Robôs, é claro. Você pode chamá-lo de Belzebot se quiser. Cuidado: ele é um trapaceiro cujos contratos sempre têm pegadinhas. Ele também lidera um trio de jazz excessivamente irritante de demônios robôs; por isso, não dê a ele nenhuma desculpa para cantar para você! Sua única chance de escapar pode ser a Lei de Justiça no Inferno de 2275, que exige que o Diabo dos Robôs o deixe ir se você conseguir derrotá-lo num concurso de violino. Suas chances não são boas: ele é um virtuose do violino que pode usar um terceiro braço robótico para fazer duetos consigo mesmo.

COMPRA DE SOUVENIRS

Se você conseguir vencer o diabo, levará para casa um violino de ouro maciço! Se perder o concurso, você ganha um violino de prata menor (e fica no Inferno dos Robôs para sempre).

Os robôs que levaram vidas virtuosas e realizaram atos altruístas têm um destino melhor: o Céu dos Robôs, atrás de alguns portões automáticos com aparência *steampunk* lá nas nuvens. Ali dentro, você pode ver a forma luminosa do Deus dos Robôs: uma cápsula branca futurística com uma tela de visualização preta. O Deus dos Robôs pode não ser tão carismático quanto o Diabo dos Robôs, mas pelo menos Ele não vai surpreendê-lo com um número musical.

Eles Dizem que, no Céu, o Amor Vem em Primeiro Lugar

SAN JUNIPERO

BLACK MIRROR

Bilhões de pessoas acreditam que, quando morrem, sua alma vai para junto de Deus, nas nuvens. Mas e se, em vez disso, sua alma fosse apenas transferida para a Nuvem?

Essa é a premissa de "San Junipero", um episódio vencedor do Emmy de 2016 da série antológica *Black Mirror*, que é uma espécie de *Além da Imaginação*, mas com telefones celulares. A história segue Kelly e Yorkie, duas "turistas" que visitam a cidade costeira da Califórnia chamada San Junipero, em 1987. Elas dançam, jogam videogame, se apaixonam. Mas logo fica claro que nem tudo é o que parece em San Junipero. Os visitantes só podem ficar na cidade por algumas horas toda semana. Lesões são impossíveis e um espelho quebrado é reparado num piscar de olhos. O mais estranho de tudo, os personagens aparentemente podem escolher visitar San Junipero em diferentes épocas, aparecendo lá em 1980, 1996 e 2002. O que está acontecendo?

Acontece que San Junipero não é uma cidade real, mas uma simulação de computador extraordinariamente realista. Foi criada nos anos 2020 como "terapia de nostalgia imersiva" para pacientes com demência, que achavam reconfortante voltar aos períodos de sua juventude. Os idosos podem se deitar, colocar uma pérola branca brilhante na têmpora direita (sendo *Black Mirror*, há sempre uma pérola branca brilhante que se conecta com o cérebro) e serem transportados para uma noite perfeita numa "cidade festiva" onde não existem problemas.

Mas a maioria desses turistas um dia escolhem "passar para o outro lado", ou seja, tornar-se residentes permanentes de San Junipero. Quando morrem, a consciência dessas pessoas pode ser transferida para a TCKR Systems, a empresa de tecnologia que criou a simulação de San Junipero. Os centros de dados da TCKR são um labirinto de corredores revestidos de servidores, onde robôs automatizados conectam os núcleos enviados dos recém-chegados a intermináveis unidades com trinta portas circulares cada. Bem-vindo ao pós-morte, SJ 521-12016! O código numérico de oito dígitos garante espaço para cem milhões de "almas" em San Junipero. (Não está claro se existem outros prefixos além de SJ ou se todos experienciam o Paraíso como a Califórnia.) A simulação é tão convidativa que os hóspedes em "teste" devem ser acordados após cinco horas para evitar o vício e a dissociação. Até mesmo as leis que restringem a eutanásia precisam ser aperfeiçoadas, porque muitas pessoas descobrem que preferem o pós-morte de San Junipero a uma velhice tediosa.

San Junipero é uma cidade litorânea situada abaixo de penhascos impressionantes que se parecem mais com Cape Town do que Santa Cruz. (As cenas externas do episódio foram filmadas na África do Sul.) Ao entrar, você pode escolher uma roupa, um automóvel e outros acessórios. Você também escolher uma época inicial, cujos lembretes típicos estarão por toda parte enquanto você explora o lugar. Em 1987, um *outdoor* do filme *Os Garotos Perdidos* pode se destacar acima da avenida principal, e Max Headroom[17] estará tagarelando em cada televisão. Em 1996, as músicas do álbum *Jagged Little Pill*, de Alanis Morissette, serão inevitáveis.

Você parecerá ter cerca de vinte e poucos anos de idade. Confira a cena num bar local como o Tucker's (que recebeu esse nome dos programadores inteligentes da TCKR por causa de uma piada interna). Em 1987, a iluminação de néon é em tons pastel perfeitos, as franjas feitas com spray fixador são enormes topetes e o fliperama tem clássicos memoráveis como *Bubble Bobble*. Se você mudar para 2002, o bar ainda estará lá, mas agora a atmosfera será de gelo seco e feixes de laser, *Dance Dance Revolution* terá substituído os videogames de antigamente e músicas da Kylie Minogue podem estar tocando na pista de dança.

17. Personagem fictício protagonista de uma série de televisão de ficção científica chamada *Max Headroom: 20 Minutes into the Future*, que foi ao ar em 1987. Conhecido pelo seu rosto digitalizado e voz eletronicamente distorcida, ele é lembrado como um dos primeiros exemplos de uma personalidade digital na televisão. (N. da T.)

CONHEÇA OS HABITANTES DA REGIÃO

Festeje e ande por aí sem medo, mas lembre-se de que pelo menos 15% dos frequentadores da boate são "turistas" e membros temporários, ainda entre os vivos, que desaparecerão à meia-noite, assim como a Cinderela.

Uma eternidade nostálgica dos anos 1980 soa para você como um Paraíso ou um Inferno? Muitos dos moradores de San Junipero descobrem que a simulação começa a ficar cansativa depois de um tempo. Mas lembre-se de que, assim como em *Bubble Bobble*, a versão para dois jogadores de San Junipero tem um final completamente diferente. Se encontrar o verdadeiro amor como Yorkie e Kelly, você descobrirá que o Paraíso pode ser, literalmente, um lugar na Terra. Mesmo que esse lugar seja um data center climatizado.

FORA DO CAMINHO DE TERRA BATIDA

Se você não encontrar alguém especial, há outras maneiras de afastar o tédio em San Junipero. Muitos curiosos se dirigem ao Quagmire, uma boate suspeita para fetichistas, localizada numa antiga refinaria nos arredores da cidade.

Uma simulação de computador pode parecer um pós-morte improvável, mas coisas mais estranhas já aconteceram. Como um episódio de *Black Mirror* com um final realmente feliz.

STO-VO-KOR E GRE'THOR

O IMPÉRIO KLINGON

Em nosso planeta, quando as pessoas falam muito sobre a morte, dizemos que são góticas mórbidas. Não é assim em Kronos, o planeta natal do Império Klingon, de *Jornada nas Estrelas*! Os Klingons nunca param de falar sobre a morte, mas é porque são um povo orgulhoso e agressivo, que mal vê a hora de morrer honrosamente no campo de batalha. Como disse um grande Klingon uma vez, "*boghtlhinganpu, Suvwl'pu' moj, Hegh*"[18]. Ou talvez ele estivesse apenas limpando a garganta.

Quando um guerreiro Klingon morre, seus camaradas de cabeça enrugada observam a vigília de *ak'voh*, para impedir que predadores desrespeitem o corpo. Eles também podem encarar profundamente os olhos do falecido e uivar para o céu, avisando às almas dos mortos de Sto-Vo-Kor que um novo Klingon combativo está a caminho.

Sto-Vo-Kor é um reino semelhante a Valhalla, onde os mortos honrados fazem farra com Kahless, o Inesquecível, o messias Klingon que presenteou seu povo com sua filosofia guerreira. Mas sua vida após a morte não será apenas festas intermináveis de vinho de sangue e aquelas estranhas minhocas vivas que os Klingons estão sempre comendo! Você também manterá suas habilidades marciais e seu *bat'leth* afiado, juntando-se aos seus antepassados na Frota Negra e travando uma batalha eterna contra os inimigos mais dignos.

18. "Klingons nascem, vivem como guerreiros e depois morrem."

Mas, mesmo na cultura mais guerreira, nem todo mundo pode morrer em batalha ou graças a um suicídio ritual honroso. Infelizmente, alguns Klingons provavelmente apenas engasgam com uma minhoca ou são atingidos por uma espaçonave a caminho do correio. Se for esse seu destino, você nunca verá Kahless. Em vez disso, quando der por si estará no Barco dos Mortos, com proa de dragão, conduzido por Kortar, o primeiro Klingon mítico (ao estilo Klingon típico, Kortar destruiu os próprios deuses que lhe deram vida e, como punição, foi enviado ao mundo subterrâneo). Seu rosto será marcado com um sinal de desonra, e você não poderá fazer nenhuma pergunta.

VIAJANTE, CUIDADO!

Ao navegar pelo rio de Sangue a bordo do barco de Kortar, cuidado com as Kos'Karii, serpentes descoradas que tentarão atrair você para as águas carmesim, imitando as vozes de seus entes queridos.

Essa viagem leva aos portões de Gre'thor, uma cidade infernal com paredes de pedra, iluminada por relâmpagos e grandes braseiros em chamas. Um emblema invertido do Império Klingon foi esculpido acima do portão. No interior, o horrendo monstro Fek'Ihr supervisiona os tormentos dos condenados. Sua única esperança é que seu companheiro sobrevivente ou outro parente realize um feito heroico em sua memória, provando seu exemplo de coragem e libertando você para ascender a Sto-Vo-Kor.

MÚSICA E TEATRO

A VIDA APÓS A MORTE

PAUL SIMON

Paul Simon tem se preocupado com a mortalidade há muito tempo. Desde "Old Friends" de 1968 até os narradores confusos de meia-idade em "You Can Call Me Al" e "The Obvious Child", a discografia de Paul Simon está repleta de ansiedade sobre o fato inevitável de que, como ele colocou em seu primeiro álbum solo, tudo que se coloca junto desmorona[19].

Mas o homem que, aos 26 anos, refletia sobre "Como é estranho estar com 70 anos"[20], chegou aos 70 anos em 2011, e naquele ano ele lançou "So Beautiful or So What". Trata-se de um disco sobre Deus, como Simon descobriu enquanto o gravava. E seu segundo *single* oferece seu relato pessoal do outro mundo.

Em "The Afterlife" [A Vida Após a Morte], acompanhado por uma guitarra africana suave e acordeão zydeco, Simon oferece um relato fictício de sua própria morte e o que veio depois. O Céu que ele imagina é um lugar lento e burocrático, um equivalente cósmico de um Departamento Estadual de Trânsito. Um dia, você encontrará Deus, mas, como repete o refrão, "você tem que preencher um formulário primeiro e depois esperar na fila".

Após sua morte, segundo Simon, você vagará brevemente pela Terra com seu corpo espiritual, se perguntando o que vem em seguida. Seu narrador volta para

19. Título da canção de Paul Simon, "Everything put together falls apart". (N. da T.)
20. Verso da música "Old Friends", de Paul Simon. (N. da T.)

seu antigo apartamento antes que uma luz celestial o atinja e uma voz "açucarada" diga: "Vamos começar".

Em seguida, você entra em uma longa fila até a Escada do Tempo, onde os suplicantes se aproximam de Deus. Enquanto você avança lentamente, verá pessoas de todas as épocas e raças com você: Buda, Moisés, todos. Tenha paciência! A espera não é apenas uma confusão logística ou uma inconveniência. É a vontade de Deus que você fique se remoendo e superando dificuldades antes de chegar à presença Dele.

COSTUMES LOCAIS

Enquanto espera, siga as regras. Não é permitido furar fila no Céu, e você não deve incomodar os outros falecidos. Na música, o narrador vê uma jovem rainha do baile e a aborda com a imortal cantada "Ei[...] quanto tempo faz que você morreu?". Não dá muito certo.

Quando finalmente chegar à escada e iniciar sua escalada pela imensidão, você começará a sentir a presença do Senhor, mas talvez não consiga descrevê-Lo depois. É como se você estivesse nadando num oceano de amor, diz Simon, "e a corrente é forte". Mas, quando ele tenta colocar a experiência em palavras, só consegue pensar nas sílabas sem sentido das antigas músicas de *blues* e *rockabilly* como "Be-Bop-a--Lula" e "Ooh Poo Pah Doo". Presumivelmente, letras como essas são específicas de membros da geração de Simon, e uma alma *millennial* poderia, em vez disso, descrever Deus como "Zigazig-ah" ou "Mmmbop, ba duba dop" ou até mesmo "Bawitdaba-da bang-da-bang-diggy-diggy-diggy"[21]. Como São Paulo escreveu aos Romanos sobre a inefabilidade de Deus: "O próprio Espírito intercede por nós com gemidos inexprimíveis".

21. Partes das canções "Wannabe", das Spice Girls. "MMMbop", da banda Hanson, e "Bawitdabam", de Kid Rock, respectivamente. (N. da T.)

Assim Como Sempre Foi

O BAR "CÉU"

TALKING HEADS

Qualquer pessoa que já tenha lido sobre visões medievais do Além sabe que os escritores sempre passam mais tempo descrevendo o sofrimento do Inferno e do Purgatório do que as glórias do Céu. O Inferno tem conflito: algozes *versus* condenados. O Purgatório tem uma trajetória: a redenção das almas. Mas o Céu é um êxtase interminável e imutável. Do ponto de vista narrativo, não há muita coisa acontecendo.

David Byrne abraçou essa versão estática do pós-morte na música "Heaven" [Céu], da banda Talking Heads, lançada em 1979 no álbum *Fear of Music*. O céu de Byrne não é um reino, mas um bar, o tipo de ponto badalado de Nova York no qual todos se matam para entrar, mas que se revela uma grande decepção quando você consegue de fato atravessar a porta.

Ao entrar no "Céu", como esse bar é chamado, você descobrirá que a banda vai estar tocando sua música favorita. Essa agradável surpresa pode deixar de ser tão agradável, no entanto, quando eles continuarem tocando a mesma música a noite toda, numa repetição interminável. Uma festa está acontecendo e *absolutamente* todo mundo está lá, mas todos os convidados sairão exatamente ao mesmo tempo. (Será que não sairão nunca?) Beije alguém especial num canto escuro e o beijo recomeçará assim que você se afastar, sempre exatamente igual.

"O Céu é um lugar onde nada nunca acontece", repete Byrne incessantemente. E, no entanto, de acordo com a estética minimalista dos Talking Heads, isso não é totalmente ruim. Há algo divertido e até emocionante sobre esse bar, assegura-nos Byrne, apesar da completa ausência de novidades. É um pensamento reconfortante se o seu plano para o Céu é passar não apenas uma sexta-feira lá, mas a eternidade.

A PAISAGEM NEBULOSA

"GHOST RIDERS IN THE SKY"

A canção country e western de 1948, "Ghost Riders in the Sky" [Cavaleiros--fantasma no Céu], de Stan Jones, foi gravada por astros da música que vão de Peggy Lee a R.E.M., de Johnny Cash a Debbie Harry e Duane Eddy. Seu sedutor coro de "yippie-yi-ohs" e "yippie-yi-ay" pode dar a impressão de que os personagens do título estão se divertindo muito em sua vida pós-morte como caubóis fantasmas, mas nada poderia estar mais longe da verdade.

A música descreve uma aparição vislumbrada por um velho caubói que está cavalgando por uma região durante uma tempestade iminente. Nas nuvens, ele vê um temível rebanho passar, com chifres pretos reluzentes, cascos de aço, olhos vermelhos e marcas de fogo ainda brilhantes no traseiro. O hálito deles é tão quente que é possível senti-lo. Como se isso não fosse perturbador o suficiente, ele vê os cavaleiros que conduzem esse gado (e eles também conseguem vê-lo).

Se seu destino eterno é ser um cavaleiro-fantasma no Céu, você descobrirá que isso não é uma colônia de férias rural, não haverá trabalho fácil. Você terá que montar cavalos que bufam fogo, o que é bem legal, mas o gado que você está tocando se mostrará impossível de controlar. ("Danados de teimosos", como eles poderiam dizer na região. Melhor você já ir começando a se familiarizar com a gíria dos caubóis!) O rebanho permanecerá atormentadoramente fora do seu alcance, não importa quão rápido você cavalgue. Logo seu rosto estará encovado, sua visão turva e sua camisa encharcada de suor, mas você não estará nem um metro mais perto dos cascos trovejantes. Você vai conduzir essa boiada para sempre.

Sua jornada-fantasma pode levá-lo “a céus esfarrapados”, mas você perceberá rapidamente que isso não é o Paraíso. Na verdade, parte do seu trabalho é advertir os mortais lá embaixo a mudarem seus hábitos pecaminosos se quiserem evitar seu terrível destino. Veja bem, parceiro, esse gado ardente é o rebanho do diabo, e você está no Inferno. Prepare a sela.

O inimigo é a pobreza, e a muralha nos mantém longe do inimigo, e construímos a muralha para nos manter livres.

– Hades

HADESTOWN

ANAÏS MITCHELL

O maior sucesso da Broadway em 2019 foi *Hadestown* [Cidade do Hades], o ciclo de canções de Anaïs Mitchell transformado em ópera *folk*, que atualizou o mito grego de Orfeu e Eurídice para um cenário vago da era da Grande Depressão, levemente inspirado na atmosfera de Nova Orleans. *Hadestown* ganhou oito prêmios Tony, anunciou uma turnê nacional e levou plateias lotadas de Nova York diretamente para o Inferno, oito vezes por semana.

Num mundo sombrio que lembra a década de 1930 e a região de Dust Bowl, há favelas por toda parte e o trabalho é escasso, por isso pessoas desesperadas pegam trens de carga para lugar nenhum. Uma ferrovia em particular leva ao mundo subterrâneo (ou Hadestown, como as pessoas o chamam). Na última estação do caminho para o Inferno, pobres almas como a sua encontrarão três mulheres oniscientes (as Fatas) e um homem elegante, de passos macios e um apito de prata na boca. Esse é o Sr. Hermes, seu condutor para o Outro Mundo.

Mas você talvez queira pensar duas vezes antes de fazer esse itinerário, mesmo que os tempos estejam difíceis. Hadestown é, na realidade, um campo de trabalho escravo. Você pode ser atraído pela promessa de um trabalho estável, mas não assine esse contrato! Você estaria literalmente vendendo sua alma. O chefão vai fazer muito alarido sobre sua nova oportunidade para sair da pobreza, mas, na verdade, você estará empunhando um martelo ou uma picareta dia e noite, jogando carvão nas caldeiras ou correndo pela fábrica do grande moinho e pelo maquinário do Hades. Adeus descanso eterno. Aqui, a vida eterna se resume a eternas horas extras.

ATRAÇÕES PRINCIPAIS

A CIDADE ELÉTRICA – Você pode não ter muito tempo livre para fazer turismo em Hadestown, mas pelo menos esse não é um mundo subterrâneo escuro e sombrio. No lugar onde antes havia uma simples mina de ouro, Hades abriu uma fundição de aço alimentada por fósseis para fabricar tambores de óleo e automóveis. O calor é terrível, mas o ambiente também é "mais brilhante do que um carnaval", porque Hades instalou eletricidade: não apenas luzes, mas neon piscante e telas de cinema e TV.

O TRONO DE CRÔMIO – Hades não é mais o jovem deus apaixonado que viu Perséfone colhendo flores no jardim de sua mãe tantos anos atrás. Se você conseguir se afastar da fábrica ou armazém o suficiente para avistar o Rei das Sombras, não se surpreenda ao encontrar um barítono grave e gutural em seu trono. O tempo o corrompeu até ele se transformar num plutocrata do mundo subterrâneo, obcecado por sua própria riqueza e aterrorizado com a possibilidade de perder todas as almas e a mão de obra que acumulou.

A MURALHA – Este marco monumental é a visão mais impressionante do domínio de Hades, que também é o Rei da Argamassa, o Rei dos Tijolos. O rio Estige agora é um rio de pedras e aço: uma enorme muralha de ferro, concreto e arame farpado com um milhão de toneladas. Cães ferozes guardam as portas. Por que uma muralha gigante em suas fronteiras? O Sr. Hades afirma, no tom de propaganda à moda de Donald Trump, que a muralha mantém a liberdade dentro e a pobreza fora. Mesmo no Inferno, as pessoas precisam acreditar que há alguém em situação pior do que a delas.

CURIOSIDADES SOBRE A VIAGEM

A muralha foi violada apenas uma vez. Orfeu entoou um canto tão lindo que suas pedras foram literalmente afastadas.

ONDE COMER E BEBER

O CAMINHO PARA O INFERNO – Se Hermes permitir, pare no *saloon* da estação ferroviária para uma última refeição antes de seu trem partir para "o lado de baixo". Você pode até esbarrar com algumas celebridades. A cada primavera, Perséfone pisa nessa plataforma após seis meses na escuridão, finalmente capaz de ficar sob o sol e retomar seu papel como Rainha da Terra Verde e Crescente. Ela passará o verão se divertindo descontroladamente, livre como uma abelha, bebendo vinho de dente-de-leão. (Ela também pode recorrer a coisas mais fortes, até morfina, quando o verão se aproxima do fim. Perséfone não gosta muito dela mesma.) Se você chegar nos meses mais tranquilos de inverno, observe de perto os jovens que estão esperando nas mesas. Um deles pode ser um jovem poeta talentoso chamado Orfeu.

NOSSA SENHORA DO MUNDO SUBTERRÂNEO – Depois de entrar nos portões de Hadestown, suas opções para relaxar são bem mais limitadas. Durante o inverno, veja se os aposentos de Perséfone estão destrancados. Ela pode lhe oferecer as lembranças da vida "lá em cima" de que você mais sente falta: flores da primavera, o vento num frasco, a chuva na torneira.

COMO SE LOCOMOVER

A maioria dos viajantes chega a Hadestown por meio do conveniente serviço ferroviário. Existe outra maneira de entrar que não envolve entregar sua alma, mas é uma jornada longa e escura ao longo dos postes de telefone e trilhos. Esse é o caminho que Orfeu percorreu em busca de sua amada Eurídice, enquanto Hades estava ocupado seduzindo-a em seu escritório particular. Se você de alguma forma entrar em Hadestown sem entregar sua vida, não revele seu nome a nenhum dos funcionários e nem mesmo olhe nos olhos deles. Eles absorverão sua respiração e essência sem que perceba e você ficará preso na escuridão para sempre com aquele bando de cadáveres.

É assim que é Hadestown, amigão.

Bem-vindo ao Purr-adise

A CAMADA HEAVISIDE

CATS

A primeira coisa que você precisa entender é que o Baile Jellicle (palavra cujo significado apenas os gatos conhecem) anual é onde o Velho Deuteronomy decide qual gato ascenderá para renascer na Camada Heaviside. Não, espere. A primeira coisa que você precisa entender é que o Velho Deuteronomy é o sábio patriarca dos gatos Jellicle, que... não, espere. A primeira coisa que você precisa entender é que aparentemente existe uma tribo de gatos pequenos e alegres, conhecidos como Jellicle, que podem mergulhar no ar como um trapezista em pleno voo, dar cambalhotas duplas, andar numa corda bamba e cantar ao mesmo tempo em mais de um tom. Nada disso fará sentido para alguém que não viu o musical *Cats*. Mas, se serve de consolo, nada disso faz sentido para as pessoas que *já* viram o musical *Cats* também.

Para os astrônomos, a Camada Heaviside, ou ionosfera, é uma zona de gás ionizado que orbita a Terra a uma distância de cerca de noventa quilômetros. Isso possibilita a comunicação por rádio a longa distância. Mas, para o compositor Andrew Lloyd Webber, a Camada Heaviside é um reino metafísico, o Céu não especificado pelo qual seus "gatos Jellicle" aspiram.

Webber adaptou *Cats* a partir dos poemas de T. S. Eliot, que, ao terminar uma antologia infantil chamada *O Livro dos Gatos Práticos do Velho Gambá*, certa vez escreveu a um amigo dizendo que seus personagens felinos poderiam um dia ascender num balão "subindo, subindo, subindo além do Russell Hotel" (o hotel em Londres em frente ao qual ficava o escritório de Eliot) até a Camada Heaviside.

Sem um verdadeiro arco dramático na antologia de Eliot sobre poemas *nonsense* de gatos, Webber aproveitou essa ideia de "Camada Heaviside" para criar toda uma mitologia Jellicle. Uma vez por ano, quando a lua Jellicle brilha, todos os Jellicles são convidados para o Baile Jellicle, no qual se apresentam por meio de canções e danças. Pouco antes do amanhecer, o líder de sua tribo, um gato ancião chamado Velho Deuteronomy, anuncia a "escolha Jellicle". Um dos seus companheiros será escolhido para deixar esta vida e ascender para a Camada Heaviside. No palco, essa ascensão muitas vezes é realizada com um pneu de trator gigante, que sobe até o teto como um disco voador.

APRENDA O VOCABULÁRIO

O que exatamente significa "Jellicle"? Quem sabe? Aparentemente algum tipo de gato bípede com um emprego e um *collant*.

O que aguarda esse sortudo Jellicle na Camada Heaviside? É difícil dizer. Sabemos que todo gato quer ir para lá e ver suas maravilhas (presumivelmente sozinho, já que apenas um Jellicle ascende a cada ano). Mas, se você tiver a sorte de vislumbrar a Camada Heaviside, talvez não fique por muito tempo. Os gatos acreditam que o destino da escolha Jellicle é "voltar para uma vida Jellicle diferente". Supostamente, essa vida é na Terra, já que dizem que o Velho Deuteronomy viveu "muitas vidas sucessivas". Em pouco tempo, você pode estar de volta ao ferro-velho, arqueando as costas de maneira estranha e cantando músicas sobre trens e mágicos!

Companheiros de Quarto do Inferno

HUIS CLOS

ENTRE QUATRO PAREDES

Em 1944, a peça de apenas um ato "Entre Quatro Paredes" (em francês, *Huis Clos*, que significa "Atrás de Portas Fechadas"), de Jean-Paul Sartre, estreou na Paris ocupada pelos nazistas. O curto tempo de duração da peça era uma necessidade legal: o público precisava chegar em casa antes do toque de recolher alemão. No entanto, em apenas noventa minutos, Sartre esboça uma visão arrepiante de um Inferno *self-service*, onde os condenados também são os torturadores.

O Inferno de Sartre é uma série interminável de salas de estar, ligadas por passagens e escadas. Ao ser conduzido para sua sala, você provavelmente fará ao mordomo, que não é muito prestativo, as mesmas perguntas que todos fazem: Onde estão as câmaras de tortura? Por que não há espelhos e janelas; na verdade, nenhuma superfície refletiva? Onde estão meus pertences pessoais? As mulheres podem ficar com a bolsa, mas não encontrarão um espelho compacto ou uma escova de dentes dentro dela. Não há cama ou interruptores de luz, você descobrirá, porque as luzes elétricas ficam acesas o tempo todo. Ninguém, incluindo o mordomo, jamais fecha os olhos para dormir – nem mesmo pisca.

ACOMODAÇÕES BÁSICAS

Não crie expectativas quanto a uma estadia de luxo aqui. Todos os quartos têm uma porta, mas geralmente elas não abrem. Há uma cordinha para você chamar o mordomo, mas ela com frequência não funciona. A decoração combinará com sua época, mas não com seu gosto. Os três protagonistas de Sartre, por exemplo, recebem um quarto com móveis do Segundo Império ricamente estofados (um sofá azul, um vinho e outro verde-vivo) e uma horrível escultura de bronze do fundidor Ferdinand Barbedienne na lareira.

Quanto mais tempo você fica ali, mais você e os outros falecidos ("ausentes" é o eufemismo preferido) se dão conta de que a sala está desconfortavelmente quente. Você poderá "assistir" à vida continuando na Terra em sua mente, mas não por muito tempo. De uma forma estranha, o tempo passa mais rápido no Inferno do que para os vivos, então vislumbres de seus dias pós-morte e até meses (seu funeral, sua família e colegas conversando sobre você) passam rapidamente durante suas primeiras horas no Inferno. Quando as pessoas na Terra param de pensar em você, como logo farão, sua transmissão de vídeo termina.

A sala de estar na peça de Sartre abriga três "ausentes": Joseph Garcin, um jornalista do Rio de Janeiro; Estelle Rigault, uma dama da sociedade de Paris; e Inez Serrano, uma pobre funcionária dos correios. Embora ninguém seja informado do motivo de sua condenação ao entrar no Inferno, acaba ficando claro que todos esses três, sem dúvida nenhuma, merecem seu destino. Garcin desfilou cruelmente com sua amante diante de sua esposa sensível durante anos e, quando a guerra começou, tentou desertar do exército com uma fuga covarde para o México. O amante de Estelle se matou quando ela afogou a filha ilegítima deles num lago suíço, e o caso de Inez com a esposa do seu próprio primo levou *ambos* os cônjuges ao suicídio.

Os três logo percebem que seu quarto é, na verdade, uma prisão onde aprenderão a desprezar uns aos outros, mas suas tentativas de se deixarem em paz fracassam completamente. O algoritmo usado nos alojamentos universitários para designar companheiros de quarto deve ser o mesmo utilizado no Inferno porque esses três são completamente incompatíveis. Garcin e Inez têm total desprezo pela falta de fibra moral um do outro, enquanto a superficialidade egocêntrica de Estelle irrita a ambos. Apesar disso, Inez se sente imediatamente atraída por Estelle, mas Estelle só tem olhos para Garcin. As coisas ficam tão acaloradas que Inez tenta esfaquear Estelle com o abridor de cartas da lareira, mas sem sucesso. Não há morte no Inferno.

"Falaram-nos sobre câmaras de tortura, fogo e enxofre", ri Garcin. "Histórias da carochinha! Não há necessidade de ferros em brasa. O Inferno são... os outros!"

CÉU DO *ROCK AND ROLL*

THE RIGHTEOUS BROTHERS

A possibilidade de conviver com celebridades é um dos maiores atrativos do mundo após a morte, mas você deve ter em mente que a maioria das celebridades não é flor que se cheire e provavelmente não será designada para o mesmo destino eterno que você escolheria. No entanto, os Righteous Brothers discordavam. O último grande sucesso deles descreve um paraíso onde só há celebridades: as maiores estrelas da música.

"Rock and Roll Heaven" [Céu do *Rock and Roll*] na verdade começou em 1973 como uma música escrita por Johnny Stevenson e Alan O'Day (que fez grande sucesso com "Undercover Angel") e gravada pela banda Climax (cujo grande sucesso foi "Precious and Few"). A música original imaginava lendas da música dos anos 1960 que partiram cedo demais (Jimi Hendrix, Janis Joplin, Otis Redding e Jim Morrison) tocando juntos no Céu. O segundo verso ressuscitou Buddy Holly e Ritchie Valens dos milharais onde seu avião caiu em Iowa, em 1959, e os fez se juntar à banda.

Quando os Righteous Brothers voltaram a fazer sucesso com uma música, em 1974, transformando-a numa dos seus souls melodramáticos, eles substituíram o verso sobre o "dia em que a música morreu" por outro a respeito das duas mortes mais recentes do rock na época: Jim Croce e Bobby Darin. Como resultado, os artistas que você ouvirá se apresentando no "Céu do *Rock and Roll*", embora sejam descritos como "uma banda incrível", certamente proporcionarão uma cena ao vivo estranha: seis cantores e/ou guitarristas de estilos musicais radicalmente diferentes e sem o acompanhamento do baixo e da bateria. Será que o Céu oferece uma banda local de anjos para acompanhá-los?

Quase duas décadas depois, os Righteous Brothers atualizaram a música e a chamaram de "Rock and Roll Heaven '92", apresentando uma nova banda dos dez falecidos mais recentes, incluindo Elvis, John Lennon, Marvin Gaye e Dennis Wilson, dos Beach Boys. Finalmente um baterista!

CONHEÇA OS HABITANTES DA REGIÃO

Não está claro quem está na plateia nesse "Céu do *Rock and Roll*". Outros músicos mortos menos conhecidos? Fãs-anjos? Fãs falecidos que ganharam algum tipo de concurso? Esse Céu do *Rock and Roll* é uma subdivisão do Céu comum ou um mundinho particular apenas para "artistas"? A música resiste teimosamente à investigação teológica.

É possível que o Céu do *Rock and Roll* seja menos seletivo do que parece à primeira vista. A ponte da música sugere que "há um holofote esperando" por você lá também, porque "todos são uma estrela", levantando a assustadora possibilidade de que o Céu do *Rock and Roll* seja, na verdade, algum tipo de palco de karaokê. Se for verdade, não perca a chance de tocar com seus heróis. Assuma o microfone e peça para Jim Morrison tocar tamborim ou algo assim.

Observe que até mesmo os próprios Righteous Brothers não parecem convencidos da sua visão do Outro Mundo. "*Se* houver um Céu do *Rock and Roll*" eles cantam no modo condicional. Eles estão apresentando um Além hipotético, não estão prometendo um. Mas metade dos Righteous Brothers deve saber com certeza agora, porque o tenor Bobby Hatfield faleceu em 2003. Se o Céu do *Rock and Roll* ainda for um programa só para quem gosta de clássicos, talvez Hatfield esteja na programação agora, tocando um solo.

Você Nunca Andará Sozinho

LÁ EM CIMA

CAROUSEL

A peça *Liliom*, de Ferenc Molnár, não fez sucesso de imediato quando estreou na cidade de Budapeste, em 1909. E talvez isso seja esperado de uma "comédia" romântica com um personagem-título tão improvável. Liliom é ex-gerente de um parque de diversões de má fama, que bebe, aposta, agride a esposa e acaba se matando após um assalto à mão armada malsucedido. O que é ainda mais estranho é que Liliom é mais conhecido hoje como o tema do musical *Carousel,* de Rodgers e Hammerstein. Isso mesmo! Esses dois mestres das emoções tiveram um de seus maiores sucessos na Broadway com uma peça em que um ex-gerente de parque de diversões desonesto bebe, aposta, agride a esposa e por fim se mata após um assalto que não deu certo.

Mas a morte não é o fim da história para Billy Bigelow de *Carousel.* Como muitas vezes acontece na ficção, na vida após a morte ele recebe uma última chance para fazer uma boa ação. E, ao contrário de seu homólogo húngaro em *Liliom*, Billy não perde a oportunidade.

Se você se aventurar "Lá Em Cima", como é chamado o pós-morte em *Liliom* e em *Carousel,* será recebido no momento da sua morte por dois Amigos Celestiais que chamam um ao outro de "Irmão", possivelmente usando o irritante sotaque da Nova Inglaterra que todo o elenco de *Carousel* tem. Eles o conduzirão até as nuvens e não se surpreenda se a primeira coisa com que você se deparar lá em cima for um varal. Você chegou ao quintal do Céu, fora da rota turística habitual. Na frente estão os portões de pérolas; o portão dos fundos é apenas de madrepérola.

Esse portão dos fundos é operado pelo Guardião das Estrelas, um sujeito afável que carrega um caderno e pode estar empoleirado em cima de uma escada de prata cintilante, pendurando estrelas recém-lavadas no varal infinito do Céu. (Depois que as estrelas secam, os Amigos Celestiais são encarregados de pendurá-las no céu noturno.) Ele provavelmente se parecerá com algum homem idoso benevolente que você conheceu em vida, como um pastor ou um médico de interior. Se você tem negócios inacabados na Terra, o Guardião das Estrelas permitirá que você retorne por um dia (e talvez você consiga realizar a boa ação que o levará para a parte de dentro dos portões de madrepérola). Mas não se demore! Cada minuto no Céu equivale a um ano na Terra e, depois que todos que o conheciam em vida partirem, será tarde demais para voltar.

Se você quer mais um último dia entre os vivos, olhe para baixo através das nuvens vaporosas e espere. O poder de ver o que está acontecendo lá embaixo vai chegar aos poucos. Depois que você tiver retornado à Terra, os vivos poderão vê-lo sempre que você quiser. Enquanto procura por uma boa ação que precise ser feita, lembre-se: eles estão torcendo por você Lá Em Cima, procurando qualquer desculpa para deixá-lo entrar. No caso de Billy, de *Carousel*, apenas dizer a uma pessoa que ela é amada é o suficiente para salvar sua alma. Liliom, por outro lado, não consegue mudar nada, mesmo após dezesseis anos de "purificação" no Céu. Ele é só um vagabundo. Não é de admirar que Rodgers e Hammerstein tenham mudado o final.

MELHOR EVITAR

O "Lá Em Cima" de *Carousel* é como um quintal ao estilo americano, uma opção muito melhor do que a *vibe* prussiana rígida da versão original de *Liliom*. Em *Liliom*, o "Lá Em Cima" é mais parecido com um tribunal, guardado por uma fileira de guardas de pele de alabastro, vestidos de preto, com bengalas pesadas. O magistrado austero e barbudo ainda pode permitir que você tenha mais um dia na Terra para concluir "assuntos da alma", mas ele é bem durão e pode sentenciá-lo a anos de "purificação pelo fogo", antes de considerá-lo pronto para voltar e tentar sua boa ação.

MISCELÂNEA

Festa dos Tolos

O BANQUETE

A ALEGORIA DAS COLHERES DE CABO LONGO

Algumas versões do além-morte são tão cativantes que transcendem geografia ou cultura. A "alegoria das colheres de cabo longo", por exemplo, é considerada uma história judaica, cristã, muçulmana, hindu ou budista. Em 1935, o folclorista judeu Alter Druyanov atribuiu a alegoria ao rabino Chaim de Rumshishok, um pregador itinerante que supostamente contou a história enquanto vagava pela Lituânia do século XIX. No entanto, é provável que o rabino Chaim tenha adaptado uma fábula ainda mais antiga, sobre um anfitrião avarento enganado por seus convidados famintos. As raízes dessa fábula parecem remontar a Esopo.

Hoje em dia, a história pode variar um pouco dependendo de onde está sendo contada. Quando é apresentada como uma parábola cristã medieval, os falecidos estão comendo um ensopado. Na versão chinesa ou vietnamita, eles estão segurando *hashis.* Mas a essência é sempre a mesma.

Nesse pós-morte, você é levado ao Inferno, onde fileiras e mais fileiras de mesas estão repletas de uma comida magnífica. Porém, a comida está intocada. Todos os convidados, jovens e velhos, estão magros e gemendo de fome. Por quê? Dê uma olhada nas colheres. Elas têm cabos absurdamente longos, que impedem que os mortos levem os alimentos à boca. (Em algumas versões, os utensílios têm tamanho normal, mas os convidados tiveram seus braços imobilizados para que não pudessem dobrar os cotovelos e levar as colheres em direção à boca.)

Isso, então, é o Inferno: ser tentado pelas mais suntuosas luxúrias, mas incapaz de participar. E o que seria o Paraíso, você se pergunta. A cena lá é parecida: as mesmas mesas, os mesmos comensais, os mesmos pratos, até as mesmas colheres longas. Mas, no Paraíso, ninguém passa fome. *Eles aprenderam a dar comida uns aos outros.*

A lição, é claro, é que o teor do Paraíso, do Inferno ou de qualquer outro lugar depende apenas do caráter das pessoas que estão ali. Nessa alegoria, não há fogo nem torturas no Inferno, porque os inquilinos já são ruins o suficiente. Mas agora que você, um viajante perspicaz, conhece o segredo, será que poderia enganar o tormento de Satanás baseado em utensílios adotando a estratégia do Paraíso? Coma o quanto quiser no Inferno com um truque bizarro! Demônios o detestam!

Não de acordo com o rabino Chaim. Quando, em sua visão, ele viu que as almas no Céu alimentavam umas às outras, correu de volta ao Inferno para tentar ajudar os famintos. "Use sua colher para alimentar o próximo", ele implora a um homem, "e ele certamente retribuirá a gentileza e o alimentará." "Você espera que eu dê comida ao homem detestável sentado do outro lado da mesa?", diz o homem condenado. "Prefiro morrer de fome do que dar a ele o prazer de comer!"

Wakanda para Sempre

DJALIA

MARVEL COMICS

Quando o jornalista Ta-Nehisi Coates passou a escrever os quadrinhos do *Pantera Negra* para a Marvel, em 2016, ele herdou uma Wakanda onde o Rei T'Challa, o Pantera Negra, havia recentemente retornado e reassumido o trono. No entanto, a irmã de T'Challa, Shuri, estava morta, vítima de uma batalha com os capangas de Thanos. Coates prontamente reintroduziu Shuri, cujo espírito foi revelado vagando por uma dimensão espiritual associada à nação Wakanda, chamada Djalia.

Se você viajar para Djalia após a morte, encontrará uma paisagem africana exuberante de savanas e florestas, pontilhada por aldeias abandonadas e ruínas de grandes cidades. Passe um tempo admirando os grandes pináculos de rocha vermelha que se estendem em direção ao céu, como os dedos de um gigante primitivo.

A única maneira de visitar Djalia é numa excursão guiada. Você será recebido por um ente querido confiável, como sua mãe, mas perceberá de imediato que ela não é *realmente* a sua mãe. Ela é todas as suas mães, uma ancestral coletiva do seu povo. Esse é um espírito *griot*, um contador de histórias e guardião da história africana. Nesse "plano da memória de Wakanda", vocês caminharão juntos ao longo dos séculos, enquanto seu guia lhe confere o poder da memória e das canções ancestrais.

A vida noturna aqui gira em torno de contar histórias ao redor da fogueira, mas, durante o dia, Djalia é um paraíso de aventuras ao ar livre. Siga o exemplo do seu *griot* e vista-se para a ação num traje branco de artes marciais, porque as coisas talvez fiquem intensas. Os viciados em adrenalina podem passar seus dias escalando penhascos, voando pelo céu em panteras aladas ou até mesmo lutando com seu guia espiritual, que empunha um cajado. Afinal, esse é um universo de super-heróis. Até mesmo uma história em quadrinhos cheia de diálogos, como as de Ta-Nehisi Coates, precisa de *algumas* cenas de luta.

COSTUMES LOCAIS

Você não sabe muito bem quais contos de Wakanda vai pedir ao seu contador de histórias? Com os clássicos, não há como errar: o povo de Adowa, que se recusou a ser conquistado; o povo de Nri, que podia voar; ou o povo de Bako, com suas peles de pedra inquebráveis. As histórias do seu *griot* podem cobrir praticamente qualquer período, desde o passado distante (os Originadores pré-humanos, os primeiros habitantes de Wakanda) até os anos recentes (o namoro dos seus próprios pais).

O OITAVO MUNDO SUBTERRÂNEO

GRIM FANDANGO

Nos videogames, a vida após a morte geralmente é uma questão de importância secundária: uma breve parada após um fim violento, seguida rapidamente pelo retorno ao jogo como um personagem jogador mais triste, porém mais sábio. Mas os *gamers* têm algumas opções mais elaboradas, variando desde o Inferno cheio de demônios da série *Doom* até a cidade universitária encharcada de cerveja do indie de 2019, *Afterparty*. O mundo dos mortos mais memorável dos videogames é encontrado em *Grim Fandango,* de 1998, da LucasArts, um fracasso comercial que ajudou a arruinar todo o mercado de jogos de aventura por mais de uma década, mas que hoje é reconhecido como um clássico *cult* e uma obra-prima do gênero.

Grim Fandango tem como cenário o Oitavo Mundo Subterrâneo, um continente maciço que separa os recém-falecidos do seu destino final, o descanso eterno. Se essa for sua vida após a morte, você será acordado depois do seu falecimento por um ceifador de capa preta com uma foice. Mas, aqui, esse psicopompo familiar também é um vendedor. O Departamento da Morte envia esses agentes para mostrar aos mortos suas opções de viagem. Se você foi verdadeiramente bom em vida, por que não se dar ao luxo? Mime-se com um *upgrade*: um trajeto sem escalas para seu destino final a bordo de um carro esportivo, um zepelim ou um luxuoso navio. Mas, se você levou uma vida mais mundana, começará a vida após a morte, literalmente, de forma pedestre. Seu agente de viagens pode lhe entregar uma bengala e dizer para começar sua jornada a pé ou até mesmo acondicioná-lo num caixão e enviá-lo pelo Oitavo Mundo Subterrâneo num compartimento de carga.

A jornada da alma por essa terra estranha pode levar até quatro anos se for feita a pé, mas o lado bom é que há muito para se ver no caminho. Você e os outros esqueletos formam uma vasta sociedade. Alguns permanecem aqui por prazer; outros ficam porque decidiram que o descanso eterno nem sequer existe. Muitas dessas almas perdidas acabam em Rubacava, uma cidade portuária nevoenta no Mar dos Lamentos. Pausa aqui para desfrutar do ar salgado e dos jogos que chegaram com o dinheiro da cidade grande. Não fica melhor do que as corridas de gatos gigantes, na pista de Maximino, ou os luxuosos Salões dos Grandes Apostadores, nos muitos cassinos.

Fora de Rubacava, há infinitas excursões disponíveis, mas nem todas são seguras. Nas florestas petrificadas que ficam nas cercanias, a medula de pedra das árvores entrelaçadas com cipós é colhida para fazer cimento, mas fique de olho na fauna local, que inclui aranhas aladas e os castores de fogo, que constroem represas de ossos nos rios de piche. A cidade de El Marrow é uma metrópole reluzente que mistura arquitetura pré-colombiana com cromo *art déco,* mas também é controlada por gângsteres misteriosos. Você pode atravessar o Mar dos Lamentos num transatlântico coroado com uma enorme pirâmide mesoamericana, mas cuidado com "a Pérola", uma luz subaquática muito brilhante que leva passageiros desavisados a pular do navio.

Por que se preocupar com essas ameaças se você já está morto? Porque um destino ainda mais sombrio aguarda aqueles que morrem pela segunda vez no Oitavo Mundo Subterrâneo. Eles "brotam", com flores, grama e raízes crescendo em meio aos seus pobres ossos. Esse arranjo floral é tão perturbador para os mortos quanto qualquer cadáver ensanguentado é para os vivos, na Terra. Alguns criminosos aqui até aprenderam a utilizar sementes de jardim em armas de fogo, usando uma poção fatal de crescimento rápido chamada "*sproutella*".

Seu destino final é um templo de pedra nas montanhas nevadas do extremo norte, onde um trem expresso chamado Número Nove, semelhante a um trem-bala, parte regularmente para as Terras do Descanso Eterno. Acomode-se em seu assento no velho "N-Duplo" e aproveite seu trânsito para o *Nono* Mundo Subterrâneo, onde nem um gângster nem qualquer *sproutella* podem corrompê-lo.

VIAJANTE, CUIDADO!

Com toda a ação sexy e *noir* desta Terra dos Mortos, você não deve se surpreender ao encontrar um animado mercado clandestino de pacotes de viagens para o mundo subterrâneo. Certifique-se de que seu bilhete do "N-Duplo" seja genuíno, comprando apenas de vendedores confiáveis. Um bilhete real será magicamente atraído para você, como se fosse levado pelo vento. Aqueles que aceitam bilhetes falsificados no N-Duplo às vezes veem sua locomotiva se transformar num demônio monstruoso e jogá-los num inferno de fogo mais abaixo.

Quadrinhos Nada Engraçados

O INFERNO DE HATLO

THEY'LL DO IT EVERY TIME

As tirinhas de jornal, em sua maioria, não são conhecidas pelos seus cenários criativos. Às vezes, o Príncipe Valente se aventura em terras tão distantes quanto, digamos, a Saxônia, mas, na maioria das vezes, essas tiras são ambientadas sempre nos mesmos lugares monótonos por quase um século: cozinhas de residências, quintais suburbanos, apartamentos. É um meio para captar momentos prosaicos da vida cotidiana, não para voos de fantasia.

Mas uma vez existiu uma tira de quadrinhos ambientada na vida após a morte. Jimmy Hatlo, um cartunista de São Francisco, ficou conhecido pela tirinha de humor *They'll Do It Every Time* [Eles farão isso toda vez], que ele desenhou de 1929 até sua morte, em 1963. *They'll Do It Every Time* era uma reclamação coletiva a respeito das pequenas frustrações da vida no meio do século: a senhora sentada na primeira fileira do cinema que não tira o chapéu alto, o garçom que espera até você estar de boca cheia para perguntar se gostou da comida. Mas, além de serem citados no jornal, nenhum dos sujeitos inconvenientes de *They'll Do It Every Time* jamais recebeu uma punição. Eles simplesmente continuavam vivendo a própria vida, atrasando as filas nos supermercados e não usando as setas de sinalização. Que irritante!

Talvez isso tenha inspirado Hatlo a criar uma variação do seu tema de sucesso. De 1953 a 1958, a versão dominical colorida de *They'll Do It Every Time* ocasionalmente era acompanhada pela única tirinha de jornal ambientada no Inferno, *The Hatlo Inferno* [O Inferno de Hatlo]. Nessa tirinha, Hatlo zombava das mesmas falhas humanas familiares, mas, desta vez, punia os culpados. "Prepare-se para rir com Hatlo enquanto o cartunista mais engraçado dos Estados Unidos ridiculariza os personagens malucos que você mais gostaria de ver no Inferno!", prometia o King Features Syndicate.

Esse Inferno é o mesmo familiar desperdício de vulcões e fumaças sulfurosas. Se você acabar ali na vida após a morte, será atormentado por um exército de diabos chifrudos vermelhos, uma equipe operária corpulenta com bigodes e macacões. Assim como Dante, Hatlo dividiu seu mundo subterrâneo em diferentes níveis, para vários pecados. Mas, em vez de ser torturado por luxúria ou inveja, você sofrerá as consequências de ser um "*erk-jay*"[22] comum, como Hatlo costumava dizer, na vida cotidiana. Molhar pedestres passando com o carro em poças d'água, provocar comediantes, dar tapas nas costas de pessoas com queimaduras de sol, cada um desses pecados é punido em seu próprio círculo do Inferno.

Às vezes, sua punição será surpreendentemente genérica (pessoas que estragaram o final de histórias de suspense são fritas numa grande chapa), mas, na maioria dos casos, os diabos apresentarão alguma engenhoca ao estilo de Dr. Seuss, especialmente projetada para dar a você um gosto irônico do seu próprio remédio. Se você batia portas, será acorrentado a um órgão de tubos ensurdecedor pela eternidade, enquanto gigantescas portas de vai e vem são puxadas para trás e batem em você. Se jogava chiclete na calçada, você vai se arrastar através de um atoleiro pegajoso feito de chiclete, por mais de quatro milhões de quilômetros. Se já incomodou os vizinhos cortando a grama às seis da manhã, você e seus colegas pecadores serão enfiados numa fenda no nível do solo para que os diabos possam andar sobre o rosto de vocês, empurrando um cortador de grama. Essas horríveis cenas de tortura de alguma forma eram usadas para o entretenimento das famílias em meados da década de 1950.

É fácil perceber que essas punições têm relação com os crimes, mas elas são horrendamente desproporcionais. Você realmente merece ficar acorrentado a um órgão ensurdecedor para toda a eternidade apenas por assobiar às vezes no escritório? Você realmente deve ter um tubo de ar comprimido enfiado goela abaixo e que o infla como um balão só porque gostava de abrir as janelas do trem? Definitivamente, Jimmy Hatlo não é um deus misericordioso.

22. Outra forma de escrever a palavra *jerk*, que em inglês pode significar uma pessoa rude, desagradável ou arrogante. (N. da T.)

Que Tríptico Mais Longo e Estranho!

PAISAGENS INFERNAIS

HIERONYMUS BOSCH

A arte renascentista é uma galeria infinita de temas religiosos: virgens puras, israelitas vestidos de camponeses medievais, querubins com mãos postas em oração, santos de olhos mansos sendo martirizados. *Exceto*, é claro, pelo trabalho do visionário holandês Hieronymus Bosch. Ele já pintava capas de álbuns *heavy metal* surrealistas e macabras em trípticos gigantescos numa época em que a tinta a óleo tinha acabado de ser inventada.

As visões mais famosas de Bosch sobre o Inferno são painéis de suas obras-primas monumentais *O Jardim das Delícias Terrenas* e *O Juízo Final*. Ambas começam, à esquerda, com uma cena bíblica tradicional: o Jardim do Éden. Mas, para Bosch, o Paraíso é claramente apenas uma desculpa. Ele quer se livrar dele logo para poder passar semanas pintando com carinho os detalhes das agonias bizarras do Inferno.

Ao entrar no mundo subterrâneo de Bosch, você logo perceberá que ele é escuro e surpreendentemente frio, frio o suficiente para você poder patinar nos rios. Ao longe, refugiados fogem de cidades em chamas e exércitos ignorantes lutam durante a noite. Mas você estará mais preocupado com o que está acontecendo ao seu redor: incontáveis seres humanos mortos, todos nus e indefesos, sendo atormentados por uma turba de criaturas saídas de um pesadelo.

Você verá de tudo. Pecadores cozinhando em caldeirões e triturando outros pecadores num moinho. Um bando de cães-lagarto arrancando as entranhas de um cavaleiro. Um par de ouvidos gigantescos brandindo uma lâmina e pisoteando os condenados enquanto se arrasta sobre as rochas. Um demônio com asas de besouro dobrando um homem sobre uma roda de metal pontiaguda. Um arqueiro com cabeça de ornitorrinco carregando para casa sua vítima empalada de cabeça para baixo. Um dragão assando um homem que está se afogando num barril de sapos. Nesse Inferno certamente não há falta de mão de obra; talvez haja mais demônios de plantão do que pecadores! Devia ser mais divertido pintar demônios, com seus bicos de íbis desajustados, cabeças de cachorro, escamas de peixe e cascos de veado. Muitos deles parecem ser só cabeça e pernas, sem nada no meio. Aparentemente, Bosch detestava pintar torsos.

Qualquer prazer sensual que você tenha desfrutado na vida será revertido contra você aqui. Gostava de música? Bem, talvez seja pendurado numa forca em forma de harpa, ou esmagado por um alaúde gigante, ou preso num tambor, ou forçado a tocar flauta com as nádegas numa orquestra infernal em que a partitura está tatuada em outras nádegas. As nádegas de um sujeito que foi esmagado por um alaúde gigante.

Do mesmo modo, jogadores são empalados com facas nas suas próprias mesas de jogo, enquanto glutões são fritos em frigideiras ou assados em espetos giratórios. Bêbados são jogados dentro de um grande barril de vinho e espremidos até virar líquido, que é lambido por outros bêbados, os quais defecam ainda *mais* líquido. Os luxuriosos são apalpados por demônios enquanto são forçados a assistir a esses ultrajes nas nádegas reflexivas de outro demônio (Bosch podia detestar torsos, mas ele estava certo em acreditar que nádegas são muito engraçadas).

A hipocrisia religiosa também não é poupada, o que parece ser uma visão bastante ousada para o século XV. Procure pelo pecador acuado dentro de um grande lampião, nu exceto pela sua mitra de bispo. Outro homem está sendo seduzido por um porco usando o véu de uma freira dominicana (ela está tentando fazê-lo comprar seu lugar no Céu deixando todos os seus bens terrenos para a igreja). Aparentemente, o plano não deu certo.

CONHEÇA OS MORADORES DA REGIÃO

Vale a pena enfrentar as multidões para dar uma olhada no príncipe desse Inferno, uma monstruosidade azul com cabeça de pássaro, que usa uma coroa falsa torta e um vaso sanitário como trono. Ele devora os pecadores e depois os excreta das suas partes íntimas numa bolha estranha de cor índigo. Em seguida, procure pelo enigmático "Homem-Árvore" pairando acima. Ele é um gigante pálido, sem pernas, com tocos de árvores como braços, barcos como sapatos e uma gaita de foles gigante e fálica em seu chapéu branco e achatado. Dentro do seu corpo quebrado de casca de ovo há uma taverna onde os condenados se sentam com expressões tristes. O rosto dele, alguns estudiosos acreditam, é um autorretrato de Bosch.

O clima de invenção e fantasia nas cenas infernais de Bosch é impressionante, com todas as suas panelas de cozinha superdimensionadas e demônios com cabeça de pássaro e coisas estranhas entrando ou saindo das nádegas das pessoas (embora toques coloridos como esses provavelmente proporcionem pouco ânimo para os próprios condenados). O grande poeta espanhol Quevedo imaginou-se conversando com o diabo sobre como o Inferno é representado por escritores e artistas. "Pouco tempo atrás", diz Satanás, "Hieronymus Bosch estava aqui e, quando perguntaram por que ele fez uma miscelânea tão grande conosco em seus sonhos, ele respondeu: 'porque eu nunca acreditei que os demônios eram reais'." Você, infelizmente, não pode se dar a esse luxo.

A SALA DO INFERNO

MR. TOD'S WILD RIDE

Ninguém que embarque numa atração de um parque temático infantil espera mergulhar numa visão vívida e fumegante do Hades, onde sofrerá junto com os condenados. Mas é exatamente isso que tem esperado os passageiros de uma perturbadora "viagem sombria" há mais de sessenta anos. E que parque de diversões ao estilo de Ray Bradbury esconde esse horror? Experimente a Disneyland na ensolarada Anaheim, na Califórnia. Você sabe, "o lugar mais feliz da Terra".

O clássico infantil *O Vento nos Salgueiros*, de Kenneth Grahame, de 1908, é um idílio bucólico da vida campestre inglesa, ambientado num mundo estranho onde interagem animais antropomórficos e seres humanos da época de Eduardo VII. Intérpretes posteriores, desde A. A. Milne até Walt Disney e Monty Python, deixaram em grande parte toda a nostalgia mais suave (Toupeira e Ratinho fazendo piqueniques, passeios de barco e assim por diante) para se concentrar na criação mais inspirada de Grahame: o irreprimível Sr. Sapo, um anfíbio com as características de *sir* John Falstaff, personagem criado por William Shakespeare. Ele é o lorde da aldeia, que está sempre gastando sua vasta fortuna em extravagâncias travessas e passageiras, como automóveis e casas sobre rodas puxadas por cavalos.

A adaptação de *O Vento nos Salgueiros* produzida pela Disney, em 1949, na forma de desenho animado [no Brasil, *Amigos para Sempre*], é uma nota de rodapé na história do estúdio hoje, mas tinha apenas alguns anos quando a Disneyland foi inaugurada, em 1955, tornando-a uma escolha óbvia para uma das atrações do estilo "casa mal-assombrada" da Terra da Fantasia. *Mr. Tod's Wild Ride* é uma das poucas atrações originais que sobrevivem no parque até hoje. Os passageiros assumem o papel de

J. Thaddeus Toad, o Sr. Sapo, embarcando em pequenos automóveis e correndo imprudentemente pelos corredores da Mansão do Sapo e pelo campo inglês, por fim pousando, como o Sr. Sapo no romance e no filme, no tribunal e depois na prisão.

No livro de Grahame e no desenho animado da Disney, o Sr. Sapo escapa da sua cela, recupera a Mansão e vive feliz para sempre. Mas não acontece o mesmo aos milhões de turistas que seguem seus passos em Anaheim! Numa reviravolta surpreendentemente sombria, os brincalhões engenheiros da Disney que projetaram o passeio decidiram encerrá-lo matando o Sr. Sapo (ou seja, você) numa colisão frontal repentina com um trem.

Nesse pós-vida, você entrará num lugar que os funcionários da Disney chamam de Inferno Room [Sala do Inferno], pois a palavra *hell* ["inferno", em inglês] é proibida no lugar mais feliz da Terra. Mas não se engane: trata-se do Inferno, sem tirar nem pôr. A temperatura sobe abruptamente quando você passa pelas mandíbulas cheia de dentes de um diabo de pedra sorridente e seus óculos podem embaçar. Você entrará numa caverna subterrânea completa com todos os cenários tradicionais: estalactites, estalagmites, fogueiras brilhantes e pequenos demônios saltitantes.

A alegre melodia da atração, "The Merrily Song", continuará tocando enquanto risadas sinistras anunciam o retorno do juiz de peruca do início do passeio, desta vez com chifres, garras e asas de morcego. Seu dedo indicador o sentenciará ao seu destino, e um dragão verde ofegante mirará sua boca flamejante em sua direção. É isso; é o fim do passeio. Você sofrerá eternamente por seu péssimo comportamento no trânsito, Sr. Sapo. Deveria ter observado os limites de velocidade e ligado a seta!

GUIA DOS DEUSES

A teologia de *O Vento nos Salgueiros* é um pouco diferente no romance original. No capítulo 7, os animais encontram uma figura assustadora, com chifres, barba e cascos de bode, mas não é Satanás vindo arrastá-los para o Inferno. É uma espécie de deus pagão da floresta e eles o reverenciam. O músico Syd Barrett gostou tanto desse capítulo que até intitulou o primeiro álbum do Pink Floyd em sua homenagem: *The Piper at the Gates of Dawn.*

Na Noite Mais Sombria

A TERRA DOS MORTOS-VIVOS

DC COMICS

Os antigos gregos e egípcios bem que queriam uma cosmologia tão complicada e confusa quanto a dos quadrinhos de super-heróis. O universo compartilhado da DC Comics foi ordenado e reordenado inúmeras vezes desde que a *Action Comics* nº 1, apresentando a estreia do Super-Homem, chegou às bancas, em 1938.

Com mais de oitenta anos de história e criada por literalmente milhares de escritores e artistas trabalhando com prazos apertados, a teologia dos quadrinhos da DC Comics não faz muito sentido. Existe um deus judaico-cristão, é claro, às vezes chamado de "a Presença", que governa a criação a partir da reluzente Cidade de Prata, cercado por corredores de anjos sem sangue e sem sexo. Um desses anjos, Lúcifer Morningstar, foi exilado para o Inferno, onde seus demônios torturam as "almas condenadas", que não percebem que escolheram subconscientemente esse destino para si mesmas. Em certo ponto, o "Lúcifer" dos quadrinhos ficou entediado do Inferno, abdicou do seu trono sombrio e abriu um piano bar bem frequentado num lugar quase tão ruim quanto aquele de onde veio: Los Angeles.

Mas também existem deuses gregos nos quadrinhos da *Mulher-Maravilha*, inclusive Hades em seu mundo subterrâneo. Existem deuses egípcios nos quadrinhos do *Shazam* e do *Gavião Negro*, deuses hindus em *Deadman* e elementais da natureza em *Swamp Thing*. Existem deuses kryptonianos e deuses de Atlântida e deuses marcianos e os "Novos Deuses" cósmicos de Jack Kirby.

Como resultado, quando você morre no Universo DC, sua jornada vem com muitas opções. Você quase certamente será recebido por um avatar da morte. Se você morrer no "Quarto Mundo" dos Novos Deuses, provavelmente será o Corredor Negro, um bizarro arauto voador com um capacete de cavaleiro, uma capa amarela brilhante e esquis vermelhos. Os terráqueos têm mais chances de ver Morte, um dos "Perpétuos" dos quadrinhos *Sandman* de Neil Gaiman. Ela é uma garota gótica pálida e animada, vestida toda de preto e usando uma cruz ankh.

Se você não tiver tanta sorte, pode ser recebido por Nekron, uma força cósmica do mal. (Como muitas forças cósmicas nos quadrinhos, ele é um conceito abstrato com uma aparência estranhamente específica: maquiagem de monstro esquelético e armadura.) Nekron governa a Terra dos Mortos-Vivos, onde as almas aguardam julgamento, e determina se irão para o Céu ou para o Inferno; mas fique avisado de que esse não é um daqueles cenários agradáveis de limbo. Nekron já foi conhecido por ressuscitar os habitantes do seu reino a fim de criar um exército zumbi espacial chamado Tropa dos Lanternas Negras.

Qual será seu destino final? Sua essência carnal certamente retornará para "o Vermelho", uma paisagem surreal de carne, bem conhecida dos leitores dos quadrinhos do *Homem-Animal*, e será reabsorvida na teia eterna de toda a vida animal na Terra. Seu espírito seguirá para um dos muitos "bairros, nações, mundos e universos", citando o misterioso herói chamado Phantom Stranger [Estranho-Fantasma]. "De fato, existem tantos céus quantas almas", o Phantom Stranger disse uma vez ao Batman, "cada um adaptado às crenças que as almas tinham na Terra". A reencarnação também é uma opção. Mas talvez sua melhor aposta seja esperar alguns anos. Quadrinhos são como as novelas das 6: a morte nunca é permanente e a ressurreição sempre está só a um novo escritor de distância.

OS PLANOS EXTERNOS

DUNGEONS & DRAGONS

Não se engane: os personagens de Dungeons & Dragons podem não estar vivos de fato, mas certamente podem morrer. Quando seus pontos de vida caem abaixo de zero em combate com um bugbear ou uma geleia ocre, e todas as suas "jogadas de salvamento contra a morte" falham, esse é o fim. Se o seu grupo tiver um clérigo, bardo ou paladino, eles podem tentar um feitiço como Revivificar, ou Ressurreição, para trazê-lo de volta, mas eles vão precisar de um diamante bem grande. (Por alguma razão, feitiços de necromancia usam diamantes.) Se tudo mais falhar, você provavelmente vai pegar alguns dados e criar um novo personagem. Mas o que aconteceu com o espírito do seu antigo personagem? Para onde foi o pobre Klonkh, o bárbaro metade orc?

Em D&D, o destino pós-morte de seu personagem depende de sua "aliança", sua visão ética da vida. Essa aliança é uma combinação de dois fatores. No eixo relacionado a seguir regras, você pode escolher ser leal, neutro ou caótico, e no eixo da moralidade, você pode escolher ser bom, neutro ou maligno.

As almas mortas viajam para os Planos Externos, que ficam além dos mundos físico e astral, na cosmologia da "Grande Roda" de Dungeons & Dragons. Lá, elas perdem a memória e se tornam "súplices" dos deuses a quem adoravam em vida, porque os Planos Externos são a morada dos deuses e demônios. Existem dezessete reinos diferentes lá. Você pode imaginá-los como um grande anel cercando os planos centrais, onde vagam personagens de alinhamento "verdadeiramente neutro".

Os outros dezesseis Planos Externos se situam um ao lado do outro de maneira metafísica. Para considerar suas opções, vamos começar pelo lado infernal do anel.

Tipos "caóticos malignos", que foram cruéis e egoístas em vida são enviados para os demônios das 666 Camadas Infinitas do Abismo. Reinos adjacentes, apenas um pouco menos inóspitos, são a vasta caverna chamada Profundezas Ventosas de Pandemônio e as esferas das Profundezas Tártaras de Carceri. Os súplices "neutros malignos" vagam pelo Deserto Cinzento de Hades, enquanto tipos "leais malignos" (seus tiranos e mercenários) se sentirão em casa no conflito interminável do Campo de Batalha Interno de Acheron, com os diabos guerreiros e gigantes de fogo dos Nove Infernos de Baator ou com os vulcões flutuantes da Eternidade Negra de Gehenna.

Os "caóticos neutros" lutam contra a entropia interminável num reino em constante mudança chamado Caos Sempre Mutante do Limbo, enquanto os "leais neutros" marcham ao redor do Nirvana Mecânico de Mechanus, lar de formas geométricas e regimentos de formigas gigantes.

PLANEJE SUA VIAGEM

Note que esses dezesseis mundos pós-morte, apesar de se situarem um ao lado do outro numa grande roda, também são de alguma forma *infinitos em termos de espaço.* O Nirvana Mecânico de Mechanus, por exemplo, está cheio de um número infinito de engrenagens gigantescas interligadas, cada uma com mais de mil quilômetros de largura, todas encaixadas em ângulos retos e girando lentamente em conjunto. A gravidade aqui pode ser confusa, sem mencionar a navegação.

Os "bondosos caóticos", pessoas que fizeram a coisa certa na vida, mas usaram métodos não convencionais, habitam as altas florestas de Arborea, lar dos deuses do Olimpo. Nas proximidades estão as costas selvagens e as lutas heroicas de Ysgard, assim como as Terras das Feras, campos de caça felizes onde os súplices assumem a pele e as características dos animais. É o Paraíso, mas para os peludos. Os "bondosos neutros" desfrutam dos campos abençoados e coloridos de Elísio. Almas santas de alinhamento "leal bom" podem acabar nos prados bucólicos do Paraíso Gêmeo de Bytopia ou nos ordenados Reinos Pacíficos de Arcádia, onde o Orbe da Luz gira entre o dia e a noite. Se você for um dos súplices mais puros de todos, deve pensar na possibilidade de escalar Celestia, uma montanha de sete camadas de céu, que se ergue acima de um mar de água benta.

Dungeons & Dragons oferece um universo quase tão vasto de opções pós-morte quanto a própria vida, com algo para todos os gostos. A única diferença é que, em D&D, seu destino final não tem nada a ver com moralidade, devoção ou predestinação. Assim como em muitos outros aspectos da vida, tudo depende dos dados.